KB169256

노터리어스
RBG

NOTORIOUS RBG

Copyright © 2015 by Irin Carmon, Shana Knizhnik
Published by arrangement with HarperCollins Publishers
All rights reserved.

Korean translation copyright © 2016 by Geulhangari Publishers.
Korean translation rights arranged with HarperCollins Publishers,
through EYA(Eric Yang Agency).

이 책의 한국어판 저작권은 EYA(Eric Yang Agency)를 통한
HarperCollins Publishers와의 독점계약으로 '(주)글항아리'가 소유합니다.
저작권법에 의하여 한국 내에서 보호를 받는 저작물이므로
무단전재 및 복제를 금합니다.

루스
베이더
긴즈버그의
삶과 시대

노터리어스
RBG

NOTORIOUS RBG

아이린 카먼
셔나 크니즈닉
지음

정태영
옮김

글항아리

일러두기

· 원문에서 이탤릭체로 강조된 부분은 고딕체로, 굵게 강조된 곳은 밑줄로 표시했다.

· 본문에 쓰인 ( ), 〔 〕 및 미주는 모두 저자의 것이다. 각주 가운데 ●은 저자가, *은 옮긴이가 단 것이다.

· 미국 법제와 관련된 법률용어 및 표현은 법제처에서 제공하는 세계법제정보와 관련 논문을 두루 참조했다.
  주州를 따로 밝히지 않은 경우, "대법원"은 미국 연방대법원을, "헌법"은 미국 연방헌법을 지칭한다.

우리가 딛고 설 수 있도록
어깨를 내어준 모든 여성에게 바친다.

차례

들어가며

안녕하세요? 아이린 카먼입니다. 책 표지에는 지은이 한 사람의 이름만 오르기 마련이지만 사실 책은 여러 사람이 함께 작업한 결과물입니다. 그런데 이 책의 지은이는 두 사람입니다. 그러니 먼저 그 두 사람을 소개하고 우리가 어떤 식으로 협력해가며 이 책을 썼는지 말씀드린 뒤에 본론으로 넘어가는 것이 좋겠습니다. 셔나 크니즈닉은 로스쿨 재학 시절 연방대법원 대법관 루스 베이더 긴즈버그^{Ruth Bader Ginsburg, RBG}에게 바치는 텀블러 블로그 '노터리어스 RBG^{notoriousrbg.tumblr.com}'를 처음 만들어 세계적인 열풍을 일으킨 주인공입니다. 그리고 저는 MSNBC 기자로 RBG를 인터뷰한 사람입니다. 우리는 둘 다 인터넷을 좋아하는 #밀레니얼 세대^{millennials}입니다. 하지만 적어도 웹페이지보다는 생명력이 강한 무언가를 만들고 싶었습니다. 여러분이 손에 쥘 수 있는 종이책, 또는 디바이스에 저장해두고 읽을 수 있는 전자책 말입니다. 우리 두 사람은 이 책을 쓰기 위한 조사와 홍보를 함께 했습니다. 하지만 집필은 제가 도맡았습니다. 그러므로 본문에서 "나"는 저 아이린을 뜻합니다. 셔나는 책에 들어가는 이미지를 수배하고 사실관계를 확인하는 작업을 맡았습니다. 우리는 2015년 2월에 제가 인터뷰한 내용을 비롯한 RBG 본인의 발언을 중심으로 책을 썼습니다. 아울러 가족과 친구, 동료, 법원의 재판연구원들까지 추가로 인터뷰해 그 내용을 함께 실었습니다. 심지어 RBG라는 키워드로 미국 의회도서관 소장 자료까지 샅샅이 뒤졌습니다. (1976년 콘퍼런스 때 긴즈버그가 끼적여둔 낙서를 보고 싶다면 지금 당장 이 책 맨 끝으로 가보셔도 좋습니다.) 그 밖에도 수많은 자료를 감사하는 마음으로 인용했고, 그 출처는 이 책 말미에 밝혀두었습니다. 2015년 5월 긴즈버그 대법관은 저와 마주 앉아 몇 가지 사실을 확인해주었습니다. 대법관은 제 요청에 기꺼이 응해주었고, 저는 남자 친구에게 연방보안관이 그를 마중하러 간다는 문자를 보내두었지요.

전설적인 래퍼 노터리어스 BIG를 오마주하며, 각 장의 제목은 그의 노랫말에서 따왔습니다. 그가 우리에게 남긴 음악과 메시지에 감사하며, 사용을 허락해준 소니 뮤직에도 고마움을 전합니다. 각 장의 제목은 여성 그래피티 집단을 이끄는 마리아 '투플라이^{TooFly}' 카스티요가 예술적 필치로 써주었습니다. 여러분은 이 책을 읽는 내내 수많은 미공개 사진은 물론, 여러 예술가와 창작자가 RBG를 향한 존경과 사랑으로 탄생시킨 다양한 작품을 만나게 될 것입니다.

차별을 딛고 일어선 한 여성이 세상을 어떻게 바꾸었는지 알고 싶다면, 그리고 여전히 자신의 자리를 굳건히 지키면서 우직하게 일하는 모습이 궁금하다면, 이제부터 우리가 여러분을 도와드리겠습니다. 나이 여든 먹은 상노인이 대체 무슨 수로 팔굽혀펴기를 스무 개나 할 수 있는지 의아해서 이 책을 골랐을 뿐이라고 해도 좋습니다. 그런 분을 위한 설명도 마련해두었습니다. 덧붙여, 우리는 최고의 법률 전문가에게 도움을 받아 RBG의 법률적 저술에서 핵심 대목을 짚어내고 거기에 주석을 붙이는 행운도 누릴 수 있었습니다.

RBG는 일생에 걸쳐 매우 독특한 삶을 살아온 인물입니다. 그러나 독주자는 결코 아니었습니다. 그는 여성을 비롯한 소외계층의 지위를 끌어올리는데 일평생 헌신한 사람이었고, 심지어 불가능해 보일 때조차 동료들과 협력하는 사람이었습니다. 이 책을 쓰며 RBG에 얽힌 새로운 사실을 알게 될 때마다, 우리는 진정 그에 대해 경탄하지 않을 수 없었습니다. 그것을 여러분과 나눌 수 있게 되어 무척 행복합니다.

1

노터리어스

NOTORIOUS

"맡은 바 임무에 능력의 최대치를 쏟아부어 잘해내려고 노력할 뿐입니다.
남에게 영감을 주는 사람인지 아닌지는 생각해보지 않았어요.
나는 그저 최선을 다하는 사람입니다."
_RBG, 2015

아침부터 기온이 섭씨 32도를 넘어서던 6월의 어느 날이었다. 캐주얼 정장 차림에 운동화를 신은 방송사 수습기자들이 미국 연방대법원 공보관실 주위를 서성대고 있었다. 판결문을 받아드는 대로 법원의 대리석 계단을 부리나케 뛰어 내려가 뉴스를 준비하는 선배 기자에게 전달하기 위해서였다. 이들은 법원 담당관이 몇 개의 상자를 내놓는지, 그 안에 판결문이 몇 건이나 들어 있는지 유심히 살펴야 한다. 상자에는 판결문 사본을 한두 건씩 넣어두는 것이 보통인데, 중요한 판결에 한해서는 상자 하나에 한 건만 넣는다. 이런 이상한 법식이 존재하는 까닭은 법원이 내부 촬영을 일절 금하기 때문이다. 대법원은 예외 없이 이 전통을 지킨다. 법원이 아닌 판결 자체가 주목을 받아야 한다는 뜻에서다.

연방대법원의 법정 내부는 장엄하기 이를 데 없었다. 벽면 상단에 새겨진 모세와 함무라비 돋을새김을 정적 속에서 감상하다가 그 아래 버티고 선 연방보안관들의 날카로운 눈초리와 마주치면, 벌어진 입이 저절로 다물어졌다. 대법관석의 받치에는 여진히 사기 재질의 타구唾具가 놓여 있었다. 오전 10시 정각, 버저가 울리고 문이 열리자 일동 자리에서 일어났다. 이어 연방 보안관이 "정숙, 정숙, 정숙!" 하고 외치자 마침내 루스 베이더 긴즈버그연 방대법원 대법관이 새까만 법복 차림으로 법정에 모습을 드러냈다. 법조계 에서 RBG로 통하는 인물이나. 그는 팔걸이가 달린 마호가니 대법관석에 앉 아 주위를 지그시 둘러보았다. 그의 목 부근에 주목하라. RBG는 유리구슬 이 올록볼록하게 박힌 어두운 빛깔의 자보를 목에 두르고 나왔다. 진보주의 자들에게는 달갑지 않은 소식이었다. 자신이 소수의견을 냈다는 뜻으로 걸 치는 자보이기 때문이다.[1]

　2013년 6월 25일, RBG가 목에 두른 자보는 파란빛과 노란빛으로 영롱하 게 반짝이고 있었다. 스무 해 넘게 판사로 일해왔고, 이제 팔순을 넘긴 그는 어두운 빛깔에 등받이가 높직한 의자 때문에 한없이 연약하고 구부정하며 왜소하게 보였다. 두 차례 암 투병을 할 때도, 남편인 마틴(마티) 긴즈버그 가 56년간의 결혼생활을 끝으로 타계했을 때도, 긴즈버그 대법관이 제 몫을 해낼 수 있을까 우려하는 사람이 많았다. 그러나 그들은 모두 틀렸다. RBG 는 여전히 하루도 빠짐없이 대법원에 출근해 업무를 보고 있다.[2] 그는 여전 히 밤새워 일을 하고, 재판연구원들이 아침에 출근해서 확인할 수 있도록 몇 가지 업무를 음성 메일로 지시해두는 사람이다.

　판결 전날에는 밤이 더 길었다. 법정에 들어선 RBG는 취임 순서대로 오 른쪽에서 세 번째 대법관석에 앉아 대리석 기둥을 이따금 응시하곤 했다. 자신이 그곳에 정말 존재하는지, 아니면 이 모든 것이 꿈인지 의아하다는 표정으로. 그러나 그 화요일 아침은 달랐다. RBG는 노트를 들여다보면서 메모를 이어가고 있었다. 판결문이 그렇게 길었는데도 덧붙이고 싶은 말, 바 로잡고 싶은 말이 여전히 남아 있었기 때문이리라. 긴즈버그는 바로 왼쪽에 앉은 새뮤얼 얼리토 대법관이 토지 사용과 관련한 사건[3] 및 인디언법 관련 양육권 사건[4]에 대한 판결문 두 건을 읽어 내려가는 내내 골똘한 표정으로

RBG가 대법관석에 앉아 셸비 카운티 판결에 대해 소수의견을 낭독하고 있다.
2013년 6월 25일.

뭔가를 쉴 새 없이 적었다. 그가 판결문을 읊어 내려가던 사건들은 사실 기자들 카메라의 관심 밖에 있었다. 이날은 두 개의 상자가 나오는 날이었고, 남은 사건이 하나 더 있었다.

이제 존 로버츠 대법원장이 손수 작성한 판결문을 낭독할 차례였다. 투표권법Voting Rights Act* 핵심 조항의 위헌 여부를 다투는 셸비 카운티 대 홀더 건에 대한 판결문이었다.[5]

로버츠 대법원장은 쾌활한 중서부 정서가 다분한 사람으로, 그의 판결문은 간명하고도 우아한 문체를 자랑했다. 변호사 시절 판사 앞에서 변론을 펼칠 때 대단히 유리하게 작용한 소질이었다. 이날 아침, 그는 다음과 같이 선언했다. "선거에 있어 인종차별적 요소가 과다하다. 그러나 우리 미국은 지난 50년간 크게 변화했다."[6]

투표권법은 20세기에 탄생한 가장 중요한 시민권 보호법 가운데 하나다.

* 투표에 있어 인종이나 피부색을 근거로 차별을 둘 수 없도록 선거 자격의 제한을 엄격하게 금지한 법으로 1965년 수정헌법을 구체화해 처음 제정되었다. 이 법은 인종차별이 심각한 주에 거주하는 소수인종의 참정권을 보장하기 위해 선거법을 개정할 때 연방정부의 승인을 받아야 하는 주정부의 선정 기준을 규정하고 있다. 당시 앨라배마주 셸비 카운티 당국자들이 이 법에 대해 위헌 소송을 제기했다.

하지만 그 이면에는 침흑한 이미지가 존재한다. 그것은 바로 필라델피아, 미시시피 등지에서 순교한 시민운동가들의 얼굴이다.[7] 실제로 앨라배마주 경찰은 셀마의 어느 다리에서 존 루이스라는 젊은이의 두개골을 산산조각 내기도 했다. 그러나 로버츠 대법원장은 셀마로부터 96킬로미터 떨어진 셀비 카운티에서 새로운 방식으로 투표권에 위협을 가한 데 대해 미국 사회에 그럴싸한 그림을 제시할 수 있었다. 그는 높은 흑인 투표율로 버락 오바마가 대통령에 당선됐다는 사실,[8] 앨라배마와 미시시피주에 흑인 표 시장이 있다는 사실[9]을 거론하면서 투표권법의 일부 핵심 조항이 더는 시대 변화에 부합하지 않는다고 잘라 말했다. 불과 몇 년 전에 해당 법 조항의 유효성을 재인정한 의회의 결정을 뒤집는 판결이었다. 바야흐로 인종차별의 시대는 거의 막을 내렸으니, 이제는 모두 함께 새로운 시대를 맞이하자는 논리였다.

RBG는 차례가 돌아오기를 가만히 기다렸다. 법정에서 다수의견을 발표하는 것은 당연한 전통이다. 하지만 다수의견에 반대하는 소수의견을 낭독하는 일은 극히 드물다. 말하자면, RBG는 화재경보기를 작동시킨 셈이다. 그것은 다수의견의 문제점을 두 귀로 똑똑히 들어달라고 세상 모든 사람에게 절박한 심정으로 호소하는 행동이었다. 불과 24시간 전, RBG는 이미 두 건의 소수의견을 낭독해 경보를 울린 상황이었다. 하나는 차별 시정 조치에 관한 건이고,[10] 다른 하나는 기업 두 곳에서 벌어진 차별에 관한 소송 건이었다.[11] 긴즈버그가 "법정이 일터의 현실을 무시한다"[12]고 목소리를 높이는 순간, 다수의견으로 판결문을 작성한 얼리토 대법관은[13] 눈을 홉뜨며 고개를 가로저었다. 대법관이 법정에서 저지른 전대미문의 결례였다.

투표권법 판결이 있던 이날 아침, 얼리토의 선임 대법관이자 RBG의 가장 가까운 친구 샌드라 데이 오코너가 VIP 방청석에 앉아 있었다.[14] 로버츠는 자신이 할 말을 모두 마치고는 심드렁하게 덧붙였다. "긴즈버그 대법관이 반대 의견을 제기했습니다."[15]

소수의견 낭독을 이어가며 RBG의 목소리는 점점 더 갈라지고 희미해졌다. 하지만 열정만큼은 낭랑하게 빛났다. 굳은 얼굴로 옆에 앉아 있던 얼리토는 주먹을 말아 쥐어 뺨에 괴고 있었다. RBG는 투표권법의 고귀한 목적은 쉽게 사라지는 것이 아니며, 오히려 그 취지는 점점 더 교묘해져가는 유권자 탄압에 맞서 싸우는 데 있다고 지적했다. 그러고는 보수 대법관들이 규제를 좋아하고 의회의 결정을 존중하는 사람들인 줄 알았건만, 이번에는 선을 넘고야 말았다고 덧붙였다. RBG는 소수의견에서 "오늘날 투표권법 파괴에 앞장서는 자들에게 가장 어울리는 단어는 오만"이라고 썼다.[16] 투표권법이 훌륭하게 작동한다는 이유로 그것을 폐기하는 행위는 "이 정도 비에는 옷이 젖을 것 같지 않다고 우산을 내동댕이치는" 격이라면서.[17]

RBG는 이 자리에서 "한때 꿈으로만 여겼던, 미국 내 모든 구성원의 평등한 시민적 지위, 인종을 빌미로 희석되지 않는 민주주의 체제, 그 안에서 모든 유권자에게 공평하게 주어진 발언권"[18]이 위기에 처했다고 일갈했다. 이 표현은 마틴 루서 킹의 저 유명한 연설 '나에게는 꿈이 있습니다'를 참고한 것이 분명했다. 여기서 평등한 시민적 지위는 RBG에게 각별한 의미가 있는 대목이었다.

RBG는 40년 전 대법관들 앞에 서서 여성도 헌법상 동등한 인간이라는 사실, 따라서 남성과 마찬가지로 평등한 시민적 지위를 누려 마땅하다는 사실, 나아가 시민으로서 권리는 물론 의무까지도 당당하게 진다는 사실을 재확인시킨 사람이다. 그는 킹 목사가 주도한 사회운동의 흐름 속에서 세상에 눈을 떴고, 여성이라는 이유로 문전박대를 당하던 처지에서 제힘으로 벗어났으며, 여성의 권리에 관한 여러 사건을 대법원으로 가져가 승리를 거머쥐었다. 그 누구도―특히 아이 딸린 젊은 여성이라며 손사래를 쳤던 로펌과 판사들, 임신했다는 이유로 조직에서 내쫓거나 여성이라고 급여를 깎은 상사들은―긴즈버그가 대법관이라는 그 높은 자리에 올라서리라고는 꿈에도 생각지 못했을 것이다.

RBG는 화를 내면 제 시간만 허비하는 꼴[19]이라던 어머니의 충고를 다른

이들에게 들려주곤 했다. 그보다 더 자주 꺼내는 이야기도 있다. 결혼생활에 대한 시어머니의 조언인데, 반 귀머거리처럼 구는 것도 때로는 도움이 된다는 말이었다.[20] 이 말들은 긴즈버그가 노골적인 성차별이 횡행하던 낡은 시대와 보수의 역풍이 몰아치던 1980년대를 견뎌내는 데 큰 도움이 되었다. 그러나 이제는 그렇게 안 들리는 시늉을 하는 데 넌더리가 날 수밖에 없었다. 의견을 조율하기로 약속하며 취임한 로버츠 대법원장이 자리에 앉은 지 겨우 몇 년 만에 고작 몇 건의 5 대 4 판결로 자신이 그토록 열심히 쌓아 올린 진보적 성취를 뿌리부터 흔들어댔기 때문이다.

RBG는 2012~2013년도 회기 동안 법정에서 다섯 번이나 소수의견을 낭독함으로써 대법원 내 최다 소수의견 낭독 기록을 반세기 만에 갈아치웠다.[21] 투표권법 판결에 대한 긴즈버그의 반대 의견은 그 가운데 가장 맹렬했던 최신 사례라고 할 수 있다. 이날 오전 10시 30분, RBG는 마틴 루서 킹을 인용해 이렇게 말했다. "도덕적 세계를 향한 여정은 멀고도 험하지만 결국 정의를 향하게 되어 있다." 그러고는 자신의 의견을 덧붙였다. "그 위업을 끝내 이루고야 말겠다는 확고부동한 각오와 헌신적인 자세만 있다면 말이다."[22]

딱히 우아하지는 않았다. 그러나 RBG는 꾸밈없었다. 그는 대법관석에 앉을 때나 그러지 않을 때나 한결같은 사람이다. 그가 집중력을 최대치로 발휘하는 시간은 물론 대법관으로서 임무를 수행할 때다. 긴즈버그는 무섭게 열중해서 철두철미하게 일한다. 그렇게 늘 분주한 나날을 보낸다.

사람들은 말수가 적고 어떤 면에서 온순해 보이던 그의 성품은 어디로 사라졌는지, 대체 그 뜨거운 선동가 기질이 어디서 왔는지 의아하게 생각한다. 하지만 진실은 따로 있다. RBG가 바뀐 게 아니라, 세상이 바뀐 것이다.

루스가 없으면 진실도 없다

6월 25일 아침, RBG는 대법관석에 앉아서 저항에 돌입했다. 법정 바깥을 지키는 시민들의 귀에 가닿기를 바라는 절박한 심정으로, 그는 소수의견을 낭독했다. 시민권 투쟁의 영웅이었던 하원의원 존 루이스는 대법원이 "투표권법의 심장에 비수를 꽂았다"고 탄식했다. 진보주의자들의 심정은 복잡했다. 그들은 절망하고 분노하면서도, 소수의견을 낭독한 RBG에게 감동했다. 아미나투 소는 "네티즌 모두가 한꺼번에 분통을 터뜨렸다"고 기억했다. 소는 친구인 프랭크 치와 함께 워싱턴 D.C.를 기반으로 활동하는 온라인 홍보 전문가인데, 내면의 좌절감을 끄집어내서 타인의 공감을 불러일으키는 무언가로 형상화하는 데 능숙한 청년이었다. 두 친구는 가만히 있을 수 없다고 생각했다. 시미 녹스가 그린 RBG의 초상화를 활용하기로 한 사람은 프랭크 치였다. 그는 먼저 형형한 눈빛과 반듯한 입술이 돋보이는 이 그림의 바탕을 붉은색으로 바꾸었다. 장미셸 바스키아에게 영감을 받은 왕관도 그려 넣었다. 그리고 이렇게 적었다. "루스가 없으면 진실도 없다."[23] 그들은 이 그림을 인스타그램에 올린 다음, 스티커로 만들어 워싱턴 D.C. 전역을 도배했다.

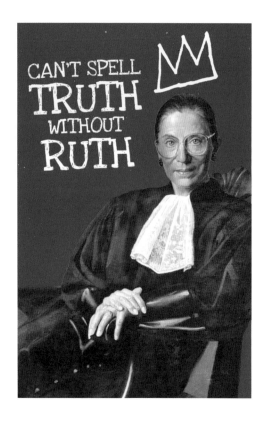

매사추세츠주 케임브리지에서는 스물여섯 살의 법대생 할리 제이 포프가 그림을 그리기 시작했다. RBG가 지난 한 주 동안 벌어진 일련의 일들에 대해 무엇이 잘못됐는지 동료 대법관들에게 참을성 있게 설명하는 만화였다. "로버츠"가 셸비 판결을 내리고 "와하하, 마침내 인종주의를 되살렸다!"며 호들갑을 떨자, "RBG"가 분통을 터뜨리는 장면도 나온다. 포프는 "I ♥ RBG"라는 문구를 넣어 티셔츠를 만들고, 그것을 판매한 수익금을 참정권운동 단체에 기부했다.

뉴욕에서는 당시 스물넷이던 뉴욕대학교 로스쿨 재학생 셔나 크니즈닉이 투표권을 빈껍데기로 만들어버린 대법원 판결에 경악했다. 긴즈버그 대법관의 거침없는 분노만이 그에게 유일한 위안이 되어주었다. 때마침 동기였던 앙쿠르 만다니아가 자신의 페이스북에서 긴즈버그 대법관을 "노터리어스 R.B.G."라고 익살스럽게 불렀던 게 기억났다. 생전에 130킬로그램이 넘는 거구였던 전설의 래퍼 노터리어스 B.I.G.에 빗댄 별명이었다. 셔나는 번뜩이는 재치로 RBG를 향한 존경을 담은 블로그를 만들면 의미가 있겠다는 생각을 하기에 이르렀다. RBG와 BIG는 달라도 너무 다른 이들이다. 엘리트 판사와 부랑자, 백인과 흑인, 여성과 남성, 장수하는 노인과 비명횡사한 청년. 그야말로 극명하고도 흥미로운 대비였다. 전자는 수선스러운 것에 거리를 두는 여성이고, 후자는 음악사에 한 획을 그은 남성이라는 사실도 대비된다. 물론 비슷한 요소도 없지 않았다. 그들은 모두 브루클린 출신이다. 또 거구의 흑인 래퍼가 한껏 뻐기는 몸짓으로 강렬한 메시지를 속사포처럼 쏟아냈다면, 이 작고 차분한 유대인 할머니 역시 소수의견으로 강펀치를 날릴 줄 아는 사람이다.

이 정도의 찬사는 시작에 불과했다. 한때 "꽉 막힌 잔소리꾼,"[24] 왜곡된 페미니스트,[25] "꼰대,"[26] 뜨뜻미지근한 급진주의자,[27] 따분한 먹물[28] 같은 경멸조의 별명을 달고 다니던 RBG가 이제는 사랑받는 해시태그로 거듭난

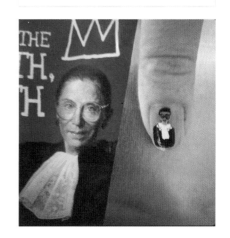

것이다. 긴즈버그의 말 한마디 한마디가 네티즌의 클릭을 몰고 다닌다. 급기야 말 한마디 없이도 상대방을 "무력화시킨다"고 제목을 뽑은 신문도 있다. 미국 내 두 도시에서 노터리어스 RBG 시그니처 칵테일이 두 가지 이상 등장했고, 애니메이션 채널 카툰 네트워크를 틀면 ("상대방을 혼내주라는 명령을 받은") 래스 호버 긴스봇 Wrath Hover Ginsbot이라는 장난감 로봇도 나온다. RBG의 얼굴은 콜라주나 네일아트에서도 볼 수 있고, 적어도 세 사람 이상이 영원히 남을 타투로 그의 얼굴을 자신들의 팔뚝에 새겼으며, 밸런타인데이나 크리스마스가 되면 오글거리는 인사말과 함께 카드를 장식하기도 한다.

수많은 가정에서 RBG를 테마로 핼러윈 코스튬을 만들어 애 어른 할 것 없이 그것을 걸치고 기념사진을 찍는다. 2015년 봄, RBG는 똑똑한 페미니스트의 대명사로 통하기 시작했다. 말 좀 하는 사람치고 RBG를 들먹이지 않는 이가 없었다. 코미디언 에이미 슈머가 그랬고,[29] 「스캔들」의 리나 더넘이 그랬으며,[30] 「굿 와이프」에서도 그랬다.[31] 코미디언 케이트 매키넌은 「새터데이 나이트 라이브 SNL」에 출연해 RBG로 분장을 하고서는 "너 긴즈번드 됐어 Ya just got Gins-burned!"라고 외치며 힙합 리듬에 맞춰 까불어댔다.[32] 소는 이렇게 설명한다. "그저 루스 베이더 긴즈버그가 세상에서 가장 멋진 여성 가운데 한 사람이라는 말을 하고 싶었습니다. 유머러스하지 않은 인물일수록 유머러스한 창작의 대상으로 네티즌들에게 더 많은 사랑을 받는 것 같아요."[33]

이 모든 현상은 한마디로 전례가 없는 일대 사건이었다. 아무리 존경받는 판사라고 해도 대중의 상상력을 이런 식으로 사로잡은 사람은 없었다. 30년 넘도록 판사로 살면서 RBG가 보여준 대중적 이미지는 절제된 중도파였다. 하지만 그와 가까운 사람들은 RBG가 시대정신의 상징으로 떠오른 사실을 조금은 당황스럽지만 흥미로운 사건으로 받아들인다. RBG와 함께 일하던 재판연구원이자, 지금은 그와 친구로 지내는 데이비드 샤이저는 이렇게 말한다. "내가 아는 한 RBG는 컬트적 인물이 되기를 조금도 원치 않는 사람입

니다."[34] RBG의 아들 제임스 긴즈버그의 생각도 비슷하다. "어머니가 이렇게 힙해질 줄은 꿈에도 몰랐습니다."[35] 페미니스트 저자 리베카 트레이스터는 대중이 RBG처럼 나이 많은 여성을 용맹하고 지혜로운 인물로 숭배하는 것은 주목할 만한 현상이라면서 RBG가 "강력한 여성에 대해 미국인들이 그리는 이미지의 지평을 크게 확장시키는 중대한 계기"[36]를 마련했다고 평가했다. 트레이스터는 나이 많은 여성의 이미지가 '할머니' 내지는 '남편 휘어잡는 우악스러운 할망구', '음흉한 노파'로 미국인의 의식 구조에 오랜 세월 뿌리를 내렸다고 말한다. RBG의 오랜 친구이자 저명한 페미니스트 글로리아 스타이넘은 한 여성 대법관의 얼굴이 미국 전역의 수많은 대학 캠퍼스를 뒤덮는 광경에 경탄하며, "나이가 들면 여성은 힘을 잃고 남성은 힘이 생긴다"[37]는 자신의 오랜 관찰 결과가 사실이 아니었음을 말해준 이 친구에 대해 진심으로 대견스러워했다.

역사를 되짚어보면, 여성은 다른 사람에게 자리를 양보하라는 눈총을 받으며 자의 반 타의 반으로 떠밀려 내쫓기는 경우가 지독히도 많았다. 이는 여성이 권력을 상실하는 대표적인 경로다. RBG가 대중문화의 아이콘으로 떠오르기 전까지만 해도, 진보적 법학자와 논객 들은 긴즈버그가 스스로 대법관직에서 물러나는 것이 대승적인 관점에서 최선이라며 떠들어댔다. 버락 오바마 대통령이 후임 대법관을 임명할 수 있도록 자리를 양보하라는 말이었다. 하지만 RBG는 흔들림 없이 주어진 임무에 열정적으로 몰입함으로써 자신을 둘러싼 잡음을 깨끗하게 불식했다. RBG는 무대에서 순순히 내려오기를 거부했다. 이는 또 다른 의미에서 중요한 공개적 저항 행위였다.

나이는 대법원이 돌아가는 데 있어 매우 중요한 요소다. 우선 대법관들은 판결문 작성 담당자를 결정하기 위해 회의를 열면 나이순으로 발언한다. 2010년 존 폴 스티븐스 대법관이 은퇴하면서 RBG는 대법원 내 진보파의 최고 원로가 되었다. RBG가 자신의 자리를 지키기로 결심했던 데는 대법관 일이 좋은 것도 있었지만, 대법원이 그릇된 길로 나아가고 있음을 염려했던 까닭이 컸다. RBG는 오랜 시간 침묵하며 고뇌의 나날을 보낸 끝에 마침내 미국 시민들에게 무엇이 어떻게 잘못 돌아가는지를 설명할 때가 되었다고 판단한 것 같다. 한때 미국시민자유연맹[ACLU]에서 RBG와 함께 투쟁했던 버트 뉴본 뉴욕대 로스쿨 교수는 말한다. "긴즈버그의 심중에 변화가 있었던 모양입니다. 대중을 상대로 발언하는 사람이 되겠다고 마음을 먹은 게 아닌가 싶습니다."[38] RBG 본인도 2014년 『뉴 리퍼블릭』과의 인터뷰에서 이렇게 말했다. "요즈음은 초임 판사 시절보다 수줍음을 덜 타는 것 같다. 그보다 정말 중요한 변화가 있다면, 법원의 구성이다."[39] 대법원이 중심을 잃고 휘

청거리며 오른쪽으로 나아가고 있음을 점잖게 꼬집은 말이다.

　RBG는 도전을 앞두고 움츠러드는 사람이 아니다. 언제 타계할지 모른다고 수근대는 사람들도 있는데, RBG를 몰라도 한참 몰라서 하는 소리다. RBG는 70대 후반에 이르러서야 수상스키와 작별했다.

폭탄을 던지기보다 폭탄을 만드는 사람

루스 베이더 긴즈버그는 어떤 사람일까? 그는 서두르지 않는다. 그러면서 무엇 하나 빼먹는 일도 없다. 친구이자 비평가인 리언 위젤티어는 말한다. "긴즈버그는 신중함을 생활신조로 삼는 사람이다. 아니, 그는 타고나길 신중하다. 그래서 대화를 나눌 때면 그렇게 즐거울 수가 없다. 생각 없이 입 밖에 내는 말이 단 한 마디도 없기 때문이다."[40] 무엇보다 긴즈버그는 대법관으로서 맡은 바 소임에 완벽하게 헌신한다. ACLU에서 RBG 후임으로 여성권익증진단장을 맡았던 캐슬린 퍼래티스는 몇 년 전에 이렇게 말했다. "루스는 일벌레 같았습니다. 그런 모습을 엿볼 수 있는 일화를 소개해달라고요? 없습니다. 그는 늘 최선을 다하기 때문입니다."[41] (물론 RBG가 어떤 사람인지 보여주는 일화는 수두룩하다.) 한편 그는 수많은 비극과 재앙에서 살아남은 사람이기도 하다. 혹자는 RBG가 침울해 보인다고도 한다. 이는 사실과 다르다. 무표정한 얼굴로 던지는 유머가 잘 안 먹힐 뿐이다. 물론 호락호락하지 않을 수는 있다. 그러나 충직하고 관대한 사람이다. 남편과 뜨겁게 사랑을 나누며 살아온 세월이 60년에 가깝다.

일면만 보고 RBG가 어떤 사람인지 단정 짓기란 어렵다. 이는 긴즈버그를 설명하는 데 있어 매우 중요한 측면이다. 그가 대법관 후보로 지명되었을 때 『워싱턴 포스트』지는 ACLU 시절 RBG를 겪어보았던 퍼래티스와 전직 법무관 멜 울프를 함께 인터뷰했다.[42] 두 사람은 RBG의 됨됨이를 놓고 서로 다른 의견을 내놓으며 티격태격했다. "루스는 사회적으로든 정치적으로든, 어느 모로 보나 지극히 평범한 사람입니다. 지적인 능력만 제외한다면." 울프가 조금은 무시하는 투로 이렇게 말하자 퍼래티스가 말을 끊었다. "그래요. 하지만 그런 시절에 여성으로서 가정을 꾸리고, 일자리를 구하고, 로스쿨에 진학한다는 게 대단히 이례적인 일이라는 사실만은 인정해야 합니다." 1960년대에 태어난 남성인 울프는 그 말을 듣고도 어깨를 으쓱하며 관점을 굽히지 않았다. "그래도 이 말은 해야겠네요. RBG는 폭탄을 던지는 사람은 못 됩니다."

"그런데 말이죠." 퍼래티스는 맞받아쳤다. "루스는 폭탄을 만들어낸 사람이에요."

바꾸어 말하면, RBG는 이미 존재 자체가 급진적이었다. 불리함을 극복함으로써 명성을 떨쳐온 여성이기 때문이다. 사회생활을 한 지 얼마 되지 않았을 때, RBG는 강단에 서기보다는 로펌에 들어가서 일하고 싶었다. 하지만 세상에는 루스를 위한 자리가 없었다. 그런 부조리를 겪은 루스에게 '폭탄 제조' 외에 다른 무엇이 가능했을까. 이 대목은 자칫 간과되기 쉽다. 아무래도 남성의 '폭탄 던지기'와는 사뭇 달라 보일 테니 말이다. 아니면 루스와 그의 동료들이 세상을 크게 바꾸어놓은 결과, 그 시절을 몸소 겪지 않은 사람들로서는 그것이 얼마나 힘든 일이었을지 쉬이 짐작조차 할 수 없기 때문일 수도 있다.

아울러 이 책에서 RBG의 생애를 면밀히 살펴보면 알게 되겠지만, RBG를 단지 유리천장을 부수고 남성이 지배하는 세계에 합류한 여성 정도로 여겨선 안 된다. ACLU에서 여성권익증진단을 공동으로 출범시켰으며, 여성운동의 '서굿 마셜'*로 불리는 사람으로서 사회 변혁이라는 목표를 달성하기 위한 점진적 전략을 신중하게 고안한 인물이기 때문이다. 그는 남성이 여성과 손잡고 자기 자신을 변화시키는 세상, 여성의 평등 위에 성적 자유와 임신 및 출산의 자유가 뿌리 내린 세상을 꿈꾸었고, 그런 세상을 현실로 만들기 위해 분투해왔다. 남성 해방부터 돌봄 제공자의 가치를 인정하는 문제에 이르기까지, RBG가 품은 이상의 상당 부분은 여전히 실현되지 못한 채로 남아 있다. RBG의 오랜 벗 신시아 푹스 엡스타인은 말한다. "짐작건대 RBG가 기존의 생활양식을 따르는 단정하고 깔끔하며 말씨 고운 여성의 이미지를 풍기지 않았더라면, 열혈 급진주의자로 낙인찍히고 말았을 겁니다."[43]

* 흑인 최초로 대법관을 지낸 인물.

이런 사실을 알아챈 사람이 몇 명이라도 있었더라면, RBG는 그렇게 살아가기를 선호했을 것이다. 뉴본은 이렇게 설명한다. "그는 이런 상처 속에 겉으로 보이는 자신의 인격을 종속시킨 것입니다. 그가 이룩한 모든 성취의 주인공은 자신이 아닌 법이었습니다."[44]

그러나 두 부시 대통령이 임명한 판사들이 대법관석을 차지하기 시작하면서 인종적 정의, 재생산에 관한 권리, 건강보험 접근권, 노동자 보호 등을 제고하기 위한 진보적 성취들은 물거품으로 돌아갈 위기에 처했다. 반면 기업에 더 많은 자율성을 부여하고, 더 큰 정치적 영향력을 갖도록 하는 보수적 의제들은 근소한 차이로 과반수를 넘겼다. 게다가 우편향된 현재의 균형상태도 흔들릴 가능성이 있기 때문에 위태롭기는 마찬가지다. 차기 대통령이 최대 3명의 대법관을 새로 임명할 수 있기 때문이다.

RBG는 자기 자리를 계속 지키면서 동료 대법관들과 대중을 상대로 자신의 신념을 설득하기로 결심했다. 미국이라는 나라가 국민과의 약속을 지켜야 한다고 믿었기 때문이다. RBG가 즐겨 인용하는 미국 헌법 전문의 첫 구절은 이렇다. "우리 합중국 인민은 보다 완벽한 연합을 형성하기 위하여." 실로 근사한 말이다. 하지만 RBG는 당초 "우리 합중국 인민"에서 상당수의 인민이 배제되었다는 사실 또한 잊지 않고 지적했다. "여기에는 나 같은 여성도 포함되지 않을 것"[45]이라면서 말이다. 물론 노예와 아메리카 원주민 역시 제외되었다. 헌법에서 소외당한 사람들은 자신도 미국 헌법이 인정하는 인민임을 관철시키기 위해 수백 년 동안 투쟁해왔다. RBG는 이 투쟁을 필생의 업으로 여기는 사람이다.

RBG가 지금까지 투쟁가라는 이미지를 잃지 않으려 했던 까닭도 이 때문일 것이다. 2014년 11월 말, 그는 개인 트레이너와 운동을 하던 중 잠시 정신을 잃었다.[46] 그로 인해 오른쪽 관상동맥에 혈관 협착을 방지하기 위한 스텐트를 삽입하게 됐다. 하지만 그에게는 지켜야 할 약속이 있었다. RBG는 셔나 크니즈닉과 프랭크 치, 아미나투 소, 앙쿠르 만다니아를 대법원으로 초청했다. "노터리어스 RBG를 창조해낸 번뜩이는 젊은이들을 집무실에서 만날 수 있다면 정말 기쁠 것"[47]이라면서. 12월 10일 오전, 두 시간에 걸친 1964년 연방불법행위청구권법Federal Tort Claims Act 관련 구두변론이 끝난 뒤, 마침내 열풍을 불러일으킨 사람들이 대법원에 도착했다.

정오 무렵, 그들은 쭈뼛거리면서 긴즈버그 대법관 집무실 안으로 줄줄이 들어섰다. RBG는 재판연구원들의 부축을 받고 서서 젊은이들을 맞이했다. 그의 가느다란 손목은 스텐트 삽입 시술을 받느라 시퍼렇게 멍이 들어 있었다. 손님들은 그에게 청년 세대에게 전하고 싶은 메시지를 물었다. RBG는 곰곰이 생각했다. "이렇게 말하면 어떨까 싶네요." 그는 답했다. "내가 다음 주부터 팔굽혀펴기를 다시 시작한다고."

Cheers,

Ruth Bader Ginsburg

2

이 바닥에서
오래 굴렀지

BEEN IN THIS GAME FOR YEARS

1853년 12월

"연방대법원장 자리에 한번 앉아보라는 권유를 받았다. 자리에 앉자마자 나도 모르게 소리쳤다. '언젠가 여성이 이 자리를 차지할 날이 올지도 모릅니다!' 그러자 주위 남성들이 배꼽을 잡고 웃었다."[2] _노예폐지론자 · 페미니스트 세라 그림케

1848년 6월 19~20일

"모든 남성과 여성은 평등하게 태어난다. 우리는 이 말이 자명한 진리라고 믿는다." _「세니커폴스 선언문」*

* 엘리자베스 스탠턴과 루크리셔 모트가 주도한 미국 최초의 전국여성권리대회에서 발표한 선언문. 독립선언문의 '인간men'에는 여성도 포함됨을 간접적으로 적시하며 여성 참정권과 성차별 철폐를 주장했다.

1897년 1월 4일

대법원은 밀스 사건에서 총부리로 위협받고 납치당한 여성에 대해 강간 피해자는 아니라고 판시했다. 어떤 행위를 강간으로 단정하려면 "더 많은 폭력이 가해졌어야 한다"고 보았기 때문이다.[5]

| 1820 | 1830 | 1840 | 1850 | 1860 | 1870 | 1880 | 1890 | 1900 |

1828년

연방대법원 대법관들은 관사에서 다 함께 기거했다. 어느 부인이 남편과 함께 살겠다고 고집을 피워 그런 관습이 사라지기 전까지.[1]

1868년 6월 28일

미국 수정헌법 제14조는 과거 노예였던 사람들의 시민적 권리를 인정하고 법률에 따른 동등한 보호를 약속하면서도, 선거권만은 남성이 지닌다고 못 박았다.

1873년 4월 15일

대법원은 오로지 여성이라는 이유로 마이러 브래드웰의 변호사 활동을 금지한 일리노이주의 결정을 합헌 판결했다.** 이 사건에 대한 2011년 재심에서 브래드웰의 손을 들어준 사람이 바로 RBG였다.[3]

** 가정주부였던 마이러 브래드웰은 변호사 시험에 합격했지만 주정부가 변호사 등록을 거부하자 연방대법원에 제소했다. 그러나 "여성은 본질적으로 가정에 속하는 존재"라는 이유로 기각되었다. 신청한 지 21년 만인 1890년에야 일리노이주는 그에게 변호사 자격증을 발급했다.

"여성에게 가장 중요한 운명과 책무는 아내와 어머니로서 주어진 고귀한 직무를 해내는 것이다. 그것이 창조주의 법이다." _브래드웰 사건의 상고를 기각하며, 조지프 브래들리 대법관

"창조주와 판사가 어떤 식으로 의사소통하는지[4]에 대해서는 밝혀진 바가 전혀 없다." _1972년 대법원에 제출한 변론취지서에서, RBG

"자네 나한테 추천할 '적당한 졸업생
이 한 명도 없다'고 했는데,[6] 여학생
까지 포함해서 그렇다는 건가? 내 판
단에 확실한 1등급이면, 그가 여성이
라 해도 채용할 수 있다네."

_대법관 윌리엄 더글러스, 1944

1920년 8월 18일

수정헌법 제19조는 여성의 투표권을 인정했다.
하지만 유색인종 여성에 대한 폭력적 걸림돌은
여전히 남아 있었다.

1932년 6월 10일

훗날 RBG의 배우자가 되는
마틴 긴즈버그가 태어나다.

1944년

루실 로먼,
여성 최초로 대법원에서 일하다.

1900   **1910**   **1920**   **1930**

1903년

RBG의 어머니,
셀리아 앰스터가 태어나다.

1933년 3월 15일

조앤 루스 베이더, 브루클린에서 태어나다. 별명은 '키키.'

1950년 6월

셀리아, 딸의 고등학교 졸업식을
하루 앞두고 세상을 떠나다.

1950년 가을

RBG, 코넬대학교에 입학하다.

1954년 5월 17일

대법원이 브라운 사건 판결*에서 "분리하되 평등하게"라는 기존 원칙을 뒤집다.[7]

* 피부색을 이유로 집에서 멀리 떨어진 흑인 학교를 다녀야 했던 초등학생 린다의 아버지 올리버 브라운은 딸이 가까운 학교의 입학을 거절당하자 소를 제기했고, 대법원까지 올라가 위헌 판결을 받아냈다. 동등한 교육 여건을 제공한다면 흑인과 백인 학생을 분리해도 무방하다는 미국의 오랜 인종차별적 교육 정책을 옹호하는 플레시 대 퍼거슨 사건의 재판 결과를 폐기시킨 판결로 유명하다.

1954년 6월

코넬대를 졸업하고, 시집 저택에서 마틴과 결혼식을 올리다.

1955년 7월 21일

제인 긴즈버그가 태어나다.

1961년 11월 20일

대법원이 "여성은 여전히 가정생활의 중심으로 간주되기에" 배심원으로 참여하려면 추가 절차를 밟아야 한다고 보다.**

** 호이트 대 플로리다 사건 판결을 말한다. 남편의 외도와 무시로 그를 살해해 재판을 받던 피고 그웬들린 호이트는 여성배심원등록제로 인해 1만 명의 배심원 가운데 단 10명만이 여성인 상황에서 성별 대표성이 결여된 배심원에 둘러싸여 재판을 받았고, 이 제도의 위헌성을 가리는 대법원 판결이 1961년에 있었다.

1962년 12월

인권운동가 폴리 머리, 수정헌법 제14조를 성차별적 법률에 대항하는 수단으로 활용할 것을 제안하다.

1940   **1950**   **1960**

1953년

시몬 드 보부아르의 『제2의 성』이 미국에서 출간되다.

1956년

오직 아홉 명뿐이던 여성 신입생 가운데 한 명으로 하버드대 로스쿨에 입학하다. 긴즈버그가 로스쿨 2학년이 되던 해, 마틴은 위암 진단을 받는다.

"내가 속한 세대에선 여성이 법학을 공부한다는 게 대단히 이례적인 일이었다. 1940년대에 성장한 대부분의 소녀에게 가장 중요한 자격은 대학졸업장B.A.이 아닌 한 남자의 부인M.R.S.이 되는 것이었다."[8]

_RBG

1958년

마틴이 하버드대 로스쿨을 졸업했다. RBG는 컬럼비아대 로스쿨로 옮겼다.

1959년

RBG는 컬럼비아대 로스쿨을 수석으로 졸업하고도 일자리를 구하는 데 애를 먹었다.

1963년

RBG, 여성으로서는 두 번째로 럿거스대 로스쿨에 정교수로 취임하다.

RUTH B. GINSBURG
Assistant Professor of Law
B.A. Cornell Univ.
LL.B. Columbia Univ.

"[총장이 말하기를] 나는 급여를 적당히 받아야 공평하다더군요.[9] 남편이 퍽 좋은 일자리를 가졌기 때문이랍니다."

_RBG

1963년 6월 10일

케네디 대통령이 성별에 따른 임금 차별을 금지하는 동일임금법Equal Pay Act에 서명하다. 그러나 이 법에는 허점이 수두룩했다.

1965년 6월 7일

대법원이 피임을 금지한 코네티컷주의 정책에 대해 "결혼생활의 사적 권리"를 침해한다고 판결하다. *

* 그리스월드 대 코네티컷 사건 판결을 말한다.

1967년 6월 13일

존슨 대통령이 저명한 시민권 변호사 서굿 마셜을 흑인 최초로 연방대법원 대법관에 임명하다. (그는 RBG에게 여성 '서굿 마셜'이라는 호칭을 선사한 인물이기도 하다.)

1960

1965년 9월 8일

RBG의 아들 제임스 긴즈버그가 태어나다.

1964년 7월 2일

린든 존슨 대통령의 서명으로 고용상 성차별을 최종적으로 금지한 시민권법이 발효되다.

1965년

RBG, 자신의 첫 책 『스웨덴 민사소송』을 안데르스 브루셀리우스와 공저로 출판하다.

"그 후 대법원에서 스웨덴 민사소송과 관련해 골치 아픈 일이 생기면 무조건 긴즈버그 대법관에게 직행해야 했다." 10
_대법관 엘리나 케이건

1970년 봄

RBG, 여성과 법을 주제로 강의를 시작하다.

"그러지 않았다면[성차별을 금지하지 않았더라면], 이 나라의 백인 여성은 흑인 여성을 우대한다는 핑계로 철저하게 차별당했을 것이다."
_앨라배마주 하원의원 글렌 앤드루스

"나는 법무부에서 남성을 비서로 두지 않을 것이라 확신한다⋯⋯.
그들이 여성을 비서로 고용하는 건 여성이 더 뛰어나기 때문이다." [11]
_필립스 대 마틴마리에타 사건에 대한 구두변론. 대법원장 워런 버거, 1970년 12월 9일

1971년 6월 25일

RBG, 리드 대 리드 사건으로 대법원에 처음
변론취지서를 제출하다. [12]

1972년 1월

RBG, 여성 최초로 컬럼비아대 로스쿨
종신교수로 취임하다.

1972년 6월 23일

리처드 닉슨 대통령이 성별에 의한
교육 차별을 금지하는 이른바 '타이틀
나인Title IX' 법에 서명하다.

1974년

RBG가 최초의 성차별
사례집을 출간하다. [16]
그는 출간 당시 공저자
이름을 알파벳순으로
나열해야 한다고
주장했다. 그렇게 되면
남성 공저자 이름이
맨 앞에 놓이는데도
불구하고.

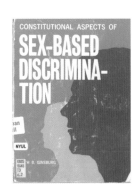

1970   **1980**

1972년 봄

RBG, ACLU 산하에
여성권익증진단을 공동 창립하다.

1973년 1월 22일

대법원, 로 대 웨이드 [13] 및 도 대 볼턴 [14] 사건을 계기로 미국 전역에서 임신중절을
합법화하다. 그러나 RBG는 대법원이 그런 결론에 도달한 과정과 그 조급성을
오히려 탐탁지 않게 여겼다.

"임신중절 여부를 결정할 여성의 권리는 프라이버시권에 포함되고도 남는 것이다." [15]
_로 대 웨이드 사건에 부쳐, 대법관 해리 블랙먼

이 바닥에서 오래 굴렀지 • **35**

1980년 4월 11일

지미 카터 대통령이 RBG를 워싱턴 D.C. 소재 연방항소법원 판사로 지명하다.

1994년 5월 13일

클린턴 대통령이 해리 블랙먼 내법관의 후임으로 스티븐 브라이어를 지명하다.

1996년 6월 26일

RBG, 연방정부 대 버지니아 사건에 대한 대법원 심리에서 버지니아군사대학이 여성 생도의 입학을 허가해야 한다는 기념비적 판결문을 작성하다.

1993년 6월 14일

빌 클린턴 대통령이 RBG를 연방대법원 대법관으로 지명하다.

1980

1990

1981년 8월 19일

로널드 레이건 대통령이 샌드라 데이 오코너를 여성 최초의 대법관으로 임명하다. 앞선 수년간 자신들의 무리에 여성이 합류할 경우 사임하겠다는 뜻을 내비쳐온 남성 대법관들은 어쩐 일인지 계속 자리를 지켰다.

1999년 여름

대장암 진단을 받다. 하지만 대법관석을 비우는 날은 하루도 없었다.

2000년 12월 12일

RBG는 사실상 조지 W. 부시 대통령의 당선을 의미한 부시 대 고어 사건[17]에서 소수의견을 개진한 대법관 네 명 가운데 한 사람이었다.

"대법원이 개입하기로 결정한 사실, 그리고 최종적으로 내놓은 결론의 타당성은 역사의 심판을 받고야 말 것이다."[18]
_RBG, 부시 대 고어 사건 소수의견에서

2005년 7월 1일

샌드라 데이 오코너가 은퇴를 선언하다. 조지 W. 부시 대통령이 워싱턴 D.C. 연방항소법원 존 로버츠 판사를 후임 대법관으로 지명하다.

"슬프게도 나는 이제 그분이 대법원에 출입한 초창기 12년과 같은 처지가 되었다. 유일한 여성 대법관으로서." [19]
_RBG

2005년 9월

RBG가 "우리 원장님"이라고 부르던 윌리엄 렌퀴스트 대법원장이 타계하다. 부시 대통령이 로버츠를 대법원장에 앉히는 대신 오코너의 후임자로 연방항소법원의 새뮤얼 얼리토를 새로운 대법관으로 지명하다.

2009년 5월 26일

오바마 대통령이 연방항소법원 소니아 소토마요르 판사를 대법관으로 지명하다. 라틴계 미국인으로는 처음이었다.

2007년 5월 29일

RBG, 릴리 레드베터 성차별 사건*에 관해 자신의 소수의견을 대법관석에서 큰 소리로 낭독해 파문을 일으키다. [22]

* 굿이어 타이어 직원이던 릴리 레드베터가 남성에 비해 적은 임금을 받았다고 소송을 제기했지만 기한이 지났다는 이유로 기각당한 사건.

"우리가 대법관석 곳곳을 차지했다고 생각하니 기분이 매우 좋습니다. 여성들이 이곳에 항구적인 터전을 마련했다는 뜻이니까요." [25]
_RBG

2000

2010

2007년 4월 18일

RBG, 곤잘레스 대 카하트 사건[20]에 대한 소수의견에서 맹렬한 분노를 터뜨림으로써 자신의 시대를 활짝 열어젖히다.

"대법원은…… 여성을 보호하는 판결을 내린 척한다." [21]
_RBG, 대법관석에서 자신의 소수의견을 요약하며

2009년 2월 5일

악성 종양 하나를 떼어내는 수술을 받다.

2009년 2월 23일

대법관석에 복귀하다.

2008년 11월 4일

버락 오바마가 미국 최초의 흑인 대통령으로 선출되다.**

** 2009년 1월 오바마가 취임 후 처음으로 서명한 법안은 '릴리 레드베터 임금평등법'이었다. 릴리는 오바마 뒤에 서서 그 장면을 지켜보았다.

"모르겠습니다. 내가 듣기로 긴즈버그 대법관이 요즘 점프슛을 연습한다고 하던데요." [23]
_버락 오바마, 대법원에서 농구 시합을 하자는 제안에 답하며

2009년 2월 24일

오바마 대통령의 첫 번째 의회 연설에 참석하다.

"대법원에 남성만 존재하는 건 아니라는 사실을 사람들이 알았으면 좋겠다고 생각했습니다." [24]
_RBG

2013년 3월 27일

"완전한 결혼이라는 개념이 있기 때문에 탈지 결혼^{skim milk marriage}* 따위가 생긴 것이다."[26]
_RBG, 미국 정부 대 윈저 사건 구두변론 중 결혼보호법을 비판하며

* 불완전한 결혼.

2014년 6월 30일

대법원이 버웰 대 하비로비 사건**에서 기업 또는 단체가 직원의 건강보험료를 납부할 때 고용인의 종교적 신념을 근거로 여성 직원의 피임 비용 납부를 거부할 수 있다고 판시하다.[28]

** 이른바 '오바마 케어'가 피임 비용의 보험 적용을 규정한 데 반하여 제소된 사건.

2010년 6월 27일

마틴 긴즈버그, 암 전이로 인한 합병증으로 세상을 떠나다.

2013년 6월 25일

대법원이 투표권법을 유명무실하게 만든 사건에서 RBG가 소수의견을 내자, 마침내 '노터리어스 RBG'라는 텀블러 블로그가 탄생하다.

2010   2020

2010년 5월 10일

오바마 대통령이 엘리나 케이건 법무차관을 대법관으로 임명하다.

2013년 8월

RBG, 대법관으로는 최초로 동성 결혼식 주례를 맡다.

2015년 2월 28일

「SNL」의 '위켄드 업데이트' 코너에 RBG 모사 캐릭터 '긴즈번스Ginsburns'가 등장하다.

2015년 2월 12일

RBG, 대통령 연두교서 당시 "100퍼센트 맑은 정신"은 아니었다고 자인하다.[29]

"한 말씀 더 드리자면, 두 사람은 서로 사랑해서 함께 살기를 원하는 만큼 결혼생활의 희로애락을 즐길 줄 알아야 할 것입니다."[27]
_RBG, 동성 결혼식 주례사에서

Hobby Lobby

Corporations are people with rights that need to be protected!

So what does that make women?

BABIES ↓

©2014 HALLIE JAY POPE   WWW.UNHOLYADVENTURES.COM

"대법원이 섣불리 지뢰밭에 뛰어든 것 같아 걱정이다."[30]
_RBG, 하비로비 사건 소수의견에서

JUNE 26, 2013
DOMA and PROP 8
DECISIONS

©Ann Telnaes, atelnaes@anntelnaes.com

cartoonistgroup.com

3

들려줄 이야기가 있어

I GOT A
STORY to TELL

"브루클린에서 자란 여자애치고 나는 꽤 운이 좋았던 것 같다."[1]
_RBG, 1996

제임스 매디슨 고등학교의 1950년도 졸업앨범을 보면 한 학생의 소개란에 미래의 대법관이라고 적혀 있다. 또 다른 졸업생 조엘 셰인바움은 이 글이 쓰인 현재까지 롱아일랜드에서 치과의사로 일하고 있다. 그런데 친언니에게 '키키'라는 별명으로 불리던 졸업생 루스 베이더에 대해서는 나중에 어떤 사람이 될 것이라는 말이 전혀 적혀 있지 않다. 동창생 리처드 샐즈먼은 키키의 부모가 시골이나 다름없던 브루클린 플랫부시에 터 잡은 유대인으로 "아들이 의사나 판사가 되기만을"[2] 염원하던 사람들이었다고 기억한다. "여학생들은 의사나 판사와 결혼하는 것을 최선으로 여기던 시절이었다."

졸업앨범에서 루스 베이더의 사진을 찾아보면 단발머리에 귀여운 얼굴을 하고 있다. 옆에는 사진의 주인공이 첼리스트이자 오케스트라 지휘자이며(그는 지휘를 하다 이가 살짝 깨진 적도 있다) 교내 우등생 모임의 일원, 고게터스^{Go-Getters} 클럽의 총무라고 적혀 있다. 사람들은 루스를 인기가 많았지

RUTH BADER
1584 East 9th Street
Arista, Treas. of Go-Getters, School
Orchestra, Twirlers, Sec. to English
Department Chairman, Feature Ed-
itor Term Newspaper
Cornell University

만 조용한 사람이었다고 기억한다. "주로 키 작은 여학생들과 어울려 수다를 떨면서 우르르 몰려다니곤 했어요. 그럴 때 보면 마냥 즐거운 표정이었습니다."[3] 또 다른 동창생 헤시 캐플런은 회상했다. 키키는 여름방학이면 뉴욕주 북부 애디론댁에 위치한 체나와 학생 캠프[4]에 참여하곤 했다. 그곳에서 '캠프 랍비'라는 새 별명도 얻고 로스쿨 입학을 결심한 멋진 소년을 만나기도 했다.

이 시절만 해도 아일랜드와 이탈리아, 폴란드계 부모들은 여전히 유대인 아이들이 자기 자식들의 피로 무교병을 만들지 모른다고 믿고 있었다. 유대인이 예수를 죽였다며 이 골목 저 골목에서 싸움이 벌어지기도 했다. 키키는 펜실베이니아 어느 B&B 입구에 붙어 있던 "개와 유대인 출입 금지" 팻말을 잊을 수 없었다. 한편 브루클린은 어린 시절을 보내기에 괜찮은 곳이었다. 키키가 자라서 혼자 책을 읽을 수 있게 되자, 어머니는 일주일에 한 번 도서관에 아이를 데리고 가서 한 주 동안 읽을 책 다섯 권을 고르게 한 뒤 자신은 미장원에 가서 머리를 만졌다. 한동안 키키는 그리스와 북유럽 신화에 푹 빠져 살았다. 그러다가 '낸시 드루'*로 차츰 관심을 옮겨갔다. RBG는 흐뭇한 표정으로 낸시 이야기를 떠올리며 이렇게 말했다. "주인공 소녀는 모험가였고, 스스로 생각할 줄 알았으며, 남자 친구와 사귈 때도 주도적인 인물이었습니다."[5] 그런데 도서관 바로 아래층이 하필이면 중국 식당이었다. "그때 코끝을 스치는 중국요리 냄새가 얼마나 좋았는지 모른다."[6]

가톨릭 신자들이 아이를 교구 학교에 진학시킬 때, 유대인들은 매디슨에 보냈다. 키키는 여느 학생들과 크게 달라 보이지 않았다. 학생들은 자전거를 타고 집과 학교를 오갔고, 부모들은 유럽에서 벌어진 참상을 잊으려고 애썼다. 그들은 처음에는 라디오로, 나중에는 텔레비전 드라마로 「더 골드버그스」를 접했다. 거기에는 자신들의 어머니가 그러곤 했던 것처럼, 한 유대인 어머니가 창문 밖으로 고함을 지르는 모습이 나왔다. 그들은 한편 키키가

* Nancy Drew, 미국의 청소년 미스터리 소설 시리즈의 주인공.

어렸을 적, 소련의 스파이 혐의로 체포되었던 매디슨 졸업생 주디 코플론에 대해 언급하기를 꺼리면서,[7] 이참에 정부가 유대인을 탄압하지는 않을까 걱정했다.

키키는 남다른 환경에서 자라야 했다. 훗날 기억하기로, 죽음의 냄새가 집 안 가득 배어 있었기 때문이다.[8] 키키는 열세 살 때 어머니가 자궁경부암에 걸려 서서히 죽어가기 시작한 사실, 그리고 두 살 때 친언니 메릴린이 뇌수막염으로 숨진 사실을 누구에게도 말하지 않았다. 그것은 가슴 깊이 묻어 두어야 했던 비밀이다. 그는 그 누구에게도 자신이 가엾게 여겨지기를 원치 않았다. 열세 살이 되던 해, 친구들끼리 모여서 담배를 피우다가 숨이 막힐까 두려워 담배 연기를 한 모금도 삼키지 않고 버티는 키키를 못살게 군 일도 있었다.[9] 키키는 담배가 구역질나는 물건이라고 생각했지만, 누군가 자신이 담배를 두려워한다고 여기는 것도 싫었다. (그의 흡연 습관은 40여 년간 이어졌다.)

어머니의 병세가 위중해지자, 키키는 그런 어머니를 즐겁게 해주려면 어떻게 해야 할지 생각하다가 병상 바로 옆에서 숙제하는 모습을 보여드리기로 했다. 그는 딱 한 번 완벽하지 않은 성적표를 어머니에게 가져다준 순간을 잊지 않았다. 만점이 아닌 성적표를 받은 건 그때가 마지막이었다.

셀리아 앰스터는 일가족이 오스트리아헝가리제국에서 탈출해 뉴욕에 도착한 지 넉 달 만에 태어났다.[10] 일곱 남매 가운데 넷째로 태어난 셀리아는 고등학교를 우수한 성적으로 당당하게 졸업했다. 셀리아의 부모는 자식에 대한 기대가 컸다. 하지만 그 기대는 오로지 맏아들을 향해 있었다. 셀리아는 맨해튼의 가멘트 지구에서 회계원으로 일하며 벌어들인 주급의 상당액을 코넬대에 다니는 남동생에게 부쳐야 했다. 셀리아는 네이선 베이더와 결혼했다. 집단학살이 자행된 오데사 근처의 슈테틀에서 가족과 함께 미국으로 넘어온 사람이었다. 셀리아는 더 이상 돈을 벌기 위해 일할 필요가 없었다. 여성이 일을 계속하는 것은 바람직하지 않았다. 하지만 주위에서는 남편

애디론댁 체나와 랍비 캠프에서,
열다섯 살의 RBG.

이 셸리아를 제대로 부양하지 못할 것이라고 수군거렸다. 맞는 말이다. 불경기에 모피 장사가 제대로 될 턱이 없었던 데다, 그는 돈 버는 수완과도 거리가 먼 사람이었다. 당시 어머니가 느꼈던 좌절감은 나이 어린 키키에게도 또렷하게 느껴졌다. 딸은 어른이 된 지금도 셸리아 앰스터 베이더보다 똑똑한 사람을 알지 못한다는 말을 하곤 한다.

키키는 고등학교를 마칠 때도 어머니를 실망시키지 않았다. 그는 코넬대에 입학했고, 모든 분야에서 가장 높은 자리에 이름을 올렸다. 영어 장학생 메달 수상자, 루스 베이더. 뉴욕주 장학생, 루스 베이더. 명예원탁포럼 추천 대상자, 루스 베이더. 그러나 키키는 졸업식에서 이 모든 영예를 한껏 누릴 수 없었다. 졸업식 전날 어머니가 돌아가셨기 때문이다.[11]

이스트 9번가의 집은 구슬피 우는 여성들로 붐볐다. 키키는 초점을 잃은 눈빛이었다. 여성은 유대교 율법에 따른 예배 정족수*에 포함되지 않았다.[12] 키키 역시 제외되었다. 유월절에도 그랬다. 키키는 궁금한 게 가장 많은 아이였지만, 여자아이는 성인식에 대비해 공부하는 남자아이 옆에 앉을 수 없었다. 장례가 끝나고, 셸리아의 혜안에 기댈 수 없게 되자 네이선의 사업도 어려움을 겪게 되었고, 결국 베델교회에 내는 헌금액을 줄일 수밖에 없었다. 남은 가족들은 별채로 쫓겨나야 했다. 유대교 율법은 키키에게 정의에 대한 확고한 신념을 가르쳤지만, 어머니가 세상을 떠난 후 그가 믿음을 되찾기까지는 오랜 세월이 걸렸다.

딸은 어머니의 가르침을 마음 깊이 새겼다. 루스는 숙녀다운 태도를 한시도 잃지 않았다. RBG는 훗날 이렇게 설명했다. "숙녀다운 행실이란 늘 예의 바르게 행동하라는 의미였습니다. 다시 말해서 분노나 질투 같은 감정을 드러내지 말라는 뜻이었지요. 훌륭한 교사가 되기 위해서는 자신의 신념과 자존감을 확고하게 지킬 줄 알아야 했습니다. 분노에 차서 펄펄 뛰는 건 절대

* 13세 이상 남성 10명.

금물이었고, 노여움과 격분에 휩싸이거나 충동적으로 맞대응을 하는 것은 시간 낭비요, 기력 낭비라고 배웠죠."[13] 하지만 그 시절 셀리아가 그랬던 것처럼 딸에게 또 다른 가르침을 준 어머니는 그리 많지 않았다. 그것은 언제나 독립적으로 살라는 가르침이었다.

그 말은 철학적이면서도 실질적인 경고였다. 셀리아는 어렵사리 모은 8000달러 정도의 학자금을 딸의 앞으로 남겼다. 아무도 모르게 준비한 일이었다. 키키 역시 어머니가 세상을 떠난 뒤에야 그 사실을 알았다.[14] 셀리아는 외상으로 물건을 구입하면 큰일 난다는 사실을 가르쳐준 대공황의 기억을 떠올리며, 자신이 모은 돈을 2000달러 미만으로 쪼개어 다섯 군데 은행에 분할 예치했다. RBG는 이렇게 회상했다. "내 인생에서 가장 힘겨운 시절이었다. 하지만 어머니가 내게 바랐던 게 무엇인지 깨달을 수 있었다. 열심히 공부해서 좋은 성적을 거두어 사회에서 성공하는 것 말이다. 나는 그분의 뜻을 그대로 따랐다."[15]

폭탄이 터져도 모르게

1950년 가을 키키는 뉴욕주 이사카로 온 지 얼마 되지 않아 코넬대 캠퍼스에 있는 모든 여자 화장실의 위치를 머릿속에 빠짐없이 그려 넣었다.[16] 그중에서 건축학과의 화장실이 가장 마음에 들었다. 그곳은 키키가 학부과정을 끝마칠 때까지 이따금 책을 들고 가서 탐독에 빠지는 장소가 되었다. 코넬대의 남학생당 여학생 비율은 4 대 1이었다. 부모들은 사위를, 여학생들은 남편감을 찾기 좋은 곳이라고 대놓고 떠들었다. RBG는 여성에게 할당된 자리를 두고 치열하게 경쟁한 덕분에 "여학생이 남학생보다 훨씬 더 똑똑했다"고 기억했다.[17] 그러나 여학생들은 자신의 총명함을 숨겨야 했다.

키키 역시 남들 앞에 나서지 않았다. 특히 파티가 있는 곳에는 얼씬도 하지 않았다. 일부러 심각한 척하는 학생은 아무도 없었고, 키키도 마찬가지였지만 특유의 놀라운 집중력을 숨길 수는 없었다. 고등학교 동창으로 코넬대에 함께 진학한 애니타 파이얼에 따르면, "루스는 머리에서 폭탄이 터져도 모를 정도로 집중력이 대단했다."[18] 여러 대도시에서 온 유대인 여학생 일곱 명은 이름의 첫 글자를 따서 자칭 KLABHIJ라 부르며, 클래라 딕슨 홀의 기숙사 복도를 누비고 다녔다. 첫 글사 K는 키키를 뜻했다. 당시 코넬대의 여학생들은 밤 10시 통금 시각에 맞춰 각자의 방으로 돌아와 사감의 점오에 대비해야 했다.[19] 반면 남학생들은 이사카 시내 아파트에 거주하며 마음대로 밖을 쏘다닐 수 있었다.[20] 통금 시간이 지나면 KLABHIJ의 다른 여학생들은 마룻바닥에 모여 앉아 브리지 게임을 했다. 그러나 키키는 홀로 묵묵히 공부했다.

셀리아는 딸이 교사가 되기를 바랐다. 여성에게는 제법 괜찮은 일자리였

1953년도 코넬대 알파 엡실론 파이 여학생 클럽.

기 때문이다. 키키도 어머니의 뜻을 따르려고 노력했다. 하지만 이내 뜻을 접었다.[21] 그는 블라디미르 나보코프의 유럽문학 강의가 더 좋았다.[22] 나보코프는 당시 무명의 이민자 신세였으나, 키키에게 소중한 가르침을 주었다. 한마디 말이라도 신중하게 생각한 뒤에 꺼내라는 가르침이었다. 키키는 행정학을 전공으로 선택하고 저명한 로버트 쿠시먼 교수에게 헌법 강의를 들었다.[23] 키키는 미국 같은 나라에서 태어난 것을 다행이라 여기며 자란 학생이었다. 그러나 그는 현실에 서서히 눈을 뜨기 시작했다. 훗날 그가 "인종주의에 대항한 전쟁"[24]이라 정의한 제2차 세계대전이 막을 내리고 불과 5년이 흐른 뒤였다. 그는 이렇게 말했다. "당시 전쟁을 치르던 우리 미군이 인종으로 편이 갈려 종전을 맞았다는 사실을 뒤늦게 알고 충격을 받았다. 심각한 문제가 아닐 수 없었다." 학부 졸업을 앞두고 키키에게 일어난 사건 역시 그랬다. 코넬대 동물학과 마커스 싱어 교수가 조지프 매카시 상원의원이 주도하는 상설조사특위에 끌려가서 마르크스주의자 연구 모임에 참여한 동료들의 이름을 대지 않았다는 이유로 기소당한 것이다.[25] 코넬대 측은 싱어 교수를 면직시켜 강단에서 쫓아냈고, 캠퍼스는 발칵 뒤집혔다. 키키 역시 새파랗게 질렸다. 쿠시먼 교수 밑에서 조교로 일하며 금서禁書에 관한 전시회 준비에 참여했다가 검열의 칼날이 어떤 식으로 목을 조여오는지를 똑똑히 목격했기 때문이다. RBG에 따르면, 쿠시먼 교수는 변호사들이 싱어 구명운동을 주도한 사실에 주목하며 다음과 같이 말했다. "변호사란 정말이지 훌륭한 직업이라는 사실을 깨달았네. 자네도 변호사가 되면 사건 의뢰만 받지 말고 공동체에 기여할 수 있는 방법이 무엇인지 고민하게."[26]

키키의 아버지 네이선은 변호사가 되겠다는 딸이 걱정스러웠다. 그런 꿈을 이룬 여성은 극히 드물었기 때문이다. 딸아이 혼자서 수많은 걸림돌을 어떻게 극복할 수 있겠는가? 하지만 딸이 대학교 졸업반에 올라가면서 아버지도 조금은 마음을 놓을 수 있었다. 사랑하는 딸 키키에게 버팀목이 되어줄 훌륭한 청년이 나타났기 때문이다. 하지만 키키는 상황을 그런 식으로 받아들이지 않았다. 코넬대 1년 선배인 마틴 긴즈버그가 자신을 지적인 존재로 대한 첫 번째 남자 친구라는 사실에 행복할 따름이었다.[27]

두 사람은 좋은 친구로 출발했다. KLAVHIJ에서 I에 해당되는 이르마의 남자 친구는 입담이 좋기로 유명했던 마티와 아는 사이였다. 마티에게는 스미스대학교를 다니던 여자 친구가 있었고, 키키는 체나와 캠프에서 만난 남자 친구가 컬럼비아대 로스쿨에 진학했기 때문에 주말에나 겨우 그를 만날 수 있었다. 이르마와 그의 남자 친구는 두 사람을 소개시켜주면 넷이서 마티의 회색 셰비 승용차를 타고 시내로 나들이를 떠날 수 있겠다고 생각했다.[28] 그것은 키키와 마티를 연인 사이로 발전시킬 묘안이었고, 두 사람은 실제로 사귀게 되었다. RBG는 당시의 만남을 이렇게 회상했다. "학교에서 만나 서먹한 사이로 지루한 일주일을 보냈습니다. 하지만 그것이 우리 두 사람의 시작이었죠. 마틴 긴즈버그가 컬럼비아대 로스쿨 남자 친구보다 훨씬 더 총명하다는 생각이 들더군요."[29] 마티는 키키보다 먼저 마음을 굳혔다고 했다. "내가 키키를 먼저, 더 많이 좋아했습니다. 그건 의심할 여지가 조금도 없는 분명한 사실입니다."[30]

마티는 장난꾸러기 같은 유머 감각의 소유자였고, 여유로운 자신감으로 세상에 당당히 맞서는 스타일이었다. 마티의 절친한 친구들 가운데 한 사람이자 코넬대 동창인 카 퍼거슨은 회고했다. "루스는 뛰어난 학생이었고, 아름다운 여성이었습니다. 거의 모든 남자가 경외의 눈빛으로 그를 바라보았죠. 하지만 마틴은 그러지 않았습니다. 그 친구는 상대방을 말없이 우러러보기만 하는 타입이 아닙니다. 마틴이 루스의 마음을 얻은 비결은 그가 존경심을 확실하게 보여주었기 때문입니다."[31]

키키는 차분한 성격에 수줍음을 많이 타는 편이었다. 반면 마티는 모든 파티의 주인공이었다. 그의 아버지 모리스는 의류 기업으로 성공해 페더레이티드 백화점 부회장까지 올라간 인물이었고,[32] 오페라 애호가인 어머니 에벌린은 모친을 여읜 아들의 여자 친구를 살갑게 품어 안았다. 키키는 롱

아일랜드에 있는 긴즈버그의 집을 수시로 드나들었다. 어느 해 여름에는 페더레이트 산하 A&S에서 일한 적도 있었다. 긴즈버그의 집 인근에 위치한 수풀이 우거진 한적한 도로에서 다섯 번이나 낙방한 끝에 겨우 운전면허를 따기도 했다.[33]

어머니 에벌린이 가정주부로 살았다고 해서 마티가 미래의 아내에게 같은 삶을 기대한 것은 아니었다. 그는 결혼식을 올린 뒤 하버드대에 함께 진학해서 학업을 이어가면 좋겠다고 생각했다. 마틴은 훗날 이렇게 기억했다. "그때는 아내와 내가 같은 전공을 선택하면 어떨까 싶었습니다. 궁금한 것을 물어보거나 의견을 교환할 수 있으니까요. 서로 모르는 일을 하면서 사는 것보다는 나을 것 같았습니다. 그래서 하루는 함께 마주 앉아서 여러 가지 가능성을 늘어놓고 하나씩 제거해가는 방식으로 이야기를 나누었지요. 그랬더니 결국에 남는 것은 법학뿐이더군요."[34] 마티는 골프 연습에 방해가 된다는 이유로 원래 전공이었던 화학을 포기했고, 그로 인해 의대 진학도 무산되었다.[35] 하버드 경영대학원은 여학생을 받지 않았다. 이 역시 두 사람이 법학이라는 결론에 도달하기까지 소거한 선택 사항 가운데 일부다. 그로부터 40년 뒤, 마티는 이렇게 고백했다. "곰곰 헤아려볼수록 이런 생각이 듭니다. 결국 모든 것이 루스가 의도한 대로 이루어진 것 아닌가 하는."[36]

부부는 하버드대 로스쿨에 가기로 결정했다. 한 학년 빠른 마티는 곧바로 진학한 반면, 키키는 코넬대를 마저 다녀야 했기에 이사카에 남아야 했다. 1954년 6월, 두 사람은 긴즈버그 저택의 거실에서 결혼식을 올렸다.[37] 키키가 코넬대를 졸업하고 며칠 지나지 않은 어느 날이었다. 하객은 열여덟 명이었다. 유대교에서 18이라는 숫자는 인생을 의미했기 때문이다.[38] 예식을 시작하기 직전, 키키가 막바지 준비로 분주한 때였다. 시어머니 에벌린이 며느리 키키를 데리고 침실로 들어가서 말했다.

"너에게 행복한 결혼생활의 비밀 한 가지를 알려주마. 귀가 조금 먹은 것처럼 구는 것이 때로는 도움이 될 거야."[39] 그러고는 귀마개 한 쌍을 키키에

신혼이던 1954년 가을, 오클라호마 포트실에서.

게 내밀었다.

RBG는 에벌린의 말뜻을 그 자리에서 곧바로 이해하지 못했다. 에벌린이 한 말의 의미는 난생처음 미국을 벗어나 유럽으로 신혼여행을 떠나서야 비로소 분명하게 다가왔다. "시어머니가 전하려던 뜻은 간단했다. 사람들은 때때로 불쾌한 말을 경솔하게 내뱉는데, 그럴 때는 못 들은 척 행동하는 편이 좋다. 분에 못 이겨 불쑥 받아치기보다 일단 무시하는 게 상책이라는 것이었다."[40]

긴즈버그 부부는 케임브리지로 곧장 갈 수 없었다. 학생군사교육단[ROTC] 소속이던 마티는 미군이 정한 계획에 따라야 했기 때문이다. 그런 까닭에 부부는 오클라호마에 위치한 포트실 기지에서 2년간 머물러야 했다.[41]

마티는—골프를 잘 쳐서인지는 몰라도 포격술에 소질을 보인 덕분에—포트실 포병학교에서 군인들을 가르치는 임무를 즐겁게 여긴 반면, RBG에게 그 기간은 고생스러운 시간이었다. 로펌에서 일했지만 타자기만 두드릴 수는 없는 노릇이었기에, 그는 공무원 시험을 치렀다.[42] 연방정부에서 일하고 싶었기 때문이다. 공무원들은 일반직 분류표를 기준으로 업무와 급여가 결정되었는데, 당시 RBG는 5급에 해당되어 민원심사관 자격을 획득했다. RBG는 순진하게도 자신이 취직한 사회보장사무소에 임신 3개월째임을 털어놓고 말았다. 그러자 볼티모어에 가서 연수를 받기 어렵겠다는 말이 돌아왔다. 급수도 최하 등급인 2급으로 떨어졌다. 급여도, 업무 중요도도 낮아진다는 뜻이었다. 같은 사무소에서 일하던 또 다른 군인 아내도 5급을 받았지만, 임신 사실을 숨긴 덕분에 볼티모어로 갈 수 있었다. 루스는 이런 이야기를 귀띔받은 일이 전혀 없었고, 심지어는 출산 전에 퇴직하라는 압력까지 받아야 했다.

RBG는 사회보장사무소에서 특정 계층 사람들이 좀스러운 관료주의의 부조리 탓에 고통받는 모습을 몇 주에 걸쳐 목격했다. 온갖 풍파에 찌든, 비슷비슷한 얼굴을 한 사람들이었다. 그들은 사무소를 찾아와 사회보장 혜택을 받기 위해 대상자로 등록하려 했지만 서류가 미비하다는 이유로 퇴짜를 맞곤 했다. 출생증명서가 없었던 것이다. 아메리카 원주민이 아기를 낳았을 때, 그들을 기록할 가치가 있는 사람이라고 여긴 공무원이 단 한 명도 없었기 때문이다. RBG는 잘못된 관행을 조금씩 바로잡겠다고 다짐했다. 그래서 65세 정도로 보이는 방문자에게 사냥·낚시 면허를 말없이 발급해주기도 했다.

오클라호마에서 그렇게 2년을 보낸 뒤, RBG는 하버드대 재입학 허가를 받아냈다. 사실 군사기지에서 젊은 엄마로 살아간다는 것은 놀라울 정도로 안락했다. 장교들을 위한 보육시설은 생후 두 달부터 원생을 받았고, 자정까지 운영되었다. 하지만 아무리 여건이 좋다고 해도 어떻게 젖먹이를 둔 엄마가 로스쿨을 소화할 수 있겠는가?

시어머니는 수시로 루스를 안심시켰다. 시아버지도 걱정하지 말라며 한마디 거들었다. "루스, 네가 로스쿨에 못 간다고 해도 너를 나무랄 사람은 이 세상에 아무도 없다. 하지만 정말 로스쿨에 가고 싶다면 더 이상 스스로의 처지를 한탄하지 말거라. 분명 방도가 있을 거다."[43]

루스는 진심으로 로스쿨에 가고 싶었다.

이상하고 신기한 존재

1956년 어느 가을 밤, 루스 베이더 긴즈버그는 식사를 마치고 자리를 뜰 수 있어서 무척 행복했다. 어윈 그리스올드 하버드대 로스쿨 원장 자택에서 불편하기 짝이 없는 만찬을 조금 전에 마친 터였다. 이제는 거실에서 반원형으로 모여 앉아 얼마나 더 담소를 나누게 될지 걱정할 차례였다. 하버드대 로스쿨에 입학한 여학생 9명 전원은 각각 교수 한 명과 짝을 이루어 앉아 있었다. RBG는 허버트 웩슬러라는 저명한 교수와 재떨이를 함께 쓰게 되었다. 40년 뒤 RBG가 좀처럼 쓰지 않는 현란한 표현을 동원해 다음과 같이 묘사한 인물이었다. "그날 이후 웩슬러 교수는 그리스 신 제우스와 아폴론의 힘과 아름다움을 겸비한 존재로 내 기억 속에 남아 있다."[44] 웩슬러는 줄담배를 태우는 애연가였다.

RBG는 조심스럽게 담뱃재를 털었다. 마디와 지난 7월 태어난 제인이 기다리는 집으로 당장 돌아갈 수 있다면 얼마나 좋을까. 하지만 그리스올드는 아직 자리를 파할 생각이 없었다. 하버드대 로스쿨에 여학생이 입학하기 시작한 것은 겨우 6년 전 자신이 용단을 내린 결과라는 사실을 손님들과 함께 좀 더 음미하고 싶었다. RBG 역시 하버드대 로스쿨에서는 여학생이 총명함을 숨기지 않아도 된다는 것을 알고 안도의 한숨을 내쉬고 있었다.

그리스올드 원장은 손님들과 그대로 작별하기 아쉬웠는지 한 가지를 더 물었다. 여성인 여러분이 남성의 자리를 차지했으니, 이를 어떻게 정당화할 수 있겠느냐는 질문을 모두에게 던진 뒤 한 사람씩 대답해보도록 시킨 것이다.

학생들은 얼굴을 붉히며 자세를 고쳐 앉았다. RBG는 소파 밑으로 기어들어가고만 싶었다. 플로라 슈널이라는 학생은 뻔뻔하게도 하버드대 로스쿨이 남편감 찾기에 좋은 곳이라고 말했다. RBG로서는 상상도 못 할 대답이었다. 마티 긴즈버그의 아내인 자신을 빼면 하버드대 로스쿨의 남학생은 500명이나 되는 가운데 여학생은 고작 8명이었다. 마침내 RBG의 차례가 돌아왔다. 벌떡 일어서느라 무릎에 놓아둔 재떨이가 바닥에 떨어지면서 담뱃재가 카펫에 쏟아졌다. 하지만 움직이는 사람은 아무도 없었다. 그리스올드는 루스를 빤히 쳐다보며 답변을 기다렸다. 이윽고 루스가 기어들어가는 목소리로 말했다.

"제 남편이 무엇을 공부하는지 더 많이 알고 싶었습니다. 그래야 남편과 더 크게 공감하는 아내, 남편을 더 잘 이해하는 아내가 될 수 있기 때문입니다."[45]

만에 하나 그리스올드 원장이 루스의 말이 거짓임을 알아챘다면, 다음 학생 차례로 넘어가지 않았을 것이다.

훗날 하버드대 로스쿨의 한 교수는 자기네 대학에서 여학생이 차별을 당했다는 건 말도 안 된다고 주장했다. "우리는 어떤 점에서건 독특한 면모를 지닌 학생들을 뽑기 위해, 그들에게서 무언가 색다른 점을 찾아내기 위해 애씁니다. 예컨대, 지원자가 콘트라베이스 연주자라면 가산점을 받습니다. 마찬가지로 여성 지원자 역시 가산점을 받습니다."[46] 하지만 당시 하버드대 로스쿨 여학생들은 서커스단에 끌려온 이국의 짐승이 된 것 같은 느낌을 지울 수가 없었다. RBG가 되돌아보길, 여학생들은 한마디로 "이상하고 신기한 존재"[47]였다.

RBG는 내 일을 해야겠다고 다짐할 때마다, 여기는 내 자리가 아니라는 암시를 끝없이 받았다고 기억하며 이렇게 말했다. "강의실에 있는 모든 사람이 나만 쳐다보는 느낌이었다. 성적이 안 좋으면 사람들이 이것을 '나'라는 개인의 문제가 아닌, 여자라서 못하는 것이라고 여기는 것만 같았다."[48] 심지어 '숙녀의 날Ladies' Day' 따위를 만들어 여학생들만 불러 모아 굴욕적인 질문을 던지는 교수도 있었다.

RBG는 교내에서 『로 리뷰』 편집인으로 활동했다. 남편 마티도 선택받지 못한 자리였다. RBG는 단 두 명뿐인 여학생 가운데 한 명이었다. 『로 리뷰』 편집부 단체 사진을 찍을 당시 사진사는 "가시덤불 속에서 피어난 장미처럼" 여학생을 양쪽에 한 사람씩 세웠다. 어느 날 자정이 가까운 한밤중에 RBG는 러몬트 도서관에 들어가려다 망연자실하고 말았다.[49] 인용문을 확인하려고 열람실을 찾았지만, 여성은 들어갈 수 없다며 가로막혔기 때문이다. RBG는 입구에서 기다릴 테니 필요한 학술지를 대신 가져와 보여달라고 경비원에게 통사정했다. 하지만 그는 꿈쩍도 하지 않았다. 연말 축하 행사 참석은 『로 리뷰』 편집인의 특전 가운데 하나였다. 그러나 RBG는 사랑하는 시어머니를 그 자리에 데려올 수 없었다. 또 남학생이 그들의 아내를 동반하는 것도 허락되지 않았다. 편집부에 여학생이 포함돼 있다 해도, 파티는

RBG

1957~1958년도 하버드대 『로 리뷰』 남학생들(그리고 두 명의 여학생).

본디 남성을 위한 자리였기 때문이다. 여학생이 기숙사에 거주하는 것도 금지됐다. 코넬대의 방침과 정반대였기에 RBG는 도무지 이해할 수가 없었다. 시험을 치르는 로스쿨 본관에는 여자 화장실조차 없었다. 그렇게 첫해를 보낸 뒤, 임신한 상태로 시험 기간을 보내던 로다 이셀배커라는 동기 여학생이 남학생들을 향해 선언하듯 말했다. 너희가 좋건 말건 나는 남자 화장실을 써야겠다고.[50]

RBG는 불평할 생각을 못 했다. 하지만 어떤 면에서는 행운도 따랐다. 하버드대 측에서 RBG가 기혼자인 만큼 시아버지의 재력을 입증하라고 요구하자, 시아버지 모리스가 며느리의 등록금을 납부하겠다고 약속한 것이다. 몇몇 동기 여학생이 로스쿨에 입학했다는 이유로 혼삿길이 막히거나, 학업을 이어가겠다고 하면 남편이 못마땅해할까봐 걱정한 반면, RBG의 남편은 이제껏 아내가 자기보다 더 유능했음을 여기저기 크게 떠들고 다닌 사람이었다. 그가 놀림감 삼은 것이라곤 루스의 형편없는 운전 실력뿐이었다. RBG도 형편없는 운전자임을 자인한 터였고 말이다.

1957년, 케임브리지 생활이 2년째에 접어들면서 RBG에게도 생활의 리듬이 생겼다. 오후 4시까지 수업과 공부를 마치고, 이후에는 집에 가서 뉴잉글랜드 할머니 스타일의 베이비시터와 교대하는 방식이었다.

1958년 여름의 마티와 제인, 그리고 RBG.

제인과 함께 있으면 도서관에서 쌓인 피로가 풀리는 기분이었다. 그 무렵 마티는 세법 연구에 평생을 바치고 싶다는 생각을 하기 시작했다. 그러던 어느 날, 의사가 마티의 고환에서 종양을 발견했다. 이미 RBG의 친어머니를 앗아간 암이 마티까지 데려가겠다고 마수를 뻗친 것이다. 의사는 암세포가 장악한 신체 조직을 완전히 떼어내는 수술을 받은 뒤, 6주간 매일 방사선 치료를 해야 한다고 처방했다. 전망은 그리 밝지 않았다.[51]

RBG는 남편을 죽어가는 환자 대하듯 하기가 죽기보다 싫었다. 그래서 마티가 지금까지 해오던 대로 학업을 이어갈 수 있도록 최선을 다해 그를 도왔다. 비록 그 학기를 2주 만에 완전히 접어야 했지만 말이다. 아내는 남편 친구들 중에 노트 필기를 가장 잘하는 사람들을 찾아가 먹지를 건네주며 부탁했다. 그렇게 건네받은 필기 내용을 매일 밤 타자기로 옮겨 쳤다. 때로는 마티의 동기 여학생이 그 일을 거들기도 했다.

마티는 쇠약했다. 하지만 친구들이 병문안을 오면 활기를 되찾곤 했다. 가끔은 더 나은 기업회생 방안을 놓고 토론을 벌이기도 했다. 마티는 한밤중에 잠에서 깨곤 했다. 이때가 음식물을 삼킬 수 있는 유일한 시간이었기 때문이다. 타자기를 두드리기엔 기력이 너무 떨어진 상태였기에, 마티는 소파에 기대앉은 채 손실을 낸 기업에 관한 논문을 아내에게 받아 적게 했다. 마티가 새벽 2시쯤 잠들면, RBG는 그제야 자기 공부를 시작했다. 주중에는 한두 시간만 자고 버티다가, 주말에 잠을 보충하는 방식은 이때 든 습관이다.[52]

마티에게 미래가 없다는 현실을 상상하기도 싫었던 RBG는 그리스올드 원장을 찾아가 2년 치 성적만으로 석차를 받을 수 있는지 물었다. 하지만 원장은 마티가 어떤 성적을 내느냐에 달린 일이라면서 병마로 고생한 사실만큼은 기록해두겠다고 대답했다. RBG는 집에 가서 남편에게 말했다. "어떻게든 낙제만은 피하도록 해. 1학년과 2학년 성적만 따진다고 했으니까."[53] 60년 뒤, RBG는 이 말이 선의의 거짓말이었냐는 질문에 이렇게 답했다. "남편은 내 말을 듣고 홀가분한 마음으로 시험을 잘 치를 수 있었습니다."

마티는 이 모든 역경을 헤치고 마침내 졸업에 성공했다. 게다가 뉴욕의 어느 로펌에서 세무 전문 변호사로 일자리도 얻었다. 젊은 부부는 함께 살기로 결정했고, 그러기 위해 RBG는 다시 한번 그리스올드 원장을 찾아가 아쉬운 소리를 해야 했다. 뉴욕에 있는 컬럼비아대에서 3학년 수업을 받아도 하버드대 학위를 받을 수 있을까? 마티가 얼마나 살지 모르는 판국에 부부가 떨어져 지낼 수는 없는 노릇이었다. 하지만 그렇다고 해서 개인사를 들어 편입 규정의 예외를 적용받을 수 있을까? 그리스올드는 또 한 번 고개를 가로저었다.[54]

컬럼비아대 캠퍼스를 처음 찾아갔을 때, RBG는 어찌나 주눅이 들었던지 로스쿨에서 학위를 받을 수 있는지 물어볼 엄두조차 못 냈을 정도다. 컬럼비아대 로스쿨의 몇 안 되는 여학생들 역시 그를 탐탁지 않게 여겼다. 그중에는 헤이즐 거버라는 학생이 있었는데, 훗날 그의 아들은 법원에 들어가 일하며 RBG의 총애를 받게 된다. 거버는 언젠가 강의 시간에 "제가 느끼기에는" 하고 말문을 열었다가 교수에게 비아냥을 샀다. "거버 양, 여성은 느끼고 남성은 사고한다더니 맞는 말이군요."[55] RBG의 명성은 모두가 익히 아는 터였다. 동급생 니나 에이플은 시간이 지나 『뉴욕 타임스』에서 이렇게 말하기도 했다. "동부에서 가장 똑똑한 사람이 전학을 온다는 소문이 파다

했습니다. 그렇게 되면 우리는 모두 한 등급씩 떨어지겠구나 싶었죠."[56] 그런 걱정을 할 만도 했다. RBG는 그 학교에서도 『로 리뷰』를 만들었고 공동 수석으로 그곳을 졸업했다.

하버드대 로스쿨의 엄격한 편입 규정은 수십 년 동안 변하지 않았다. 1970년대 말 해당 규정에 대한 전면 재검토에 들어갔을 때, 마티는 하버드대 로스쿨의 『하버드 로 레코드』에 기고문을 보내 자기 가족이 겪은 시련에 대해 불만을 털어놓았다.[57] 편집자들은 마티의 편지를 게재하며 다음과 같이 덧붙였다.

"마틴 긴즈버그의 글을 보면 누구든 대번에 알겠지만, 편지에서 루스라고 나오는 분은 컬럼비아대 로스쿨 교수이자 미국시민자유연맹 법률자문으로 활동하는 루스 베이더 긴즈버그다. 그분이 하버드대 학위의 이점을 누렸다면 어떤 위업을 추가로 달성했을지 생각해보라."[58]

숙녀란 말은 곧 욕설이다

1959년 어느 날, 대법관 펠릭스 프랑크푸르터가 집무실로 황급히 들어서더니 믿기 힘든 소식을 접했다며 재판연구원들에게 통지했다. 프랑크푸르터는 대법원에서 유대인 몫으로 여겨지던 자리를 지키던 인물이었다.[59] 그는 종종 하버드대 로스쿨 교수들에게 재판연구원을 추천해달라고 부탁하곤 했다. 대법원에서 일한다는 것은—대부분 남성이었던—청년 법학도들에게 엘리트 코스로 접어드는 중요한 관문을 통과했다는 의미다. 대법관과 머리를 맞대고 일하면서 조사나 판결문 초안 작성을 담당하는 직책이기 때문이다. 그 사내들은 그해 알 색스 교수가 프랑크푸르터 대법관에게 추천하고자 한 졸업생이 루스 베이더 긴즈버그일 줄 꿈에도 몰랐다.

제임스 매디슨 고등학교 동문으로 하버드대 로스쿨에서도 RBG의 존재를 알았던 프랑크푸르터의 재판연구원 폴 벤더는 조심스럽게 지지 의사를 피력했다.[60] 그러자 프랑크푸르터는 긴즈버그가 "두 아이의 엄마이고, 남편은 중병에 걸린 데다, 알다시피 내가 사내자식들하고 죽어라 일하면서 어떤 때는 욕지거리도 서슴지 않는 사람인 것을 모르냐"고 면박을 주었다. 하지만 이는 서의 틀린 말이었다. 그때 RBG에게는 아이가 하나였다. 게다가 벤더는 자신과 동료들이 "법원에서 일하는 재판연구원들 가운데 가장 편하게 일한다"는 사실을 믿어 의심치 않았다. 벤더에 따르면 대법관의 발언에서 틀린 내용은 이뿐만이 아니었다. "그 대법관은 욕설을 절대 쓰지 않는 사람이었다." (바지 입는 여성을 경멸한 프랑크푸르터가 RBG도 바지를 입는지 알려달라고 고집을 부렸다는 이야기도 있지만, 이 일화에 관해 남아 있는 증거는 전혀 없다.)

프랑크푸르터 대법관은 추천받은 사람을 거절한 적이 없었다. 그러나 RBG만은 대법원에서 재판연구원으로 일할 수 없게 되었다는 소식을 들어야 했다. 정작 본인은 별로 놀라지 않았다. 그가 숭배하던 연방항소법원 러니드 핸드 판사조차 절대로 여성을 재판연구원으로 채용하지 않는 확고한 신념의 소유자였기 때문이다. 실제로 핸드 판사는 말버릇이 상스러웠고, 그런 모습을 여성들에게 보여주기를 원치 않았다.[61] RBG는 이미 컬럼비아대 로스쿨에서 졸업반을 보내며 "남학생 전용"이라는 라벨이 붙은 로펌 입사 지원서를 신물 나게 받아본 터였다. 여름에는 폴 와이스 로펌에서 인턴으로 일했지만, 그 회사가 이미 여성 직원을 채용했으며 뒤늦게야 여성 직원은 그 한 사람으로 충분하다는 통보를 받은 일도 있었다. (그 로펌이 고용한 신참 변호사는 폴리 머리라는 흑인 여성으로 우연찮게도 훗날 RBG에게 커다란 영향을 미치게 되는 인물이다.[62]) RBG는 시어머니가 골라준 검은 정장을 입고 로펌 면접을 두 차례 치렀다. 하지만 번번이 떨어졌다. RBG가 스스로 파악한 걸림돌은 세 가지였다. 여성이고, 네 살배기 아이의 엄마이며, 유대인이라는 사실 말이다.

컬럼비아대 헌법학 교수 제럴드 건서는 총명한 제자를 위해 자리를 마련해주기로 결심했다.[63] 그러기 위해서라면 협박도 불사할 작정이었다. 뉴욕 남부지구 연방판사 에드먼드 팔미어리는 컬럼비아대 출신으로 건서가 추천하는 사람이라면 두말없이 채용하던 사람이었다. 하지만 이번에는 팔미어리 판사도 건서 교수가 추천하는 인재에 대해 회의적인 반응을 보였다.[64] 정말이지 RBG에게 주어진 일이란 집에서 애만 키우는 것이란 말인가? 건서는 자신의 결정이 오판으로 판명되면 그때 가서 남성 후보자를 재추천하겠다고 약속했다. 덧붙여 이 전도유망한 젊은 여성에게 기회를 주지 않으면, 다시는 재판연구원을 보내지 않겠다고 선언했다. 당근 때문인지, 아니면 채찍 때문인지 몰라도 건서 교수의 노력은 마침내 결실을 맺었다.

팔미어리 판사는 긴즈버그 부인을 집으로 돌려보내지 않았다. RBG는 마침내 재판연구원이 되었고, 필요 이상으로 열심히 일했다. 주말에도 출근해서 일했고, 퇴근할 때도 일감을 싸들고 갔다. 나중에서야 팔미어리는 RBG가 자신이 거느렸던 재판연구원 가운데 최고였다고 말했다. 공교롭게도 팔미어리는 핸드 판사와 같은 동네에 살았다. 그는 자기 승용차에 핸드를 태우고 출퇴근을 함께 했다. 그 차에 RBG도 종종 동승했다. RBG는 핸드 판사를 이렇게 기억했다. "머릿속에 떠오르는 대로 마구 지껄이는 사람이었습니다. 그러다가 신이 나면 노래도 부르더군요. 한번은 내가 물었습니다. '판사님, 지금 이 차 안에서 판사님만 내키는 대로 말씀을 하고 계시네요. 어머니는 저한테 그런 말을 하면 절대 안 된다고 가르치셨지만, 저로서는 판사님을 말릴 재간이 없는 것 같군요.' 그러자 그가 대답했어요. '이보게, 젊은 숙녀, 자네한테 하는 말이 아니네.'"[65]

재판연구원으로 2년을 보낸 후 온갖 로펌에서 입사를 환영한다며 RBG에게 앞다투어 손짓했다. 하지만 RBG는 그런 로펌에 선뜻 들어가고 싶은 마음이 전혀 없었다. 그 대신 1961년 하버드대 동문회관에서 점심을 먹자는 한스 스밋의 초대에 응했다. 컬럼비아대에서 만난 적이 있는 네덜란드 사람이었다. RBG는 직원이 마지못해 안내한 붉은색의 작은 곁문으로 동문회관 레스토랑에 들어갔다. 스밋은 RBG가 자리에 앉아 숨을 고르자마자 제안했다. "루스, 스웨덴 민사소송에 대해서 나랑 책을 써보는 게 어때요?"[66] 그는 컬럼비아대에서 비교법학 연구를 진행하던 참이었다. 스밋에게 프랑스나 이탈리아에 갈 수 있는 남성을 찾는 일은 식은 죽 먹기였다. 그러나 스웨덴어를 유창하게 구사하겠다는 자세가 된 사람, 스웨덴 현지에 가서 법률체계를 연구할 수 있는 사람을 찾기란 여간 어려운 일이 아니었다.

RBG는 스웨덴이 세계지도의 어디쯤에 박혀 있는지도 잘 몰랐다. 그러나 자신의 이름으로 책을 내고 싶다는 열정만은 뜨거웠다. RBG가 스밋의 제안을 승낙한 데는─적어도 그 순간에는 스스로도 제대로 이해하지 못했던─또 다른 이유가 있었다. 제인은 벌써 초등학교 1학년이었다. RBG는 나이 서른이 다 돼가도록 혼자 살아본 적이 한 번도 없었다. 다시 말해, 자기만의 시간을 충분히 가져본 경험이 없었던 것이다. 그래도 괜찮을지 걱정을 놓지 못하는 RBG에게 마티가 고개를 끄덕였다. 미국에 남아 가정을 지키다가 제인과 함께 놀러 가겠다면서.

스톡홀름 공항에서 RBG를 기다리고 있던 스웨덴 사람은 안데르스 브루셀리우스 판사였다.[67] 사실 나이가 훨씬 더 많은 여성이 오리라고 예상했던 그 판사는 RBG의 오른편에 서서 길을 안내했다. 그럼에도 불구하고 RBG는 적절한 시점에 스웨덴을 방문한 셈이었다. 전후 스웨덴에서는 여성의 노동 시장 참여율이 가파르게 치솟는 중이었다. 그들은 미국 여성들보다 훨씬 더 적극적으로 직업 전선에 나서고 있었다. 스웨덴 여성들은 여전히 완전한 자유를 얻으려면 아직 멀었다고 생각했다. 스웨덴 언론인 에바 모베리는 수많은 자국 여성을 대변해 1961년에 발표한 논문에서 남성은 한 가지 일에 종사하는 데 비해 여성은 두 가지 일에 종사한다고 주장하며 이렇게 썼다. "아기를 낳아서 젖을 물리는 역할과, 옷을 빨거나 음식을 준비하거나 아기를 선량하고 조화로운 인간으로 키우는 역할 사이에는 사실상 아무런 생물학적 연관성이 없다. 남성과 여성에게 주어진 단 한 가지 중요한 역할은 바로 인간답게 살아가는 것이다."[68] RBG가 스웨덴에 머물던 1962년 여름, 또 다른 미국 여성이 스웨덴에 도착했다. 배우 셰리 핑크바인이었다.[69] 그는 당시 널리 처방되던 탈리도마이드*를 복용한 뒤, 임신중절 수술을 받으려고 동분서주하던 참이었다. 해당 수면제가 태아에게 몇 가지 치명적 장애를 일으킨다는 사실이 뒤늦게 밝혀졌기 때문이다. 하지만 당연하게도 미국에서는 임신중절 수술이 불법이었다. 그 시절 핑크바인에게 문을 열어준 나라는 스웨덴이 유일했다.

RBG는 스웨덴의 법률체계에 몰두하다가 잠시 머리를 식히거나 자막 없이 잉마르 베리만 영화를 볼 때면, 현지에서 벌어지는 사회적 논쟁의 면면을 존경어린 눈빛으로 지켜보았다.[70] 여성을 위한 또 다른 세상, 즉 얼마든지 일할 수 있고 투쟁을 통해 불공평한 조건을 없앨 수 있으며 필요하면 임신 상태를 중단할 수 있는 세상이 현실에서 가능하다는 사실을 어떤 미국인이 알았겠는가? 사회운동가들의 압력으로 정부가 남성과 여성을 기존의 성역할로부터 해방시키는 작업에 적극적인 관심을 기울이는 세상이라니! RBG 개인에게도 가히 혁명적인 세상이 아닐 수 없었다. 그는 스웨덴에 도착해서 혼자 지내기 시작한 지 6주 만에 이곳에 정말 잘 왔다고 생각하게 되었다.

스밋은 뉴욕으로 돌아온 RBG에게 컬럼비아대에서 민사소송 강의를 맡으라고 권유했다. 아울러 국제회의에 발언자로 나섬으로써 수줍음을 극복해보라고 격려했다. RBG는 브루셀리우스와 공저로 스웨덴 민사소송을 다룬 책을 출판했다. 이 책은 스웨덴 사법체계에 관해 영어로 쓰인 것 가운데 최고의 책으로 통했다.[71] (정말이다. 당시에는 이 책밖에 없었다.) RBG는 자신감을 얻었다. 그러나 신경 써야 할 일이 아직도 수두룩했다. RBG는 몇 년이 흐른 뒤 인생이 송두리째 바뀌는 사건을 겪고 나서야 자신이 스웨덴에서 얼마나 많은 것을 배웠는지 확실히 깨달을 수 있었다.

* 비마르비탈계 수면제로 부작용이 적다고 알려져 있었으나 임산부에게 처방하면 기형아 출산의 부작용을 유발한다는 사실이 알려지며 사용이 금지되었다.

4

스테레오타입

STEREOTYPES OF A
LADY MISUNDERSTOOD

"내가 여러 소송 사건에 몰두했던 것이 바로 그 10년 동안이었습니다.
나는― 여성의 권리만이 아니라― 남성과 여성이 시민으로서 권리를
평등하게 누려야 한다는 헌법적 원리를 추구했습니다."[1]

_RBG, 2010

1973년 1월 17일, RBG는 점심을 걸렀다.[2] 억지로 먹었다간 게울 것 같아서였다. 그는 친어머니가 물려준 브로치와 귀고리를 착용하고[3] 흡사 전투에 나서는 군인처럼 옷매무새를 가다듬었다. 그리고 무표정한 남성 9명 앞에 홀로 섰다. 그들이 줄곧 부인하던 사안을 이제는 받아들일 것을 요구하기 위해서였다. 그것은 바로 미국 헌법이 성차별을 금지한다는 사실이었다.

대법원에서 구두변론을 시작하는 변호사는 언제나 똑같은 표현으로 서두를 뗀다. "존경하는 대법원장님, 그리고 여러 대법관님."[4] 여러분도 RBG가 떨리는 목소리로 이렇게 운을 떼는 육성 녹음을 들어볼 수 있다. 그날은 RBG가 처음으로 대법원에서 구두변론에 나선 날이었다.

RBG는 울렁거리는 속을 진정시키기 위해 첫 문장을 거듭 되뇌다가 드디어 공군 중위 샤론 프론티에로 사건에 대한 설명을 시작했다.[5] 샤론의 남편 조지프가 다른 군인 배우자들과 동일한 주거, 의료, 치과 치료 혜택을 거부

당한 사건이었다. 오로지 샤론이 여성이고 조지프가 남성이라는 이유로 말이다.

이미 14개월 전, 대법원은 아이다호주의 어느 여성이 죽은 아들의 재산을 관리할 권리를 인정받지 못한 리드 대 리드 사건에 대해서 판결을 내놓은 바 있었다. 당시 대법원의 판결은 주정부가 남성이 여성보다 재산을 잘 관리할 것이라고 무조건적으로 전제해선 안 된다는 것이었다.[6] 그러나 더 중대한 질문, 즉 성차별이 거의 항상 헌법을 거스르는지 여부에 대해서는 가리지 않은 채로 재판을 매듭지었다. RBG는 대법관들을 바라보며 한 차례 심호흡을 하고는 대법원이 포문을 열었으니, 그것을 마무리할 책임도 져야 한다고 주장했다.

1963년부터 강의를 시작한 럿거스대 로스쿨에서.

RBG는 리드 사건을 야기한 주 법률과 이날 자신이 문제를 제기한 프론티에로 대 리처드슨 사건 관련 연방 법률이 "동일한 편견에 뿌리를 두었다"[7]면서 "남성은 부부라는 단위에서 응당 자립적인 존재이고 또 그래야만 한다고 상정하는 반면, 여성은 일부 예외를 제외하면 언제나 의존적이며 소득활동에서 배제되는 존재로 여겨진다"고 지적했다.

RBG는 청중 앞에서 발언할 때면 으레 마티가 어디에 앉았는지 찾아보곤 했다. 하지만 이번에는 남편이 자기 뒤쪽, 대법원 사건 담당 변호사 측에 앉아 있다는 사실을 아는 것으로 만족해야 했다.

하지만 RBG는 문득 법정을 딛고 선 두 다리에 힘이 들어가는 느낌을 받았다. 어찌 되었건 이 남성들, 미국에서 가장 중요한 자리에 있는 판사들은 앞으로 10분간 자신이 하는 말에 억지로라도 귀를 기울여야 했기 때문이다. RBG는 이 사건은 물론 관련 주제에 관해서라면 그들보다 훨씬 더 많은 것을 아는 사람이었다. 그는 남성 대법관들을 가르쳐야 했고, 어떻게 가르쳐야 하는지도 알고 있었다. RBG는 10년 가까이 법학을 가르쳐온 터였다.

그날 대법원에서 RBG에게 건네준 변호사 출입증에는 "미시즈Mrs. 루스 긴즈버그"라고 적혀 있었다.[8] 하지만 진작부터 미즈Ms.라는 존칭을 사용해오던 RBG였다. 동행했던 컬럼비아대 대학원생들은 얼굴을 굳히며 RBG가 잘못을 지적하고 바로잡기를 기대했다. 하지만 그는 그러지 않았다. 소송에서 이기려고 이곳에 온 것이지, 엄격한 의무 사항도 아닌 문제로 난리를 피우려고 온 것이 아니라고 생각했기 때문이다.

RBG의 변론은 대단히 과격했다. 이 특출한 남성 판사들은 이제껏 스스로를 훌륭한 아버지이자, 선량한 남편이라고 여겨왔다. 남성과 여성은 근본적으로 다르며, 바깥세상의 온갖 추잡함과 곤경에 델 일이 없는 것이 여성에게는 행운이라고 믿었다. 그런 대법관들을 상대로 마흔 살도 안 된 이 젊은 RBG가 여성도 남성과 똑같은 지위를 누려 마땅하다는 사실을 납득시켜야 했다.

RBG는 대법관들 앞에서 남성과 여성을 법적으로 다르게 취급한다면 "여성이 열등하다고 단정"하는 것이나 마찬가지이며, 여성이 선택한 직업과 여성이 거느린 식솔은 덜 중요하다고 말하는 셈이라고 주장했다. RBG의 변론은 단호했다. "이런 식의 구분 짓기는 모종의 결과를 야기합니다. 여성을 그들이 원래 머물던 자리, 즉 남성이 차지한 곳보다 열등한 자리에 옭아매는 행위를 조장하게 되는 것입니다."[9]

열변을 토하는 RBG의 뒤편에는 브렌다 페이건이 앉아 있었다.[10] 지난해 RBG와 함께 ACLU 산하에 여성권익증진단을 공동으로 설립한 인물이었다. 페이건은 RBG 앞에 사례집을 펼쳐두고 여차하면 인용문의 출처를 얼른 알려주려고 바짝 긴장한 상태였다. 하지만 RBG에게는 그런 도움이 필요하지 않았다. 친구에게 전화번호를 불러주듯이 몇 번째 책, 몇 번째 페이지라고 막힘없이 출처를 읊어댔기 때문이다.

그날 RBG의 적수는 미국 연방정부였다. 정부는 변론취지서에서 여성을 의존적인 존재로 간주하는 동시에 남성이 피부양인 혜택을 신청할 수 있는 경우를 극히 제한적으로 허용하는 기존 정책을 방어했다. 무엇보다 밥벌이에 나서는 쪽은 대부분 남성이었다. 정부 측 변론취지서의 첫 페이지에 나오는 이름은 법무차관을 맡고 있던 어윈 그리스월드였다. 오래전 RBG가 하버드대 로스쿨에 다닐 때 원장을 지낸 바로 그 그리스월드 말이다. RBG는 자신이 로스쿨에 진학한 이유가 마티의 아내로서 남편과 더 깊은 대화를 나누기 위해서라고 말한 적이 있었다.

대법관들은 여전히 묵묵히 듣고만 있었다. RBG는 말을 이었다. "성별은 인종과 마찬가지로 눈에 띄지만 바꿀 수는 없는, 개인의 능력과 필연적 상관관계가 전혀 없는 특징입니다."[11] 이 직유는 헌법적 맥락에서 특별한 의미가 있었다. 브라운 대 교육위원회 사건이 촉발시킨 일련의 소송에서 대법원은 인종에 근거해 차별을 규정한 거의 모든 법률에 대해 그것이 헌법에 위배되거나 "엄격심사"를 면할 수 없다는 관점을 고수했기 때문이다.* 법원은 리드 사건에서 엄격심사를 적용하지 않을 것이라고 밝혔지만, 이후로는 어떤 식으로든 엄격심사가 필요하다는 견지를 취했다. 성별을 사유로 차별을 규정한 법률이 인종을 사유로 차별을 규정한 법률과 다를 바가 있을까? RBG는 같은 맥락에서 성차별을 규정하는 법률 또한 위헌임을 인정해야 한다고 강력하게 촉구했다.

주어진 시간이 거의 끝나갈 무렵, RBG는 대법관들을 바라보면서 임신중절 옹호와 여성 참정권을 부르짖었던 세라 그림케를 인용해 이렇게 말했다. "그는 우아한 방식은 아니었지만, 오해의 여지를 조금도 주지 않고 분명하게 말했습니다. '나는 내 성별을 근거로 나를 우대해달라고 요구하는 것이 결코 아니다. 내가 사람들에게 바라는 것은 하나다. 당신들의 발로 우리 여성들의 목을 더 이상 짓누르지 말라. 이것이 전부다.'"[12]

* 엄격심사는 미국 대법원이 주문하는 평등심사의 세 원칙 가운데 하나로 인종이나 출신지를 사유로 한 차별에 적용된다. 엄격심사의 대상이 되면 '위헌 소지가 있는 차별'로 취급되어 정부가 그 불가피함을 입증하지 못하는 한 위헌 판결을 피하기 어려웠다.

대법원에서 변론에 나서는 변호사들은 대개 완전한 문장으로 말하는 데 어려움을 겪곤 한다. 그날 RBG가 공복 상태에서 여전한 브루클린 말투로 10분간 발언을 이어가는 내내, 대법관들은 단 한 마디도 끼어들지 못했다. RBG는 그들을 압도해 할 말을 잃게 만들었다.

겉으로는 평온해 보였지만 RBG 역시 속으로는 바들바들 떨고 있었다. '대법관들이 내 말에 귀를 기울이기는 할까?' 이 질문에 대한 답을 얻는 데는 다섯 달이 걸렸다. 방청객들이 줄지어 퇴장하는 동안, 땅딸막한 사람이 RBG에게 다가왔다. 그리스월드였다. 부하 직원 한 사람이 RBG에 맞서 반대 의견을 펴는 모습, 또 다른 변호사가 프론티에로를 변호하는 모습을 지켜본 뒤였다. 그는 엄숙한 표정으로 RBG와 악수를 나누었다. 그날 밤, 해리 블랙먼 대법관은 일기장에 변론에 나선 변호사 각각에 대한 성적을 매겼는데, RBG에게는 고작 C+를 주었다. 다만 "매우 정확한 여성"이라고 덧붙였다.[13]

토지란, 여성과 마찬가지로 소유의 대상이다

그로부터 10년 전이었던 1963년까지만 해도 RBG는 싸움판에 뛰어드는 법을 모르는 사람이었다. 시몬 드 보부아르의 『제2의 성』을 읽고 경외심을 느꼈을 뿐이다.[14] 민사소송 이외에 스웨덴에서 배운 거의 모든 것과 마찬가지로 RBG는 그 경외심을 마음속 한구석에 고이 간직하고 있었다. 그러던 어느 날, RBG가 강의를 시작한 컬럼비아대의 어느 교수가 럿거스대 로스쿨에서 여성 교수를 찾는다고 귀띔해주었다.[15] 그곳에서 근무하던 유일한 흑인 교수가 얼마 전에 다른 곳으로 떠났다는 것이다. 한편 컬럼비아대 로스쿨 종신교수 가운데 여성이나 흑인이 전무하다는 사실을 문제 삼는 사람은 아무도 없는 것 같았다. 미국 전역에서 종신교수로 로스쿨에 몸담은 여성은 열네 명에 불과했고, 럿거스대에도 이미 한 명이 자리를 차지하고 있었다.

머지않아 RBG는 럿거스대 로스쿨의 동료 교수 에바 행크스와 함께 『뉴어크 스타레저』라는 지역 신문의 인물란에 등장했다. 기사 제목은 '두 명의 숙녀를 위한 법복'이었다.[16] 신문은 두 교수를 "날씬하고 매력적인" 여성으로 묘사하면서 "앳된 외모 탓에 대학원생으로 오해를 산다"고 이죽거렸다.

RBG가 교수로 부임한 첫해, 럿거스대 측에서는 1년 계약을 제안하며 민사소송을 강의해달라고 했다. 급여는 형편없었다. 무엇보다 윌러드 헤클 종장은 직접 나서서 이 학교가 주립대학교이며, RBG가 여성이라는 사실을 주지시켰다. RBG는 당사자들의 이름을 조심스럽게 숨기며 회상했다. "나더러 이렇게 말하더군요. '당신에게 아이 다섯을 둔 A와 같은 봉급을 줄 수는 없다. 당신 남편이 봉급을 많이 받지 않느냐'고 말입니다. 그래서 내가 B는 어떻게 된 거냐, 학사학위밖에 없는데 나보다 강의료를 더 많이 받는다고 따

졌더니 '그건 그렇다'는 대답이 전부였어요."[17] 그길로 대화는 끝났다. RBG는 고개를 숙인 채 세간의 주목을 피하며 잠자코 지냈다. 하루도 빠짐없이 맨해튼의 펜 역에서 뉴어크로 가는 기차를 타면서 「국외 민사판결 및 중재결정의 인정과 집행」 같은 제목으로 논문을 발표했다. 그렇게 럿거스대에서 두 번째 해를 맞았다.

그러던 어느 날, 놀라운 소식이 날아들었다. 마티가 암 수술을 받고 나서 방사선 치료를 시작하기 직전이었는데, 주치의가 긴즈버그 부부에게 둘째 아이를 임신할 수 있는 찰나의, 마지막 기회가 열렸다고 알려온 것이다. 마티의 수명이 얼마나 남았는지도 모른 채 로스쿨 교수직과 어린 딸 사이를

곡예하듯 오가던 시절이었다. 둘째 아이를 갖는다는 것은 부부가 꿈도 못 꾸던 일이었다. 부부는 열 살 생일이 머지않은 제인에게 외동딸로 사는 것도 그리 나쁘지만은 않음을 확신시켜줄 참이었다. 1965년 초, RBG는 임신 사실을 알았다. 여성인 담당 의사가 RBG의 손을 가만히 잡고 조용히 물었다. "안심하고 말해보세요. 혹시 다른 사람을 만난 적이 있습니까?"[18] 그런 일은 전혀 없었다. 부부는 검사를 받았고, 마티가 여전히 정자를 생산할 수 있음을 확인했다.

임신이 가져다준 기쁨은 일에 대한 걱정으로 금세 혼탁해졌다. 럿거스대는 2학기가 끝나는 대로 RBG의 계약 연장 여부를 결정할 예정이었다. RBG는 오클라호마 사회보장사무소에서 저지른 실수를 다시는 반복하지 않겠다고 다짐한 뒤, 시어머니의 옷장으로 달려갔다.[19] 자기 옷보다 한 치수 더 큰 에벌린 긴즈버그의 옷이 필요했기 때문이다. 출산 예정일이 9월이므로 여름방학에 접어들기만 하면 아무 문제가 없을 터였다. 그의 예상은 적중했다. RBG는 종강 날까지 잘 버텼고, 다음 해 계약서를 손에 쥐었다. 그제야 그는 임신 소식을 동료 교수들에게 전했다. 제임스는 9월 8일에 태어났다. 긴즈버그 교수는 아무 일도 없었다는 듯이 새 학기가 시작되는 동시에 학생들 앞에 섰다.

그런데 이번에는 뭔가 심상치 않았다. RBG가 가르치던 학생 가운데 한 명이 자유언론운동*의 일원이라고 선언하고 나선 것이다. RBG는 "수업에 들어가면 강의실 밖 나무 위에 올라가 코에 엄지손가락을 대고 나를 조롱하는 그 친구가 어김없이 눈에 들어왔다"고 회상했다.[20] 럿거스대에서 처음 강의를 시작할 때만 해도 좌석 배치도에 여학생은 대여섯 명에 불과했다. 그러다 차츰 더 많은 남학생이 베트남으로 떠나고, 여학생들이 빈자리를 채웠다. 강의실 밖의 세상에서는 교육받은 중산층 여성들의 좌절을 파헤친 『여성의 신비』가 초판만 100만 부 넘게 팔려나갔다. 1964년 제정된 시민권법은 결혼생활과 관련된 국회의원들의 무수한 농담 속에서도 고용에 있어 인

* 1964년 11월 버클리대학교에서 시작된, 교내 정치행위 금지에 맞선 반전 및 학생자치운동.

럿거스에서, RBG.

종차별은 물론—우연이나 다름없이—성차별까지 금지했다. (이매뉴얼 셀러 하원의원은 집에서 항상 "맞아요, 여보"로 말이 끝난다고 농담을 던지기도 했다.[21])

RBG가 자원해 변호사로 활동하던 ACLU 뉴저지 지부에서는 활동가들이 여성들로부터 받은 수많은 편지에 파묻힐 지경이었다.[22] 같은 여성으로서 어떻게 그것들을 읽어보지 않을 수 있겠는가. RBG는 사명감에 불타는 얼굴로 겉봉을 뜯고 내용을 살폈다. 홍차 기업 립턴에서 일하던 여성은 자기 가족을 건강보험에 가입시킬 수 없었다. 회사에서 오직 기혼 남성만 피부양자를 둘 수 있다고 선을 그었기 때문이다. 그런가 하면 여성 학생들은 프린스턴대에서 열리는 여름방학 공학 프로그램에 참여할 수 없었다. 뉴저지주 동북부의 소도시 티넥에서 테니스를 가장 잘 치던 선수는 여성이라는 이유로 학교 대표팀에 들어갈 수 없었다. 편지 가운데는 현실이 이토록 심각한지 몰랐다는 부끄러움에 RBG로 하여금 얼굴을 붉히게 만든 사연도 있었다. 여성 교사들은 임신해서 배가 나오기 시작할 무렵, 심지어는 그 전에 일터에서 내쫓긴다고 불만을 터뜨렸다. 당사자들은 학교에서는 이를 출산 휴가라고 불렀지만 그것은 자발적으로 이루어지지도 않았고, 유급도 아니었던 데다, 학교에서 용인하지 않는 한 다시 교단에 설 수도 없었다. 한 여성 군인은 아이를 가지면서 명예제대증을 받았지만 원직 복귀를 신청하고서야 임신이 "도덕적·행정적 결격 사유"라는 사실을 알게 되었다. 이런 문제들 자체는 전혀 새로운 것이 아니었다. 새로운 것은 여성들이 비로소 이런 문제에 대해 비판을 제기해야 한다고 생각한다는 점이었다. 하지만 RBG는 여전히 그럴 생각이 없었다.

RBG보다 열 살도 더 어린 여성 법학도들은 불평을 하는 데 그치지 않고 거기서 한 걸음 더 나아가 요구 사항을 내걸었다. 상당수가 미시시피 출신이자 학생비폭력실천위원회Student Nonviolent Cordinating Committee 소속으로 여성의 시민권 확보를 위해 투쟁하는 학생들이었다. 이들은 변호사가 사회운동에 앞장서는 모습을 지켜보면서 로스쿨에 진학했고, 여성들 자신도 사회 변혁에 앞장서야 한다고 믿었다. 특히 1968년 이후로는 대학들도 여성에게 문호를 더 활짝 열어야 했다. 존슨 행정부가 연방정부의 예산 지원 철회 대상 목록에 성차별을 추가했기 때문이다.

RBG는 이렇게 활동적인 여학생들을 존경 어린 눈빛으로 지켜보았다. 주위를 시끄럽게 만들면 큰일이라도 나는 줄 알았던 자기 세대와 그들은 자못 달랐다. 1970년에는 몇몇 학생이 RBG를 찾아와 럿거스대 최초로 '여성과 법' 과목을 개설해달라고 요청했다.[23] RBG는 흔쾌히 수락했다. 여성의 지위와 관련해 내린 연방정부의 결정 및 관련 논문을 모조리 읽는 데는 고작 한 달 정도가 소요됐다. 사실 분량이 많지 않았다. 널리 쓰이는 한 교재에서는 다음과 같은 구절도 눈에 띄었다. "토지란, 여성과 마찬가지로 소유의 대상이다."[24] (이 책은 토지 소유에 관한 책이었고, 여성은 비유 대상에 불과했다.) RBG는 도서관을 나서면서 굳게 다짐했다. 말없이 받아들이기만 하던 세월은 이제 막을 내렸다고. 한때 럿거스대가 여성이라는 이유로 봉급을 깎아도 어쩌지 못했던 RBG는 그길로 다른 여성 교수들과 힘을 모아 대학을 상대로 성차별적 급여체계에 관한 집단소송을 제기했고,[25] 대법원까지 끌고 간 끝에 마침내 승소했다.

은둔에서 벗어나 세상과 마주하다

1971년 8월 20일, 뉴저지 스프링필드에서 우편집배원으로 일하던 어느 여성이 ACLU 뉴저지 지부로 편지를 보내왔다. 남성용 집배원 모자를 쓰고 싶지만 여성이라고 못 쓰게 한다는 하소연이었다. 레이니 캐플런이라는 이 집배원은 편지에서 "여성용 모자는 베레모이거나 필박스 모자여서 배지를 부착할 곳이 없다"[26]면서, "남성용 모자는 햇볕으로부터 눈을 보호하는 챙도 달렸지만 여성용 모자에는 이것조차 없다"고 설명했다.

RBG는 다음 학기에 있을 하버드대 로스쿨 강의를 준비하는 동시에 몇 건의 소송을 대법원으로 잇달아 가져가고 있었다. 하나같이 파급력이 막대한 사건들이었다. RBG는 우정장관에게 "직업활동의 편의 향상에 도움이 되는 기능적 측면을 외면한 채 여성 집배원에게 특정 모자를 쓰도록 강요하는 것은 성별을 사유로 직원을 차별하는 행위로서 대단히 독단적인 내부 방침으로 보인다"고 서한을 띄웠다.[27] 물론 장관은 자신에게 무슨 일이 터졌는지 짐작하기 어려웠을 것이다.

RBG는 매번 강렬한 어휘를 동원해 편지를 띄우는 방식으로 세상 모든 차별에 맞서 싸우는 것은 바가지 하나로 바닷물을 몽땅 퍼내려 드는 격이라고 생각했다. 철폐해야 하는 성차별적 법률이 끊임없이 발견되었기 때문이다. 여성의 권리를 옹호하자면 좀 더

RBG, 뉴저지주 ACLU에서.

큰 그림을 그릴 필요가 있었다. 미국에 필요한 것은—집배원 모자는 물론 연방정부의 정책에 이르기까지—성평등을 포괄적으로 인정하는 조치였다. 수십 년 동안 대다수 페미니스트는 "연방정부와 주정부는 성별을 사유로 법이 정한 권리의 평등성을 부인하거나 훼손할 수 없다"는 식으로 평등권에 관한 수정헌법을 제정하는 것이 궁극적인 해결책이라고 주장해왔다. 평등권 수정헌법^{Equal Rights Amendment}으로 불리는 이 해법은 1923년 이후로 의회가 회기를 시작할 때마다 본회의 상정을 시도했지만 매번 상임위원회에서 발목이 잡혀 다음 회기로 밀려나고 말았다. RBG는 기존 헌법에 이미 해법이 존재하는 것은 아닌지 생각해보았다. 무엇보다 헌법 서문이 "우리 합중국 인민"으로 시작하기 때문이었다. 오랜 세월 자신의 운명을 온전히 누리며 사는 것이 금지당하긴 했어도 여성 역시 인민이었다. 수정헌법 제14조가 약속한 평등한 법적 보호를 여성도 누려야 마땅하다고 볼 수 있었다. 문제는 적어도 다섯 명의 대법관이 RBG와 이런 관점을 공유하도록 만드는 것이었다. 다행히 1970년대 초는 여성의 역할이 거의 모든 분야에서 근본적 변화를 맞이한 시기이기도 했다. 그래서 어떤 사건이 계기가 되면, 고립된 섬에 갇힌 대법관들 역시 생각을 바꿀 가능성이 높았다.

어느 날 밤, RBG는 평소 습관대로 침실에서 일하며 곰곰이 전략을 세우고 있었다. "당신이 읽어야 할 게 있어!" 거실에서 일하던 마티가 소리치자 RBG가 대꾸했다. "세법 사건이라면 안 읽을래." 하지만 그것은 RBG가 읽으면 기뻐할 내용이었다.

외판원 찰스 모리츠는 89세인 어머니를 모시고 덴버에 살고 있었다.[28] 모리츠는 자신이 집을 비울 때 어머니를 돌보는 대가로 누군가에게 보수를 지급했다. 그러나 세금 공제를 받으려고 하면서부터 일이 꼬이기 시작했다. 국세청은 여성, 홀아버지 또는 노동력을 상실한 여성의 남편에게만 세금을 공제해주었는데 모리츠는 결혼한 적이 없는 남성이었다. 미혼 남성도 누군가를 돌보는 사람일 수 있다는 생각이 공무원들 머릿속에 떠오른 적이 없

일하는 RBG.

었던 모양이다. RBG는 만면에 웃음을 머금고 말했다. "해봅시다." RBG와 마티가 처음으로 업무상 협력관계를 맺는 순간이었다.

모리츠 사건은 언뜻 보기에 지극히 사소한 것이었다. 그의 납세액 가운데 공제를 받지 못한 액수는 600달러에 불과했다. 여성에 대한 명백한 부조리도 전혀 없었다. 하지만 마티와 RBG는 사건의 이면을 꿰뚫어 보았다. 정부는 오로지 성별만을 근거로 누군가에게 주어져야 할 원조를 아무 생각 없이 부정하고 있었다. 만약 재판에서 정책이 틀렸다는 판결을 얻어낸다면, 성평등에 대한 인식의 지평을 크게 넓히는 훌륭한 선례가 될 수 있었다.

RBG는 여름 캠프 시절부터 우정을 쌓아온 멜 울프에게 편지를 썼다. ACLU 본부 법률국장이었다. 울프는 두 사람을 돕겠다고 약속했다. 그는 훗날 작가 프레드 스트리베이에게 처음에는 RBG가 뉴저지에서 "어떤 부도덕한 여성들의 권리를 찾아주려고"[29] 애쓰는 줄 알았다고 털어놨다. 이어서 자신이 "RBG를 익명의 세계에서 건져낼"[30] 작정이었다고 스트리베이에게 자랑했다. RBG가 대법원으로 진출하도록 도울 생각이라면서.

긴즈버그 부부는 변론취지서에서 "생물학적 차이점이 문제 행동과 관련이 없을 때" 정부는 남성과 여성을 차별할 수 없다고 주장했다.[31] RBG는 부부의 공동 작업물을 울프에게 보냈다. ACLU가 부동산 관리자로 여성보다 남성을 우선시하는 아이다호주 법률을 문제 삼고 대법원 상고에 착수한 사실을 알고 있었기 때문이다. 샐리 리드는 남편에게 학대를 당했다. 남편은

RUTGERS · THE STATE UNIVERSITY

SCHOOL OF LAW

180 PLANE STREET
NEWARK, NEW JERSEY 07102

136 mail out
bring home 5/mu

Mailing list for Moritz

3)

Melvin Wulf, Esq.
American Civil Liberties Union   **send 3 copies** to Wulf
156 Fifth Ave
NY NY

Include note to Wulf:
   Dear Mel
      Some of this should be useful for Reed v. Reed.
Have you thought about whether it would be appropriate
to have a woman co-counsel in that case???

                    Best regards
                    sign Ruth

                    RBG

결국 가족을 내팽개쳤다. 그런데 아들이 자살하자, 얼마 안 되는 유산을 관리할 사람이 법적으로 남편 세실 리드로 정해졌다. 거기에는 세실이 남성이라는 사실 말고는 다른 이유가 없었다. 이는 정확히 법이 원하는 바였다. RBG는 모리츠 사건이 리드 사건과 짝을 이루어 승소할 경우 성차별이 결국 모든 사람에게 해가 된다는 사실을 만천하에 명명백백하게 드러낼 수 있을 거라고 믿었다.

1971년 4월 6일, RBG는 모리츠 사건 변론취지서를 울프에게 부치면서 이렇게 썼다. "이 내용 중에서 상당 부분이 리드 대 리드 소송에 도움이 될 것이라고 확신합니다. 혹시 여성이 그 사건의 공동 변호인이 되는 것은 어떨지 고려해보셨는지요???"[32] RBG는 살면서 자신이 여성이라는 사실을 참작해달라고 요구한 적이 거의 없었다. 하지만 변호사로서 대법원 소송을 맡을 수 있다면 그렇게 할 가치가 있다고 보았다. 몇 년 뒤 울프는 이 사실에 대해 곰곰이 반추하다가 스트리베이에게 이렇게 말했다. "RBG를 익명의 세계에서 건져낸 사람이 내가 아닌 것도 같습니다. 어쩌면 RBG는 자기 스스로 대

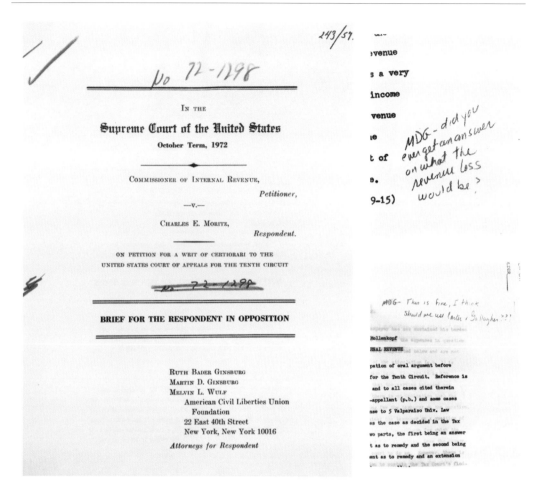

RBG가 마티에게 전달한 메모들.

중 앞에 나선 것이 아닌가 싶군요."[33] 맞는 말이었다. 울프는 RBG의 도움이 없었다면 샐리 리드 사건을 대법원에 제소할 수 없었을 것이다. 이는 언젠 가 울프 스스로 RBG 앞에서 인정한 내용이기도 하다.

성차별 사건이 영 꺼림칙한 대법원

리드 사건은 실로 중대한 소송이었다. 만약 대법원이 여성을 이등 시민으로 취급하도록 법적으로 허용한 판례를 뒤집을 준비가 안 되었다면, 리드 사건은 악법에 힘을 실어주는 결과로 이어질 위험도 있었다. 그로부터 겨우 10년 전인 1961년, 남편을 살해한 혐의로 재판에 넘겨진 그웬덜린 호이트라는 여성이 전원 남성으로 구성된 배심원단으로부터 유죄를 선고받자 대법원에 항소한 사건이 있었다.[34] 플로리다주가 남성의 배심원단 참여는 의무라고 규정하면서, 여성은 동의한 경우에만 참여한다고 선을 그었기 때문이다. 하지만 대법관들은 여성이 "여전히 가정과 가사의 중심으로 간주되므로"[35] 배심원단 참여를 선택 사항으로 못 박은 것은 전혀 문제되지 않는다고 보았다. 호이트 소송은―RBG가 여성이라서 재판연구원으로 채용할 수 없다고 거절했던―펠릭스 프랑크푸르터 대법관이 여성에게 멋대로 바텐더 일을 하도록 허락한다면 "사회적, 윤리적으로 문제를 야기할 것"[36]이라고 준엄하게 타이른 1948년 판결 이후로 대법원이 그다지 진보하지 못했다는 사실을 또렷하게 보여주는 사건이었다.

로스쿨로 돌아온 RBG는 여름방학에 폴 와이스 로펌에서 잠시 일하는 동안 폴리 머리라는 변호사를 만났다.[37] 그는 인종차별과 성차별을 별개의 문제로 여기던 시절을 살아가던 흑인 여성이었다. 머리는 자신이 남성 중심적이라고 비판하던 시민권운동 활동가들과 인종 문제에 대한 비판의식이 심각하게 결여된 상당수 여성운동 활동가들 사이에 다리를 놓으려고 열정을 쏟았다. 대법원을 향해 진보적인 방향으로 과감하게 걸음을 내딛으라고 요구한 이는 RBG였지만, 그 내용이 무엇인지 최초로 발언해 온 사람은 머리였다.

RBG에게 영감을 불어넣은
시민권운동가 폴리 머리.

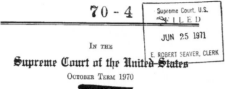

70 - 4

Supreme Court, U.S.
FILED
JUN 25 1971
E. ROBERT SEAVER, CLERK

IN THE

Supreme Court of the United States

OCTOBER TERM 1970

SALLY M. REED,

Appellant,

—v.—

CECIL R. REED, Administrator, In the Matter of the
Estate of Richard Lynn Reed, Deceased.

ON APPEAL FROM THE SUPREME COURT
OF THE STATE OF IDAHO

BRIEF FOR APPELLANT

MELVIN L. WULF
American Civil Liberties
Union Foundation
156 Fifth Avenue
New York, N. Y. 10010

RUTH BADER GINSBURG
Rutgers Law School
180 University Avenue
Newark, New Jersey

ALLEN R. DERR
817 West Franklin Street
Boise, Idaho 83701

PAULI MURRAY
504 Beacon Street
Boston, Mass. 02115

DOROTHY KENYON
433 W. 21st Street
New York, N. Y. 10011

Attorneys for Appellant

머리는 이미 1961년부터 수정헌법 세14조의 평등한 보호 조항이 그 자체로 여성에 대한 법적 제약을 해소할 것이라고 주장해온 사람이었다. 머리는 ACLU 소속 동료 변호사 도러시 케니언과 함께 호이트 판례를 뒤집을 방법을 찾으려고 애썼다. 머리가 1965년에 공동 저술한 논문 「제인 크로와 법률」[38]을 RBG는 럿거스대 로스쿨에서 강의 자료로 활용하기도 했다. 이 논문을 출판한 다음 해, 머리와 케니언은 인종 문제와 젠더 문제 간의 평행선 및 교차점에 대한 그들의 이론을 현실에서 증명하고자 했다. 두 사람은 전원 백인 남성만으로 구성된 앨라배마 법원의 배심원단을 문제 삼았다.[39] 참정권 확대 운동가 두 명을 살해한 용의자들에 대해 석방을 허용했기 때문이다. 두 사람은 승소했다. 앨라배마주는 대법원에 상고하지 않았고, 그 결과 이야기는 거기서 끝나고 말았다.

머리의 저술은 시몬 드 보부아르부터 시인 앨프리드 로드 테니슨, 나아가 사회학자 군나르 뮈르달까지 아우른 것으로, RBG의 리드 사건 변론취지서에 광범위한 영향을 미쳤다.[40] RBG는 변론취지서를 작성하면서 페미니스트 제자들의 도움을 받기도 했다. 세상이 변했는데도 법은 여전히 과거에 사로잡혀 있다고 통렬히 비판하는 내용이었다. RBG는 이후 많은 사람의 주목을 받게 되는 이 문서를 대법원에 제출하기 전, 표지에 두 사람의 이름을 추가로 적어 넣었다. 도러시 케니언과 폴리 머리였다. 훗날 RBG는 "내가 두 사람의 어깨를 딛고 올라섰음"을 명확히 해두고 싶었다고 말했다.[41]

당시 ACLU에서 함께 활동하던 버트 뉴본은 RBG에게 "그러면 안 된다"고 말했다.[42] 뉴본은 자신이 "규정 위반"이라는 표현을 사용한 것으로 기억했다.

"상관없습니다. 그들은 인정을 받아 마땅합니다." RBG의 대답이었다. 훗날 RBG는 케니언과 머리가 앞장서서 걸어간 길을 뒤따랐고, 마침 세상이 자기 말에 귀 기울일 준비가 되어 있었을 뿐이라고 말하곤 했다.[43]

리드 대 리드 사건 변론취지서[36]

법원은 "의심스럽다"고 여겨지는 규정들에 대해 평등한 법적 보호를 위한 소송이 있을 시 이를 엄격심사 대상으로 삼는다. 따라서 정부가 이건 규정을 근거로 남성과 여성을 구분 짓는 행정을 집행하기란 대단히 어렵다.

아이다호 주법률집 15-314항이 정한 성별 조항은 개인 역량에 대한 고려 없이 남성에 대한 여성의 예속을 강제하는 것으로, 위헌 여부에 있어 엄격심사를 필요로 하는 "수상한 구분 행위"를 야기한다.

비록 입법부가 필요 또는 능력에 따라서 개인을 구분할 수 있다고 해도, 개인이 스스로 결정할 수 없는 불변의 특성을 근거로 개인을 구분 짓고, 그 결과로 남자건 여자건 법적인 불이익을 받는다면, 그것은 용납될 수 없는 법률로 추정된다. 성별을 사유로 법적 차별을 가하는 것은, 그 목적이 성별의 생물학적 차이와 무관한 것이라고 해도, 또 다른 선천적·불변적 특성인 인종에 따른 법적 차별과 다를 바 없으며, 그러한 행위가 사법적으로 더 존중받아야 할 이유 또한 조금도 없다.

미국은 여전히 여성이 평등한 기회를 누리는 세상과는 거리가 멀다. 사회적·문화적·법적으로 성차별의 뿌리가 넓고도 깊기 때문이다. 다른 집단이 "수상한 구분 행위"를 척결함으로써 법 앞에서 온전한 평등을 누리는 방향으로 도움을 받아올 동안, 여성은 입법 또는 정책 결정 과정에서 제대로 보호받지 못했다. 게다가 사회적·법적으로 광범위하게 차별적 처우를 받고 있음에도 문제를 해결하는 데 필요한 정치적 역량마저 부족하다. 남성과 여성의 동등한 처우를 규정하는 법률에 확고한 헌법적 기반이 없는 까닭에, 여성은 순전히 개인의 공과를 기준으로 온당한 판결을 받고 싶어도 법적으로 승인된 걸림돌에 계속해서 걸려 넘어질 수밖에 없다.

대법원의 앞선 판결들은 미국 여성에게 분열과 불평등한 지위를 안기는 쪽으로 힘을 보탰다. 그러나 국가적 양심이 잠에서 깨어나 남

RBG는 오랜 세월 소외를 겪은 집단일수록 법원으로부터 더 포괄적인 보호를 받아 마땅하다는 개념을 건드리고 있다.

여성들이 거리를 행진하며 평등한 권리를 부르짖고 있었으니, 더 이상 성차별을 무시할 수 없는 시대 상황이었다.

성 중심적 문화가 야기한 여성의 열악한 현실에 눈을 떴다. (…)

때는 무르익었다. 이제 입법부가 최소한의 정당성만 가지고 "남성과 여성을 구분 짓는 예리한 선"을 긋는 형태를 용인할 수 있다는 전제를 법원이 부정할 때다. 인종에 따른 차별적 처우가 헌법적으로 용인된다는 과거의 뿌리 깊은 고정관념을 부정한 것처럼 말이다. (…)

성별에 있어 생물학적 차이는 재산관리인이 수행해야 하는 여러 직무와 전혀 무관하다. 아이다호주의 이익이라면 행정적 편의에 관한 것으로서, 여성이 관리인으로 임명되기 위해 남성과 경쟁하게 되는 상황을 애초에 만들지 않겠다는 발상인데, 이는 법률이 차별 대상으로 삼는 해당 계층이 법적으로 완전한 인격으로 간주됨으로써 발생하는 이익, 그리고 그로 인해 발생하는 국가적 이익에 비하면 대단히 미미한 이익에 불과하다. 성차별 역시 "의심스러운 구분 짓기"가 맞다면, 그리고 누군가 여성이라는 이유만으로 끔찍한 차별을 당했다면, 법원은 이를 철저하게 심리해서 국가적 이익 증진에 기여하여야 한다.

(…) 여성으로 하여금 정치·경제·비즈니스 영역에 자유로이 참여할 수 없도록 조장하는 법률을 두고 여성을 "보호"하기 위한 취지이므로 여성에게 도움이 된다고 보는 경향이 있다. 반면 같은 법률이 특정 인종이나 민족 등 소수계층에 적용될 때는 도저히 용납할 수 없는 부당한 차별로 가차없이 낙인찍히기도 한다. 이를 조금만 면밀히 들여다보면, 여성을 떠받든다고 여겨지는 받침대가 실은 올가미였다는 사실을 즉시 알아차릴 수 있다.

RBG는 펠릭스 프랑크푸르터 대법관의 말을 인용하고 있다. 여성의 바텐더 취업을 금지하는 법률에 대한 합헌 판결에서 나온 표현이다. 그는 RBG가 여성이라는 이유만으로 재판연구원 채용을 거부하겠다고 고집을 피운 인물이기도 하다.

RBG는 생물학적 운명 때문에 여성과 남성의 역할이 엄격하게 갈린다는 주장이 얼마나 비합리적인지 짚고 넘어가고자 했다. 대체 어떤 역할이 신체의 특정 부위와 관련이 있다는 말인가?

아이다호 주정부 입장에서 성평등이란 한없이 불편한 것일 뿐이었다. 하지만 RBG가 보기에 이는 그럴듯한 핑곗거리가 못 됐다.

이른바 여성과 미성년자의 노동 조건을 보호하기 위한 법률에는 안전 규정이 들어 있다. 그러나 이와 동시에 급여와 노동 시간, 노동 기회에 대한 제한 규정도 적고 있다.

#온정적 성차별주의
benevolentsexism

RBG는 나중에 이런 식으로 주장하기를 그만두었다. 그의 설명에 따르면, "차이를 좀 더 섬세하게 보게 되었다. 억압받는 모든 사람이 동일한 방식이나 동일한 강도로 억압을 당하는 것은 아니기 때문이다."

● 이 사건을 비롯해 스트러크 대 국방장관 사건과 연방정부 대 버지니아 사건, 곤잘레스 대 카하트 사건에 대해서 도움말을 아끼지 않은 듀크대 정법학부 시겔 교수와 예일대 로스쿨 레바 시겔 교수에게 고마움을 전한다.

1971년 11월 22일, RBG는 지친 몸을 기차에 싣고 집으로 향하며 글을 읽고 있었다. 그러다가 문득 고개를 들었는데, 어느 승객이 읽던 신문에 눈길이 머물렀다. 『뉴욕 포스트』 일면에 '고등법원, 성차별 금지'라는 헤드라인 기사가 대문짝만 하게 실려 있었다.[45] RBG는 해당 판결문을 손에 넣고서야 그것이 오보였음을 알게 되었다. 대법원은 이미 리드 대 리드 사건에 대해 판결을 내렸고, 여성과 남성을 불평등하게 처우하는 법률을 폐기했다. 그런데 판결의 영향력이 미치는 범위가 모호했다. 판결문의 내용이 포괄적이지 않았기 때문이다. 이 사건에서 RBG가 해낸 일은 긴 여정의 시작에 불과했다.

여성권익증진단의 탄생

ACLU 여성권익증진단의 초기 우편물에는 뜻밖의 인물을 주인공으로 삼은 우표가 붙어 있었다. 플레이보이 버니였다.[46] 수신인들 가운데 적어도 한 사람은 ACLU가 굵직한 후원사인 『플레이보이』 발행사로부터 현물 기부를 받은 사실이 드러나자 분통을 터뜨렸다. 페미니스트들이 세운 단체치고 자금 사정이 넉넉한 곳은 한 군데도 없었다. 증진단의 첫 번째 상근 직원은 하버드대 로스쿨을 졸업하고 여성운동가로 거듭난 브렌다 페이건이었다. 힘을 써야 하는 일이나 온갖 허드렛일은 RBG의 로스쿨 제자들이 자원봉사자로 달라붙어서 거들었다.

RBG는 컬럼비아대와 ACLU를 오가며 분주한 나날을 보냈다.

RBG는 여성권익증진단을 위한 원대한 계획을 마련하고 있었다. 그는 리드 사건에서 승소한 직후 ACLU 이사회에 이 계획을 내밀었다. 예상 밖의 후원자는 휴 헤프너*만이 아니었다. 어윈 그리스올드 역시 비공식 후원자였다. 그러나 모리츠 사건을 맡은 긴즈버그 부부가 연방항소법원에서 승소하자 그리스올드 법무차관은 대법관들이 소송을 기각해야 한다고, 안 그랬다간 수많은 연방법이 위헌으로 폐기될 수 있다고 목소리를 높였다. 그리스올드는 자신의 논점을 확실하게 입증하는 차원에서 여성과 남성을 차별적으로 대하는 모든 법령을 컴퓨터에 입력해 목록화하고 '부록 E'라는 제목을 붙여 첨부했다. RBG는 '부록 E'의 정체가 무엇인지 한눈에 간파할 수 있었다. 고맙게도 그것은 자신이 표적으로 삼아야 하는 법률 리스트였다.[47]

미국은 급여, 고용, 교육에 있어서 차별을 금지하는 법률을 신설했다. 그러나 RBG는 서류상의 약속만으로는 부족하다는 사실을 잘 알고 있었다. 1972년 10월, 그는 증진단 사업계획서에 "사회적·문화적·법적으로 성차별의 뿌리가 워낙 넓고도 깊어서 여성들이 평등한 기회를 누리는 날이 오려면 아직 멀었다"고 썼다.[48] 증진단 사업의 핵심 목표는 세 가지로—미국 전역의 ACLU 협력 단체들과 힘을 합해서—대중을 가르치고, 법률을 바꾸고, 소송을 제기하는 운동에 나서는 것이었다.

미국을 평등한 나라로 바꾸기 위한 전방위적 공세가 필요했다. 아무리 대법원이 임신중절을 합법화했다고 해도 "실질적으로 임신중절을 할 수 있는 의료 기관에 대한 과도한 제한을 풀고, 의료 혜택을 받으려면 또다시 소송을 제기하는 수밖에 없었다." RBG는 그 밖에 우선적으로 다루어야 할 문제를 거론하면서 "자발적으로 불임 수술을 받을 권리"를 지목했다. 의사들은 백인 중산층 여성들이 불임 수술을 단념하도록 유도하고 있었다. 아울러 "비자발적으로 불임 수술을 당하지 않을 권리"도 다루어야 했다. 이는 유색인종이거나 "정신적 장애"가 있다고 간주되는 여성에게 해당되는 문제였다. 증진단은 교육 정책에 스며든 차별은 물론 모기지, 신용카드, 대출, 주택 임

* 『플레이보이』 창업주.

대에 있어서의 차별을 해소하는 동시에 교정 시설과 군대 내 여성에 주목했다. 특히 "성적 문란함을 사유로 소년원에 부당하게 감금당한 여성 청소년 차별 문제" 해결에 착수할 것을 RBG에게 서면으로 보고했다. 여기에는 임신한 여성을 차별한 기관들을 추적하겠다는 계획도 포함되어 있었다.

1973년 5월 14일, 대법원은 프론티에로 대 리처드슨 사건에 대한 판결을 내렸다.[49] RBG가 단독으로 대법원에서 변론을 수행한 첫 번째 사건이었다. 표면적으로는 RBG가 승소한 것처럼 보였다. 대법원은 샤론 프론티에로의 가사 기여도를 남성 군인의 일에 비해 덜 중요하게 여기는 해당 규정에 대해 위헌 판결을 내렸다. 윌리엄 브레넌 대법관이 작성한 판결문은 흡사 승전보처럼 들렸다. 그는 페미니스트 변호사들의 표현을 직접 인용해 "전통적으로 그런 차별은 '낭만적 가부장주의'라는 사고방식에 의해 합리화되었으나, 실제로는 여성을 떠받드는 것이 아니라 쇠창살 안에 집어넣는 결과를 낳았다"고 썼다.[50] 그러나 성별에 근거한 대다수의 차별적 처우를 위헌으로 만드는 더욱 포괄적인 내용에 있어서는 찬성이 과반수에 미치지 못했다. 유일하게 소수의견을 내놓은 사람은 윌리엄 렌퀴스트 대법관이었다. 그는 『로스앤젤레스 타임스』 인터뷰에서 이렇게 말했다. "아내는 자신이 남성 우월주의자와 결혼했다고 체념한 지 오래고, 딸들은 내가 무슨 말을 해도 눈길조차 주지 않습니다."[51]

이 시기에 RBG는 평생 간직할 교훈을 배웠다. 그는 대법관들을 일깨우려 했다. 어렵기는 했지만, 포기할 생각은 없었다. 훗날 그가 밝혔듯이, "사람은 하루아침에 깨우침을 얻지 못한다. 우리 사회는 대개 점진적으로 변화한다. 진정한 변화란 한 번에 한 계단씩 일궈나감으로써 이룰 수 있다."[52] 그는 참고 기다려야 했다. 그리고 전략을 세워야 했다. 귀가 안 들리는 것처럼 굴라는 말이 적절하게 다가온 건 이런 이유에서였을 것이다.

동료 페미니스트들은 세상을 바꾸려는 열정에 불타는 사람들이었다. 그러나 RBG는 자신의 방식대로 세상을 바라보도록 이들을 설득했다. ACLU의 동료 변호사 캐슬린은 훗날 이렇게 말했다. "그는 법의 진보를 이루려면 한 번에 한 단계씩 밟아 올라가야 한다고 주장했습니다. 법원에 '논리적 후속 단계'를 선사해야 한다면서 말입니다. 그는 한 단계 올라서면 그다음 단계를, 이어서 또 다음 단계를 차근차근 밟아 나갈 것을 촉구했습니다. '그들에게 너무 빨리, 너무 멀리 가라고 재촉하지 마라. 그러면 이미 얻은 것도 잃게 된다'면서 수시로 당부했습니다. '그 문제는 아직 다뤄질 때가 아니다.' 우리는 대개 RBG의 충고를 따랐습니다. 그러지 않았을 땐 예외 없이 패배했습니다."[53]

ACLU 여성권익증진단에서.

긴즈버그 교수

RBG는 세상의 이목을 끌고 싶어 안달이었던 적이 없었다. 그러나 사람들은 그 이름에 주목하기 시작했다. 한 학생은 이렇게 썼다. "긴즈버그는 글로리아 스타이넘처럼 저돌적인 사람도, 베티 프리던처럼 체력이 좋은 사람도 아니다. 그는 포니테일로 머리를 묶고 다닌다. 말투는 단조롭고, 때로는 머뭇거리기도 하지만, 언제나 정확하다. 옷차림은 보수적이다. 학생들끼리는 그를 루시라고 부르면서 유대 이모처럼 여긴다. 그를 그렇게까지 잘 모르는 사람이라도, 친근하게 느낄 수 있다."[54] 제자들은 강의평가서[55]에 RBG가 "유능"하고 "탁월한 선생님"이라고 적었다. 그런가 하면 "학생들과 거리를 둔다"거나 "대단히 내성적인 사람"이라고 쓰는 학생도 있었다.

1972년 무렵, 컬럼비아대가 마침내 RBG의 진면목을 확실히 파악했다. 9년 전만 해도 RBG를 서부의 럿거스대로 떠나보냈던 대학이었다. 모교는 로스쿨 최초의 여성 종신교수 자리를 제안했고, RBG는 자기 시간의 일부를 ACLU에서 보내겠다는 전제하에 이를 수락했다. 『뉴욕 타임스』는 컬럼비아대가 "큰일을 해냈다. 한 여성을 로스쿨 정교수로 채용하고, 기쁨을 감추지 못하고 있다"고 보도했다.[56] 해당 기사에서 로스쿨 원장은 "미시즈 긴즈버그"야말로 확실한 자격을 갖추었고, 대학이 장장 114년 동안 채용을 거부했던 다른 모든 여성과 명백히 다르다고 밝혔다. (신문을 받아든 RBG는 담당 기자에게 따져 물었다. "의아한 점이 하나 있습니다. 『뉴욕 타임스』는 미즈라는 표현을 배격하는 곳입니까?"[57])

그 와중에 RBG는 놀랍도록 직설적으로 자기 의사를 분명히 피력했다. "저에게 유일한 제약 요소는 시간입니다. 어떤 식으로도 그들을 만족시키기 위해 제 활동을 축소시키는 일은 없을 것입니다."[58] 교수들과 대학을 겨냥한 발언임이 분명했다. 그러고는 잠시 뜸을 들였다가 이렇게 덧붙였다. "저에게 무슨 문제가 생길지는 걱정되지 않습니다. 사람들은 저를 겉으로는 상냥하게 대할 것입니다. 그 가운데 몇 사람은 제가 하는 일을 의심쩍은 눈초리로 흘겨볼 테지만, 그 속내를 직접 드러내지는 않으리라 봅니다."

그 몇 사람은 실제로 RBG를 의심했다. 하지만 컬럼비아대 여성들은 RBG의 부임을 학수고대하고 있었다.[59] 그들은 RBG가 학교에 나타나자마자 하소연을 늘어놓기 시작했다. RBG는 임직원들이 임신 및 출산과 관련한 보험 혜택을 누리지 못하고 있었으며, 여성은 연금 수당과 급여가 낮았던 컬럼비아대의 현실을 이미 알고 있었을까? 아닐 것이다. 그러나 사실을 알게 된 이상 가만히 있을 수 없었다. RBG는 대학에서 근무하는 여성 교직원 100명을 원고로 집단소송을 제기했다. 그리고 승소했다. RBG는 대학 측이 모두 여성인 데다, 홀몸이 아닌 청소노동자 24명을 해고하려 했던 사실도 알았을까? 해고 대상자는 거의 모두 유색인종이었고, 전원이 여성이었다. 그들 편에서 싸우던 활동가들은 이렇게 썼다. "우리는 소외된 약자들의 눈물을 닦아주고 싶었다. 그것이 우리의 희망이었다. 캠퍼스 구성원 중에는 해고 대상자 편에 서고 싶은 사람들이 분명히 존재했다. 그런 사람들이 목소리를 내야만 희망의 불씨를 살릴 수 있다고 생각했다."[60]

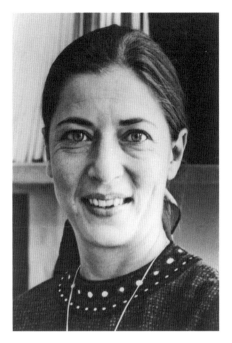

1972년 컬럼비아대에서.

RBG는 컬럼비아대 총장에게 서한을 보내며, 청소노동자를 해고하겠다는 학교의 방침에 대해 "많은 비용을 치러야 하는 중대한 실수"[61]라면서 "대법원에 가기 싫으면 그만두라"고 경고했다. 그는 이 사건과 관련해 대책회의에 참석했고 ACLU 본부와 뉴욕 지부까지 끌어들였다. 이에 컬럼비아대 로스쿨 교수이자, RBG가 럿거스대에 부임할 때 도움을 주었던 월터 겔혼은 크게 분노했다. 그는 ACLU의 "신사분들" 앞으로 보낸 편지에서 대학을 성차별 혐의로 고소한 것은 지나치게 성급한 처사라고 비난했다. (RBG는 잔뜩 화가 나서 편지 여백에 휘갈겼다. "이 사건의 본질을 호도하고 있어. 아니지!!!")

겔혼은 "현 상황"을 우려하면서 "그들은 걸핏하면 비명을 질러대는 습성이 강하다"고 했다.[62] 불행히도 맨스플레인mansplain 같은 단어가 탄생하기까지 수십 년을 더 기다려야 했던 시절이었다.

종신교수였던 RBG는 구태여 이런 싸움에 몸소 뛰어들 필요가 없었다. 함께 싸우던 사람들 가운데 일부는 RBG를 의심어린 눈초리로 바라보았다. "그가 나타나면 적대감이 맴돌았습니다. 학교 측에서 여성을 교수로 채용하는 대가로 그 자리에 가보라는 압력을 가한 것이 아닌가 의심했습니다."[63] 당시 컬럼비아대 로스쿨 재학생으로 RBG의 멘토링을 받던 다이앤 지머먼의 말이다. RBG는 사람들이 한편에서 이런 식의 "차별 시정 조치"는 모욕이라고 말한다는 사실을 알고 있었다. 하지만 그는 나중에 이렇게 썼다. "다른 한편의 사람들은 '차별 악화 조치'의 시절이 드디어 막을 내렸다고 보았다."[64]

RBG는 컬럼비아대 로스쿨 최초의 여성 종신교수가 되었다.

임신중절을 원치 않던 여성

"여성들이 일하고 있습니다."[65] 브렌다 페이건은 이런 문구가 담긴 샛노
란 표지판을 입구에 내걸었다. 40번가에 새로 입주한 ACLU의 사무실에 여
성권익증진단의 공간을 표시하기 위해서였다. RBG는 이 표지판이 무척 마
음에 들었다. 증진단에서 여성들이 일한다는 것은 문자 그대로 갓난아기들
이 사무실에 온다는 것, 변호사인 엄마들이 근무 시간에 젖을 물린다는 것,
나머지 시간에는 급여를 받는 대학생들이 이들을 돌본다는 것을 의미했다.
RBG는 그 분주함의 한가운데서 꼼꼼하게 업무를 챙겼다. 그의 책상은 고
요한 오아시스 같았다. 오클라호마의 일터에서 쫓겨나던 때, 럿거스대에서
일자리를 잃지 않으려고 헐렁한 옷을 허겁지겁 찾아야 했던 때를 생각하면
격세지감이었다.

ACLU 내부는 이렇게 오붓했다. 하지만 바깥세상에서는 살풍경이 펼쳐졌다. 재생산의 자유를 현실에서 구현하기란 만만치 않았다. 증진단은 임신이라는 문제를 일련의 성차별 사건들과 결부시키는 데 있어 난관에 직면했다. 우선 남성이 아이들을 돌볼 수 있고, 여성이 공군에 입대하거나 살림을 주도할 수 있다고 해도, 임신과 출산이 가능한 쪽은 오직 여성이다. RBG와 동료들은 임신 역시 평등—또는 불평등—과 관련된 문제라는 사실을, 여성으로서 절대 포기해선 안 되는 특별한 무엇이 아니라는 사실을 대법관들에게 확신시켜야 했다. 더 급진적으로는 여성이—임신을 원하든 그렇지 않든 간에—재생산에 있어 삶을 스스로 통제할 수 없다면, 결코 평등을 누릴 수 없다는 사실을 대법원이 인정하기를 바랐다. 이는 임신을 중단할 권리, 다시 말해 임신 상태의 유지로 인한 차별로부터 자유로울 권리를 의미했다.

공군 간호장교 수전 스트러크 대위는 스스로를 페미니스트라고 여긴 적이 없었다.[66] 그렇다고 여성스럽다고 간주되는 방식으로 행동하지도 않았다. 일례로, 그는 베트남전 파병에 자원하기도 했다. 1970년 그가 임신을 하자 군에서는 제대 또는 임신중절을 최종 해법으로 제시했다. 하지만 스트러크는 둘 중 어느 쪽도 원치 않았다. 아이러니하게도, 임신중절은 여전히 미국의 거의 모든 지역에서 불법이었다. 그 때문에 1969년 급진적 페미니스트들이 뉴욕에 있는 어느 교회 지하실에서 최초의 임신중절 합법화 촉구대회를 열어 커다란 파문이 일기도 했다. 하지만 병영은 예외였다. 가톨릭 집안에서 자란 스트러크는 아기를 낳아서 입양을 보내기로 결정하고 그동안 쌓인 휴가일수를 고려해 병가를 냈다. 그런 식으로 전역 통지를 계속 무시하다가 마침내 소송을 제기하게 된 것이다. 대위는 도움을 얻기 위해 ACLU의 문을 두드렸다.

RBG는 임신중절을 원치 않는 여성과 손잡고 순차적으로 소송을 제기한다면 재생산의 자유가 성평등에 있어 하나의 조건이라는 판결을 받아낼 좋은 기회가 될 거라고 생각했다. 그는 임신중절을 금지하면서도 군에서는 편의상 예외를 두는 국가의 위선을 개탄할 수밖에 없었다. 다른 ACLU 변호사들은 임신중절 금지라는 국가 정책을 직접적으로 공격하는 도 대 볼턴 사건과 로 대 웨이드 사건에 참여했다. 두 사건 모두 같은 시기에 대법원에서 계류 중이었다. 두 사건의 변론취지서는 법원이 그리스올드 대 코네티컷 사건에서 피임 금지를 위헌이라고 본 7년 전 소송 때 제기한 주장에 유념해 임신중절이 평등권이 아닌 프라이버시권에 해당된다고 주장했다. RBG에게는 그 밖에도 다른 아이디어가 있었고, 자신이 가장 보람 있게 여긴 사건 가운데 하나와 관련해 대법원에 제출한 변론취지서에서 그 내용을 분명하게 밝혔다.

스트러크 대 국방장관 사건 변론취지서

"공군 규정에 따르면 (…) 여성 장교는 임신 사실이 확인되는 즉시 전역을 명한다고 되어 있다. 이는 여성의 지위에 대한 독단적 인식을 반영한 것으로서 고정관념이나 편견에 입각해 개인의 잠재력을 억누르거나 평등한 기회를 제한해서는 안 된다는 현행 입법 및 사법적 인식과 정면으로 충돌한다. 임신한 여성에게서 보일 법한 전형적인 특징을 사유로 (…) 개인의 능력과 자격을 무시하고, 수정헌법 제5조 정당한 법의 절차 조항을 거스른다. 공군은 일반적으로 단기간의 업무 능력 손실을 야기하는 여성 고유의 육체적 조건인 임신을 특정해서 즉각적인 강제 전역의 구실로 삼고 있다. 여성과 남성을 막론하고 일시적 업무 능력 상실을 야기하는 그 어떤 신체 조건도 이와 같이 간주되는 사례를 찾을 수 없다. (…)

기회의 평등을 바라는 여성들을 괴롭혀온 자의적 장벽의 목록에서 최상위에 자리한 항목은 여성만이 가능한 임신을 사유로 불이익을 주는 행태다. 바로 최근까지도 법학자들은 임부와 산부에 대한 차별적 처우를 "온정적인 의도"에 따른 것으로 간주했다. 그러나 현실에서 이와 같은 억압적 규정들, 특히 임신을 사유로 전역을 명하는 규정은 여성의 기회를 극도로 축소시키는 "지긋지긋한 역풍"으로 작용한다. 지난 한 세기에 걸친 대법원의 판결은 이와 같은 비정상적 상태를 강화하는 데 기여해왔다. 짐작건대 이는 아이를 갖는 여성 고유의 역할을 고양하려던 선의에서 출발한 것이겠으나, 실제로는 여성으로 하여금 개인의 재능과 역량을 계발하지 못하도록 그들을 억눌렀고, 사회생활에서 의존적·종속적 지위를 군말 없이 받아들이도록 강제했다.

규정: "여성 장교는 의무 장교가 임신 사실을 확인했을 시 최대한 이른 시일 내에 전역한다." 다시 말해서 임신을 중단하지 않으면 쫓겨난다는 뜻이다.

RBG의 간단명료한 표현. 그는 여기서 임신과 성차별에 대한 자신의 생각을 결부시키고 있다.

임신을 단일한 특수 사례가 아닌 여타 일시적 업무 능력 상실 요인과 마찬가지로 취급한다면, 여성이라는 이유로 차별의 대상이 되지는 않을 것이다. 남성도 부상을 입거나 질병에 걸리면 쉬어야 한다. 왜 여성의 휴가라고 해서 달리 취급되었어야 하는가?

"온정적" 임신 정책 중에는 임신한 티가 나기 시작하면 여성을 강제로 일터에서 내쫓는 규정도 있었다. RBG가 이 글을 작성한 지 2년이 지나, 대법원은 클리블랜드 교육위원회 대 러플러 사건에서 이런 정책에 대해 위헌이라고 판시했다.

처음부터 RBG는 여성의 재생산 역할이야말로 평등하게 보호받을 권리를 박탈하는 사회적 차별의 핵심 원인이라고 보았다.

당시 대법원은 이미 두 가지를 모두 인정한 상태였다.

대법원이 보기에 대담무쌍한 주장이 아닐 수 없었다. 여성도 남성과 똑같이 고용 평등은 물론 성적 자유까지 누려 마땅하다는 주장이기 때문이다.

오늘날 하비로비 소송 같은 사건에서는 피임이나 임신중절에 반대한 종교적 권리를 위해서 "양심"을 부르짖지만, 당시에는 여성의 임신 여부를 결정하는 데 있어 국가가 이에 간섭하면 안 되는 이유를 설명하기 위해서 진보주의자들이 양심에 호소했다.

앞서 대법원이 리드 대 리드 사건부터 전개해나가기 시작한 성차별 개념에 임신 문제를 결부시키려 애쓰는 대목이다.

변론취지서에서 느낌표를 쓴다는 것은 RBG는 물론 다른 어떤 변호사에게도 대단히 이례적인 일이다. 그러나 1974년 대법원이 임신한 여성에 대한 차별을 두고 모든 여성이 임신하는 것은 아니므로 이것을 반드시 성차별이라고 볼 수는 없다고 판시했다. RBG는 이 판결이 끼친 해악을 바로잡기 위해 훗날 이 변론취지서 내용과 비슷한 표현을 동원해 1978년 제정된 임신부차별금지법Pregnancy Discrimination Act의 초안작성을 도왔다. 의회가 고용에 있어 임신부 차별을 금지하는 시민권법을 제정하기는 했지만, 대법원은 여전히 헌법을 RBG가 스트러크 사건에서 해석한 방식으로 해석하지 않았다.

원고에게 불리하게 적용된 해당 규정은 인종이나 종교에 대한 편견만큼이나 부당하기 짝이 없는 성별에 따른 고정관념에 입각하고 있다. 그 결과 원고가 개인의 삶을 자주적으로 영위하기 위한 프라이버시권 및 종교에 따라서 자유롭게 행동할 권리에 대해 위헌적 침해를 가했다. 아울러 여성 장교가 임신을 하면 공군에 남아 있지 못하도록 힘으로써, 그들에게 임신을 하지 말 것을 "장려"하는 규정이기도 하다. 반면, 공군에서 복무하는 남성들은 아버지가 되어 누릴 수 있는 기쁨과 책임감을 회피하지 않으면 강제 전역의 고통을 감수하게 된다는 "장려"를 받지 않는다. 남성은 자신의 성적 프라이버시와 관련된 문제 또는 아버지가 될지 여부를 판단하는 문제에 있어 정부의 부당한 개입을 받지 않고 공군에서 복무할 수 있다. 그러나 여성은 "규정"에 복종하면서 복무해야 한다. 공군에서 자신의 경력을 이어가고자 한다면, 아이를 갖지 않기로 결심할 수밖에 없는 것이다.

본 건은 가톨릭 신자인 원고가 자신의 종교적 신념에 근거해서 특권적 처우를 요구한 것이 아니다. 오히려 소송의 대상이 된 규정이 신앙을 가진 여성에 대해 유독 악랄한 폭력을 휘두른다는 사실에 주목해야 한다. (…) 생명을 지닌 태아가 세상에 나오기 전에 임신 상태를 중단하는 것은 원고가 선택할 수 있는 방법이 아니었다. 그러므로 이 규정은 원고의 종교적 신념은 물론 성적 문제에 있어 프라이버시 및 자율성을 지킬 권리가 공군 장교로서 이어가고자 하는 경력과 정면으로 충돌하게 만들었다. (…)

따라서 스트러크 대위에게 전역을 명하는 이 규정은 여성 고유의 신체 조건을 사유로 여성에 대한 노골적인 편견을 드러낸 것이라고 결론지을 수밖에 없다. (…) 여성 장교가 오로지 임신했다는 이유만으로 비자발적 전역을 선택해야 하는 현실이 성차별이 아니라면, 대체 무엇이 성차별이란 말인가!

1972년 12월 4일, RBG가 스트러크 사건 변론취지서를 대법원에 제출한 바로 그날, 나쁜 소식이 날아들었다. 그리스올드 법무차관이 패소를 예상하고는, 여성 장교가 임신하면 자동적으로 전역하도록 하는 규정을 바꾸라고 공군을 설득했다는 소식이었다. 결국 이 사건은 다툴 필요가 사라져 기각되고 말았다. 그러나 RBG는 아직 그만둘 생각이 없었다.[67] 그는 노스다코타 마이놋 공군기지에 남겨진 스트러크 대위와 이야기를 나누며 소송을 이어갈 방법이 없는지 궁리했다.

스트러크 대위는 파일럿을 꿈꾸던 사람이었다. 스트러크와 RBG는 이런 말을 주고받다가 서로 상대방을 바라보면서 한바탕 웃었다. 여성 전투기 조종사? 그것은 꿈이라고 말하기조차 가히 불가능해 보였다.

그 짓을 했으면 대가를 치러야지

스트러크 사건이 벽에 부딪히고 6주 뒤, 대법원은 로 대 웨이드와 도 대 볼턴 사건에 대해 쌍둥이 판결을 내놓았다. 프라이버시에 관한 헌법적 권리는 "임신중절 여부에 대한 여성의 결정권을 아우르고도 남을 정도로 광범위하다"[68]는 대법관 일곱 명의 선언이 있었다. 그 결과 미국의 50개 주에서 임신중절 금지 법률이 폐기처분됐다. 이후 몇 년 동안, RBG는 이 사건에서 해리 블랙먼 대법관이 작성한 판결문에 대해 못마땅함을 내비쳤다. 그는 경멸조로 평했다. "이는 여성만을 위한 판결이 아니다. 여성과 상담하는 의사들에 대한 판결이기도 하다. 이제 여러분은 여성을 굽어보는 의사와 그에게 의지하는 약해빠진 여성을 머릿속에 그려야 할 것이다."[69] 더 나쁜 것은 판결이 영향을 미치는 범위였다. RBG는 사람들의 생각을 점진적으로 바꾸어야 한다고 믿는 사람이었다. 하지만 이번 판결은 그러한 점진주의와 영 거리가 멀었다.

대법원은 RBG가 대법관들을 잘 구슬리면 도달할 것이라 기대했던 수준보다 훨씬 더 멀리 내달렸다. 돌이킬 수 있는 방법도 없는 것 같았다. 임신중절을 개인의 선택 문제로 전환했으니, 다른 의과 수술과 마찬가지로 수술비도 건강보험으로 보장받을 수 있게 되었을까? 아니다. 대법원은 로 사건 판결 7년 뒤에도 임신중절에 대한 연방기금 지급 금지를 유지해야 한다고 판결했다.[70] 특히 "프라이버시"의 부담은 가난한 여성들의 어깨를 짓눌렀다. 한편 스트러크 대위처럼 임신 상태를 유지하고 싶은 여성들은 또 어땠을까? 차별 없이 계속 일하며 임신이라는 프라이버시권을 충분히 누렸을까? 턱도 없는 이야기다.

오랜 세월 고용주들은 임신 가능성을 구실 삼아 여성을 고용하거나 승진시키기를 꺼려왔다. 임신한 여성 직원에게는 무급휴가를 신청하라고 종용했고, 직장으로 돌아올 준비가 끝난 이들의 복직 신청을 외면했다. RBG는 이런 처우가 리드 사건과 프론티에로 사건 판결에 따라 폐기된 법률이 그랬던 것처럼, 여성에게 처음부터 주어진 역할이 따로 있다는 가정을 만들어냈다고 주장했다. 그는 1970년대 대법원에 올라온 일련의 임신 관련 소송 가운데 한 사건의 법정의견서에서 이와 같은 가정이 "여성의 신체적 한계와 여성에게 적합한 '사회적 위치'에 대한 편견에 근거"한 것이므로 "이들 고용주가 정한 규칙"은 "여성의 '본성' 또는 임신의 실상"과 전혀 무관하다고 썼다.[71]

출산과 양육을 할 때에도 일을 할 필요가 있는 그 수많은 여성은 기록상 잡히지 않는 듯 보였다. RBG는 1977년 이런 말을 했다. "여성이 임신을 하면, 안락의자에 앉아서 부른 배를 어루만지며 세상을 아름답게 바라보는 동안 남편이 안팎으로 매사를 거들어줄 것이라고 흔히들 짐작합니다. 글쎄요. 이런 소송의 원고들은 남편이 없는 여성들이었습니다. 그들은 자기 자신과 조만간 태어날 아기를 알아서 부양해야 했습니다."[72] 하지만 수입이 얼마건 간에, 임신한 여성은 사회생활에서 스스로 물러나야 하는 사람으로 여겨졌다.

RBG는 임신한 여성들이 부당한 처우를 받는 것은 성행위와 관련이 있다는 사실도 지적했다. 오직 여성의 신체만이 섹스를 했다는 증거를 보여주었고, 그 때문에 오직 여성만이 이를 이유로 처벌을 받았다. 그는 임신을 사유로 명예제대증 대신 일반제대증을 받은 여성 군인의 변호사에게 이렇게 조언했다. "군에서 명예롭지 못하다고 여기는 측면은 '임신 자체'가 아닌 성행위다. 성행위를 하려면 두 사람이 필요한데, 성관계를 가졌다는 이유로 전역해야 하는 남성(혹은 아마도 마찬가지로 여성)은 아무도 없다."[73]

완고한 대법원은 이 점에 대해서 귀를 기울일 생각이 조금도 없었다. 대법관들은 1974년 게둘디그 대 아이엘로 사건[74]에서 임신한 사람은 모두 여성이지만 모든 여성이 임신하는 것은 아니기 때문에 임신을 보험 적용 대상에서 제외한 것이 반드시 여성에 대한 차별로 이어지는 것은 아니라고 판결했다. 여성 피고용인들이 제너럴

『미즈』지의 공동창간인
글로리아 스타이넘이 보낸 전갈.

일렉트릭GE 사를 상대로 소송을 제기한 사건도 있었다.[75] 이 회사는 여성 직원이 결혼을 하면 일을 그만두게 했는데, 고용 계획에서 임신을 예외로 두었다는 이유로 피소됐다. 회사 측 변호사는 대법관들 앞에서 무표정한 얼굴로 여성이라고 모두 임신을 하는 것은 아니라고 주장했다. GE 측 변호사는 여성이 계속해서 일을 하고자 한다면—그가 "오후 시간에 잠깐 갔다 오면 되는 치료"[76]라고 지칭한—적법 절차를 지금이라도 밟으면 된다고 설명했다. 임신중절 수술을 받으라는 뜻이었다.

1976년 12월 7일, 놀랍게도 대법관의 과반수가 그 변호사의 주장에 동의

했다. 렌퀴스트는 다수의견에서 임신은 인종이나 성별과 달리 "보통 자진해서 하게 되거나 혹은 원해서 하는 것일 수 있기 때문에"[77] 특수성이 있다고 썼다. 무슨 의미인지 분명했다. 그 짓을 했으면 대가를 치러야 한다는 뜻이었다. 물론 여성에 한해서 말이다. 대법관 윌리엄 브레넌과 서굿 마셜은 소수의견에서 GE가 "운동을 하다 부상을 입거나 자살을 기도하거나 성병에 걸리는 등 이른바 '자발적' 노동력 상실로 여겨지는 문세, 또 범죄를 저지르거나 폭력을 휘두름으로써 발생하는 노동력 상실, 미용 목적의 성형수술 등은 적용 대상에서 제외되지 않았다"고 반박했다.[78]

제너럴일렉트릭 판결이 나온 이튿날, RBG는 회의를 소집했다. 임신한 노동자들을 차별로부터 보호할 플랜 B를 마련하기 위해서였다. 동료 페미니스트 변호사 주디스 릭트먼은 RBG가 "연합군 사령관 같았다"[79]면서 이렇게 덧붙였다. "그 판결은 썩은 내를 풍기다가—'개떡 같은'이란 표현을 써도 되나요?—겨우 2년 만에 뒤집혔어요." 1978년 10월, 의회는 임신부차별금지법[80]을 통과시켰다. 고용인이 일시적으로 근로 능력을 상실한 직원과 임신한 직원을 동등하게 취급하지 않으면 성차별에 해당된다고 명시한 법이었다.

일부 페미니스트들은 임신이 "운동 중 부상"이나 "미용 목적의 성형수술"과는 본질적으로 다르게 인정받기를 원했다. 그러나 RBG는 요지부동이었다. 임신을 특별하게 취급하면 역효과가 일어날 것이라고 보았기 때문이다. 그는 고용인들로 하여금 여성을 특정해서 차별하지 못하게 하려면 성 중립적 법률이 필요하다고 믿었다. 언뜻 여성에게 도움이 될 것처럼 보이는 주장이 도리어 해악을 끼칠 수 있다는 사실을 그간의 경험과 소송 의뢰인의 사례를 통해 분명하게 파악하고 있었기 때문이다.

남자는 어떻고?

RBG는 자신에게 소송을 의뢰한 사람들 중에서 스티븐 비젠펠트를 가장 좋아했다. 아내가 아이를 낳다가 세상을 떠난 홀아버지였다. RBG는 이 사건을 대법원으로 가져가면 성차별주의가 모두에게 해로움을 입증할 기회가 될 것이라 여겼다. 스티븐은 RBG의 눈길을 끈 문제의 편지에서 자신이 "가정주부"로 지내는 동안[81] 아내 폴라가 교사로 일하며 사회보험금을 납부했다고 적었다. 그러나 홀어머니가 되어야만 "어머니의 혜택"을 누릴 수 있었다. RBG는 비젠펠트의 변호인 자격으로 대법원에 제출한 변론취지서에서 법률이 "경제활동의 영역에서 여성의 기여를 깎아내리는, 미국 역사에 점철된 그 낯익은 고정관념을 고스란히 반영하고 있다"[82]고 비판했다.

RBG의 주장은 여기서 그치지 않았다. "여성이 가장의 지위로 사회보험에 가입하고도 폄하를 당하듯이, 양육의 책임을 도맡은 유가족인 배우자의 지위 역시 무시를 당했다. 단지 소송을 제기한 사람이 어머니가 아닌 아버지라는 이유 하나로, 그는 자신이 아니면 돌봐줄 부모가 없는 아들, 젖먹이에 불과한 그 아이를 돌보는 데 정성을 쏟도록 해주는 혜택에서 소외당했다."[83] 그리고는 심금을 울리는 한마디

Monday, November 27, 1972

Social Security inequality

To the editor:

Your article about widowed men last week prompted me to point out a serious inequality in the Social Security regulations.

It has been my misfortune to discover that a male can not collect Social Security benefits as a woman can.

My wife and I assumed reverse roles. She taught for seven years, the last two at Edison High School. She paid maximum dollars into Social Security. Meanwhile, I, for the most part, played homemaker.

Last June she passed away while giving birth to our only child. My son can collect benefits but I, because I am not a WOMAN homemaker, can not receive benefits.

Had I been paying into Social Security and, had I died, she would have been able to receive benefits, but male homemakers can not. I wonder if Glora Steinem knows about this?

STEPHEN WIESENFELD,
Edison

1972년 11월 27일 월요일

불평등한 사회보장
편집국장님께,
지난주 홀아버지에 관한 귀사의 기사를 접하고 사회보장 법규의 심각한 불평등성을 지적하지 않을 수 없습니다. 여성과 달리 남성은 사회보험수당을 받을 수 없다는 규정으로 인해 불행한 나날을 보내왔기 때문입니다. 아내와 저는 서로 역할을 바꾸어 살아왔습니다. 아내는 에디슨 고등학교에서 보낸 마지막 2년을 포함해 7년 동안 교사로 일했습니다. 사회보험료도 최고치를 납부해왔고요. 그동안 저는 대부분의 시간을 가정주부로 살았습니다. 지난 6월 아내가 아이를 낳다가 세상을 떠났습니다. 하나뿐인 제 아들은 사회보장 혜택을 누릴 수 있지만 가사를 도맡은 저는 여성이 아니라는 이유로 대상에서 제외됐습니다. 제가 보험료를 납부하고, 제가 사망했다면 아내는 수당을 받을 수 있었을 것입니다. 그러나 남성인 가정주부는 그럴 수 없습니다. 글로리아 스타이넘도 이 사실을 알고 있는지 궁금하군요.
에디슨에서, 스티븐 비젠펠트

를 던졌다. RBG는 부부의 어린 아들 제이슨 폴이야말로 "아버지를 잃은 아이들은 포함시키고, 어머니를 잃은 아이들은 소외시키는" 법률의 또 다른 희생자라고 썼다.

RBG는 컬럼비아로 가는 길에 자동차 라디오를 듣다가 자신이 승소한 사실을 알게 되었다. 그는 이날 기자에게 이렇게 말했다. "내 처음 반응은 흥분을 가라앉히는 것이었습니다. 잘못하면 사고를 낼 수도 있으니까요. 그렇게 컬럼비아대에 도착한 뒤에는 소송 내내 함께 고생한 학생들에게 입을 맞추며 강의실을 뛰어다녔습니다. 저는 원래 감정이 무딘 사람이랍니다."[84] 어떤 친구한테는 승소했다는 소식을 듣고 울음을 참을 수 없었다고 털어놓기도 했다.

브레넌 대법관은 판결문에서 "생존한 부모로 하여금 집에서 아이를 돌보게 하는 것이 목적인 만큼, 성별에 근거한 법적 차별은 전적으로 비합리적"이라고 썼다.[85] 여성의 권리에 대해 여전히 회의적인 태도를 보이던 렌퀴스트 대법관도 이에 동의하며 아이에게 해가 되므로 그 법을 철폐하는 쪽에 서겠다고 말했다. 그로서는 적어도 반보를 내딛은 셈이었다. RBG는 이 사건에 대해 다음과 같이 적었다. "우리는 비젠펠트 사건을 통해 성중립적 정책의 완성을 향해 한걸음 내딛은 셈이다. 성중립적 정책이란 전통적인 양식을 수용하되 동시에 성별에 따른 인위적 속박을 제거할 것을 요구하는 방식이다. 남성과 여성이 인간으로서 자신의 잠재력을 온전하고도 적극적인 방식으로 발휘하며 새로운 전통을 창조해나갈 수 있도록 말이다."[86]

On April 14, 1975 the decision in Weinberger v. Wiesenfeld will become final. We hope you will join us in a toast to that happy event on

Sunday, April 20
from 4:00 - 7:00
at 150 East 69 St. Apt. 2-G
N.Y., N.Y. 10021

R.S.V.P. to Ruth Bader Ginsburg
280-2036

1975년 4월 14일 비젠펠트 사건에 대한 최종 판결이 있을 예정입니다. 그 기쁨의 순간에 함께 축배를 들 수 있기를 바랍니다.
4월 20일 일요일 4~7시.
뉴욕 69번가 이스트 150 아파트 2-G 건물. 회신 바람.
루스 베이더 긴즈버그 앞. 280-2036.

RBG가 남성 원고와 손잡고 수많은 소송을 벌이는 것에 대해 몇몇 동료는 당황했고, 때로는 분노했다. 무엇보다 남성이 아닌 여성의 권익을 증진하겠다는 단체 아닌가. 오랜 세월이 흐른 지금, 사람들은 남성이 지배하는 법정에 남성을 원고로 등장시킨 RBG가 천재였다고 말한다. 진실은 본디 일면적이지 않은 법이다. 스티븐 비젠펠트 같은 남성을 원고로 세운 결과 대법관들 역시 당황했고 때로는 분노했다.[87] 남성인 그가 왜 여성처럼 구는 것일까? 오히려 여성이 남성처럼 행동하기를 원하는 사건이었다면, 그 까닭을 이해하기 쉬웠을지 모른다. RBG의 확고한 신념은 여성이 평등한 지위를 확보하려면 남성도 해방되어야 한다는 것이었다. 수십 년 뒤, 어느 만찬에 참석한 익명의 제보자는 『뉴욕 타임스』 기자에게 누군가 자신을 "여성 해방"에 앞장선 사람이라고 소개하자 RBG가 거칠게 말을 자르더라면서 이렇게 말했다. "RBG가 그 사람을 빤히 쳐다보면서 말했습니다. '여성 해방이 아니라 여성과 남성 모두의 해방입니다.'[88] RBG가 그렇게 격한 감정을 드러낸 건 처음이었습니다."

RBG는 나이 먹은 사내들의 네트워크에 여성 한두 명이 겨우 비집고 들어가는 것 따위에는 관심이 없었다. RBG는 여성의 사회 참여가 증가할수록 남성을 포함한 모두에게 도움이 된다고 확신했다. 1978년 하버드대 로스쿨 개원 25주년 기념식에서 그는 이렇게 말했다. "남성들은 배우고 깨달을 필요가 있습니다. 그러려면 자기네 무리 한복판에 여성들이 등장해야만 합니다. 이때 그런 여성들이 어쩌다 한 번씩 나타나는 호기심의 대상이어선 곤란합니다. 남성들에게는 폭넓은 인격적 특성을 다양하게 표출하는 여성들과 함께 일해보는 경험이 필요합니다. 여성들과 직장 동료로 어울릴 필요가 있다는 말입니다."[89]

그 무렵 로스쿨의 여학생 비율은 30퍼센트까지 올라갔다. 하버드대 로스쿨 원장을 지낸 어윈 그리스월드는 그해에 "원장이 되고 나서 하버드대 로스쿨에 여성을 입학시키기 위해 최대한 서둘렀다"고 상기시키는 편지를

1977년의 RBG.

RBG에게 보냈다. 그는 조바심을 내비치며 이렇게 덧붙였다. "여성, 그리고 소수자 들의 틈바구니에서 백인 남성이 설 자리가 급격히 줄어들고 있습니다. 그들이 처한 곤경에 대해서도 어떤 고려가 필요한 때가 올 것 같습니다."[90] RBG는 자기 딸 제인이 하버드대 로스쿨에 다니던 시절이었음에도 눈 하나 깜짝 않고 답장을 띄웠다. "공정하게 경쟁할 기회를 백인 남성들로부터 빼앗지 않더라도"[91] 더 많은 여성과 유색인 들이 입학할 수 있을 것으로 믿어 의심치 않는다고.

그날, 의기양양하게 하버드대 로스쿨로 돌아온 RBG는 자기 딸을 포함한 여성 청년들을 쓱 둘러보았다. RBG는 그들이 예전보다는 더 평탄해진 길을 걸어갈 수 있다는 사실에 자못 기뻤다. 그는 대법원까지 가기 전에 마지막으로 다루게 될 사건에 조만간 착수할 참이었다. 지금까지 천천히 그러나 확실하게 일련의 판례를 구축해왔고, 그 판례들을 통해 자신이 가리키는 방향으로, 여성을 인간으로 받아들이는 방향으로 대법관들의 태도를 바꾸어놓은 RBG였다.

RBG는 강연에서 가벼운 농담을 던지기도 했다. "나는 요즘 하버드대 로스쿨에 들어오는 상당수 남성의 심정을 이해합니다. 왜냐하면—그는 여기서 잠시 뜸을 들였다—훌륭한 여성을 찾기에 이보다 더 좋은 곳이 어디 있겠습니까?"[92]

그러고는 말을 이어갔다. "남성들만의 안식처는 차츰 사라지고 있습니다. 내가 예상하기로, 나이 먹은 남성들은 머지않아 법원에서도 비빌 언덕이 사라졌다는 사실을 깨닫게 될 것입니다."[93]

RBG는 옳았다.

여성의 권리에 관한
RBG의 소송

사건	쟁점
홀아버지 관련 사건 칸 대 셰빈(1974) 와인버거 대 비젠펠트(1975) 칼리파노 대 골드파브(1977)	RBG는 차별적인 연방법 및 주법으로 인해 피해를 입은 남성을 대변했다. 멜 칸은 홀아버지를 배제하고 홀어머니만 재산세를 공제받도록 한 것은 불공정하다고 주장했다. 스티븐 비젠펠트는 전업으로 아들을 돌보고자 했으나, 홀어머니만 사회보험으로 양육비 수령이 가능하다는 사실을 받아들일 수 없었다. 리언 골드파브는 유족급여를 받기 위해서 홀어머니라면 거치지 않아도 될 관문을 여러 차례 거쳐야 했다.
임신 관련 사건 스트러크 대 국방장관(1972) 클리블랜드 교육위원회 대 러플러(1974) 게둘디그 대 아이엘로(1974) 제너럴일렉트릭 대 길버트(1976)	여성들은 군대(스트러크)와 교단(러플러)에서 임신과 직업 중 한 가지를 선택하라는 압력을 받고 있었다. 임신한 여성은 상해보험과 연금 제도에서도 소외당했다.
흑인 여성에 대한 강제 불임 수술 사건 콕스 대 스탠턴(1973)	10대에 엄마가 된 노스캐롤라이나의 나이얼 루스 콕스는 주정부가 흑인 여성을 표적으로 광범위하게 진행한 우생학 프로그램에 의해 강제로 불임 수술을 받았다. 그는 제 발로 ACLU 여성권익증진단을 찾아와 도움을 요청했다.
배심원단 사건 에드워즈 대 힐리(1975) 테일러 대 루이지애나(1975) 듀런 대 미주리(1979)	미국 각 주에서는 여성의 배심원단 참여를 오랫동안 선택적인 문제로 규정해왔는데, 이로 인해 형사 사건 피고인들이 공정한 재판 및 평등한 법적 보호를 제대로 받지 못한다며 소송을 제기했다.
도수 낮은 맥주 사건 크레이그 대 보런(1976)	오클라호마의 남학생 사교클럽 회원들이 해당 주에서 여성들은 도수가 낮은 맥주를 18세부터 구입하는 반면, 남성은 21세가 되어야 맥주를 살 수 있다며 위헌이라고 항의했다.

"여성과 남성이 어깨를 나란히 하고 더불어 일한다면 이 세상도 더 나은 곳이 되리라고 생각한다.
나는 남성이 우월한 성이라고 생각하지 않는다. 마찬가지로 여성이 우월한 성이라고도 생각지 않는다.
이 세상 각계각층의 모든 사람이 자기 재능을 한껏 펼칠 수 있다면,
그리고 우리가 한때 굳게 닫아두었던 문을 활짝 열 수 있다면, 정말 멋진 세상이 펼쳐질 것이다."
_RBG

RBG의 역할	결과
세 사건을 모두 대법원으로 끌고 갔다. 칸 사건의 판결은 RBG에게 뜻밖이었고, 훗날 그 판결이 못마땅했다고 말했다. 그는 비젠펠트 사건을 더 마음에 들어 했다. 비젠펠트가 여성으로부터 그 어떤 혜택도 빼앗으려 하지 않았기 때문이다. RBG는 골드파브 사건 구두변론에서 홀아버지 관련 사건들은 "성차별이 양날의 검"이라는 사실을 보여준다고 말했다.	칸 사건은 RBG가 처음이자 마지막으로 패소한 건이었다. 대법원은 지난날의 차별을 근거로 홀어머니에게 우대를 받을 권리가 있다고 밝혔다. 비젠펠트와 골드파브 사건에서는 더 나은 결과를 얻었다.
스트러크 사건은 대법원 상고가 무산되었지만, RBG는 임신부 차별 사건이라고 법정의견서를 작성했다. 그는 나중에 이렇게 설명했다. "오로지 여성만 임신한다. 따라서 여성에게 임신 상태라는 이유로 불이익을 준다면 (…) 그에 대해 법이 정한 평등 대우를 부정하는 셈이 된다."	대법원은 임신 중기에 이른 교사를 교단에서 내쫓는 처우가 부당하다는 데 동의했다. 그러나 임신이란 이론상 자발적인 것이라며, 노동력을 상실한 임신부에 대한 차별 금지는 거부했다.
RBG는 공동으로 작성한 증진단의 변론취지서에서 노스캐롤라이나주가 콕스의 헌법적 권리를 침해했다고 주장했다. 주정부 우생학위원회는 "여성이고, 흑인이라는 이유로" 콕스를 지목했고, "혼전 출산을 처벌하는 수단으로" 불임 수술을 시행했다고 밝혔다. 증진단 공동설립자 브렌다 페이건은 글로리아 스타이넘과 함께 미국 남부를 돌며 패니 루 헤이머를 비롯해 불임 수술 피해 여성들을 인터뷰했다.	이 사건은 기술적인 문제에 봉착해 대법원으로 가지 못했다. 그러나 2002년 주정부는 마침내 역사상 가장 대표적인 강제 불임 프로그램 가운데 한 건에 대해 사죄했고, 2014년부터는 피해자들에게 배상금을 지급하기 시작했다.
이 사건들을 대법원으로 가져갔다. RBG는 배심원단 사건에 열정적으로 임했다. 여성의 참여를 선택적으로 만든 것은 "여성이 가정과 살림의 중심이므로 중대한 시민적 의무를 면할 수 있다"는 뜻이기 때문이다. 그는 듀런 사건의 구두변론에서 애써 분노를 참아야 했다. 그러자 렌퀴스트가 말했다. "당신은 수전 앤서니*의 얼굴을 새로운 동전에 새겨 넣은 것으로 만족하지 않을 것 같군요. 그렇지요?"	RBG가 모두 승소했다. 대법원은 다음과 같이 판시했다. "이런 식으로 여성을 사회체제에서 내몬 결과 배심원단 명부에서 여성이 차지하는 비율은 15퍼센트에도 못 미친다. 이는 공정성과 대표성에 대한 헌법의 요구에 반하는 것이다."
"목마른 사내 녀석들" 사건이 "민망하기 짝이 없다"면서도 투지를 잃지 않고 대법원에 제소했다.	이 사건은 맥주 애호가들 사이에서 기념비적인 소송으로 남게 되었다. 결국 대법원은 성별을 사유로 차별을 규정한 해당 법률에 대해 "중간심사"를 주문했다.

* 여성 참정권 및 노예제 폐지를 위해 헌신한 활동가로 미국 대선에 표를 행사한 최초의 여성이자 '우리 모두의 어머니The Mother of Us All.'

"나는 여성 또는 남성의 존재 방식에 대한 일반화가 두렵고, 한편으로 의심스럽다. (…)
그런 일반화는 내가 특정 개인에 대해서 판단을 내릴 때 신뢰할 만한 지침이 되지 못한다."
_RBG

5

억압하는 자들에 맞서라,
별을 향해 손을 뻗어라

DON'T LET 'EM
HOLD YOU DOWN
REACH FOR THE STARS

"사람들이 묻습니다. '그나저나 당신은 원래 판사가 되고 싶었습니까?'
그런 질문을 받으면 지미 카터가 대통령이 되기 전까진
불가능한 일이었다고 대답합니다. 저는 몇몇 사람이 아닌
모든 시민의 능력에 기대기로 마음먹었죠."[1]
_RBG, 2010

RBG는 신부가 된 것 같았다.[2] 빌 클린턴 대통령이 백악관 로즈가든에서 자신을 대법관 지명자로 소개했을 때 느낀 기분이었다. 그는 으레 흰색 정장을 차려입는 전통에서 벗어나 품이 넉넉한 짙은 파란색 정장에 머리를 반듯하게 빗어 묶고 나타났다. 그곳에 모인 청중 가운데 극소수만이 이런 날이 오지 못할 수도 있었음을 알았다. 24시간 전까지만 해도, 클린턴은 자신이 지명할 첫 번째 대법관 후보자로 다른 사람을 점찍고 수화기를 들 참이었다. 그는 당연히 남성이었다.

이날 오후 로즈가든에 들어선 클린턴은 확신에 찬 얼굴이었다. 그는 RBG를 여성운동의 영웅이자 법조계의 스타라고 소개했다. 무엇보다 클린턴은 자신이 RBG를 선택한 것은 그가 진보도 보수도 아닌 중도 성향의 인사[3]이기 때문이라면서 "선한 상상력을 발휘해서 동료들 사이의 불화를 잠재운 사람"이라고 말했다.[4]

이어서 "루스 베이더 긴즈버그는 진보파라고 부를 수도 없고 보수파라고

부를 수도 없는데, 그 이유는 그가 대단히 사려 깊은 사람이어서 이런 이름 표를 함부로 붙일 수 없다는 사실을 스스로 입증했기 때문"이라고도 했다.[5] 그러고는 이렇게 덧붙였다. "차별을 경험한 그는 향후 20년을 바쳐서 차별과 싸우고 우리의 아내, 어머니, 자매, 그리고 딸을 위해 이 나라를 더 나은 곳으로 만들 것입니다." RBG라면 이런 말도 빼먹지 않았을 것이다. "우리의 남편, 아버지, 형제, 그리고 아들을 위해."

마티 역시 30년 전에 RBG와 부부의 연을 맺은 사람으로서 클린턴으로부터 인사말을 들었다. (클린턴은 활짝 웃는 얼굴로 "매우 젊은 여성일 때"였다고 청중을 향해 힘주어 말했다.) 하지만 클린턴은 마티가 수행한 또 다른 역할에 대해서는 언급하지 않았다. 여성 인권 전문 변호사로 일했던 사람이 바로 그곳 워싱턴에 위치한 연방항소법원에서 판사로 재직 중이라는 이야기가 필히 대통령 귀에 들어갈 수 있도록 자신이 동원할 수 있는 모든 역량을 쏟아부은 사람이 바로 마티였다. 마티는 훗날 "나는 전혀 도움이 되지 못했다"고 말했다.[6] 하지만 친구 카 퍼거슨의 생각은 달랐다. 의회나 백악관에 여야를 막론하고 인맥이 있으면 RBG 이야기를 좀 잘 해달라는 마티의 전화를 "친구들 수십 명, 아니 수백 명"이 받았다.[7] 마티는 RBG가 로 판결을 오랫동안 경멸한 탓에 페미니스트들에게 신뢰를 받지 못한다는 모호한 평판을 접하고는 RBG 주변의 모든 운동권 친구에게 연락해서 가만히 있으면 안 된다고 그들을 압박하기도 했다.

RBG는 적극적으로 자기 홍보를 하는 사람이 아니었다. 자신을 알리려고 남을 대신 앞세우는 일도 없었다. 하지만 가만히 앉아서 감이 입으로 떨어지기만을 기다리다가는 후보자 명단에서 25위를 차지하고 말 것이라고 한 재판연구원이 말했다. RBG가 먼저, 스스로 그 자리를 원한다는 사실을 인정해야 했다.

대통령 직책에 노련하지 못했던 클린턴은 수많은 공약과 관련해 발생하는 끊임없는 정치적 논란, 그에 따른 성급한 공약 철회로 힘겨운 시기를 보내고 있었다. 1993년 6월, 바이런 화이트 대법관이 은퇴를 선언한 지 벌써 넉 달째였다. 후임자로 물망에 오른 사람들 이름이 언론을 통해 흘러나오고 있었다. 하지만 경쟁자 가운데 한 사람이었던 RBG의 이름은 찾아볼 수 없었다. 그는 백악관 법률고문 버나드 누스바움으로부터 주말에 버몬트에서 열리는 결혼식에 참석해도 될 것 같다는 이야기를 듣고는, 모든 것이 물 건너갔구나 싶었다. 그런데 얼마 뒤 누스바움으로부터 또 한 통의 전화가 걸려왔다. 돌아와서 대통령과 접견하라는 전화였다.

또 다른 항소법원 판사 스티븐 브라이어는 과거 다른 지명자들을 낙마시킨 바 있는 세금 문제가 불거질 것으로 추정되는 데다, 클린턴이 좋아하지 않는 사람이었다. (클린턴은 1년 뒤 마음을 바꾼 것이 분명했다. 브라이어를 대법관으로 지명했기 때문이다.) 클린턴이 총애하던 마리오 쿠오모*는 대통령이 대법관직을 제안하기 불과 몇 분 전에 물망에서 물러났다.

클린턴은 일요일에 백악관에서 RBG를 만나자마자 그를 마음에 들어 했다. 클린턴 참모진은 특히 마티가 세금 전문 변호사[8]라는 사실에 안도감을 느꼈다. 부부의 세금 문제를 깔끔하게 정리해두었을 것이기에 안심할 수 있었다. 하지만 금전출납부를 실제로 틀어쥔 사람은 RBG였다. 클린턴의 조사관들이 워터게이트 빌딩에 있는 긴즈버그 부부의 아파트에 나타나서 두 사람의 납세 기록을 샅샅이 뒤질 때, 마티는 그들을 위해 점심을 준비하고 있었다.[9]

백악관 홍보책임자 조지 스테퍼노펄러스에 따르면, 클린턴은 임신중절에 대한 공적 기금 지원을 지지하는 RBG가 "문화적으로 좌편향이라는 비판"[10]에 직면할 수 있음을 잠시 걱정했다. 하지만 그에게는 역사에 남을 후보자가 필요했고, RBG는 역사를 만들어온 인물이었다. 자정에 가까운 시각, 클린턴은 RBG에게 전화를 걸었다. 그리고 RBG를 여성으로서는 두 번째로 대법관에 지명하겠다고 말했다.

"내일 아침, 로즈가든에서 간단한 행사가 열릴 예정입니다."[11] 물론 이런

* 당시 뉴욕 주지사를 세 차례 연임하고 있었다.

말도 덧붙였다. "그 자리에서 말씀 부탁드리겠습니다."

이 말에 RBG는 퍼뜩 행복감에서 깨어났다. 그는 곧장 책상으로 향했다. 한밤중은 그에게 언제나 일이 가장 잘되는 시간이었다. 모든 상황이 몹시 급박하게 흘러갔지만, 긍정적인 측면도 없지 않았다. 훗날 그는 자신의 첫 대국민 연설을 두고 이렇게 말했다. "백악관 담당자들이 어느 대목을 가리켜 고치거나 바꾸면 좋겠다고 이야기할 겨를이 없었다. 덕분에 연설문을 초안 그대로 읽을 수 있었다."[12]

그날 미국인들은 신임 대법관 지명자로 나온 한 여성과 대면했다. 가까운 지인들조차 전혀 예상치 못한 상황이었다. 오후 무렵, 보랏빛이 감도는 큼직한 안경으로 얼굴을 반이나 가리고 나타난 그에게서 평소에 풍기던 근엄한 분위기는 찾아볼 수 없었다. 오히려 패기어린 미소를 머금은 표정이었다. 그는 "저 같은 사람들에게 문을 활짝 열어준" 여성운동에, 나아가 "여성운동에 활력을 불어넣은 1960년대 민권운동"[13]에 고마움을 표했다. 그리고 이렇게 말했다.

"저는 대통령께서 조금 전에 중대한 내용을 발표했다고 생각합니다. 우리 사회의 인재들 가운데 적어도 절반을 차지하는 여성이, 한 번에 한 사람씩 겨우 무대에 오르는 연주자들처럼 고위직에 등장하는 시절에 작별을 고할 수 있도록 힘을 주는 내용이기 때문입니다."[14]

"마지막으로 감사드릴 분이 있습니다. 제 어머니 셀리아 앰스터 베이더 여사께 고마움을 표하고 싶습니다. 그분은 제가 아는 한 가장 용감하고 강인한 분이셨습니다. 하지만 제 곁을 너무 일찍 떠나셨지요. 그분이 여성도 열망하고 성취할 수 있는 시대, 딸도 아들처럼 사랑받는 시대를 살았다면 이루어내고도 남았을 그 모든 것을, 제가 이룰 수 있기를 기도하겠습니다."[15]

RBG를 잘 아는 사람들조차 그가 이토록 풍부한 감정을 담아 소탈하게 말하는 모습을 처음 보았다고 말했다. 클린턴 대통령도 뺨을 훔쳤다. RBG는 국가를 말하기에 앞서, 어머니에 대한 기억을 끄집어낼 수밖에 없었다. 그것이 나아가 한 남성으로 하여금 젠더적 고정관념에 맞서게끔 한 것이다.

전투적인 페미니스트 사고방식

1970년대 언젠가 RBG는 연방지방법원 판사가 되기 위해 면접을 본 적이 있었다. 심사위원회는 그가 주식 관련 소송 경험이 전혀 없다며 자격 미달이라고 잘라 말했다. 그는 이렇게 반박했다. "그들이 얼마나 많은 성차별 사건을 다루어봤는가에 대해 의구심이 들었습니다."[16] 물론 이 말은 그가 한참 뒤에야 동료이자 법조기자인 니나 토텐버그에게 하소연한 내용이다.

사실 지방법원은 RBG가 썩 내켜하던 자리는 아니었다. 연방 소송으로 가기 위한 첫 관문으로 막대한 분량의 증거 자료를 다루어야 하는 곳이기 때문이다. 오히려 그는 연방항소법원에서 취급하는 다양한 법리적 질문에 관심이 더 많았다. 대법원에서 다뤄지는 사건은 한 해 75건에 불과했지만, 제소된 사건은 1만 건이나 되었다. 따라서 대법원 바로 아래 심급인 연방항소법원의 판사들이 사실상 대다수 원고에게 최종 판결을 내렸다. 그런 법원에 들어가려면 힘 있는 사람과 알고 지내거나, 힘 있는 사람의 선거를 도와야 했다. 이런 장애물을 어쩌다가 간신히 피하면 이번에는 나이 먹은 남성들의 네트워크인 변호사협회가 앞을 가로막았다. 연방항소법원에 여성 판사가 발을 디딘 것은 의심할 여지없이 1977년 지미 카터가 대통령에 당선된 덕분이었다.

카터 행정부는 더 잘해보겠다는 각오가 대단했다. 평등에 헌신하는 페미니스트 변호사들도 나름의 기준으로 판사 후보자들을 검증하기 위한 새로

1980년 컬럼비아대에서.

운 조직을 만드는 등, 허겁지겁 지원에 나섰다. RBG 는 이 과정에서 한 사람을 알게 되었다. 새로운 조직 의 대표가 된 린 헥트 섀프런이었다.[17] 그는 RBG의 컬럼비아대 로스쿨 제자로 ACLU에서 인턴으로 활 동한 적이 있었다.

RBG는 집에서 가까운 제2순회재판부 항소법원 과 워싱턴 D.C.에 위치한 연방항소법원 두 곳의 판 사직을 동시에 지원했다. 그러나 페미니스트 전력으 로 발목이 잡힐 것이라고 걱정했다. '제2순회재판부 면접 관련'[18]이라고 적힌 문서를 보면, "개인적 경험 에 근거한 편견"으로 튀어나올지 모를 여러 질문에 대해 한 페이지를 전부 할애해서 대처법을 나열하 고 있다. RBG가 자기소개를 위해 긁어모은 자질 목 록에는 이미 스타의 반열에 오른 변호사에게 그다지 어울리지 않는 평가도 더러 올라 있었다. RBG는 총명한 전략이나 성과가 아닌 "부단히 일할 줄 아는 뛰어난 능력"에 초점을 맞추어 자신을 묘사할 작 정이었다. "주어진 업무를 완수하기 위해서 필요한 경우 퇴근 시간을 무시 하거나 집으로 일감을 가져가는 생활에 익숙하다"면서. 그는 "자신의 업무 결과에 대해 스스로 높은 잣대를 들이대는 사람"이라며 냉혹하게 말하면서 도("스스로에 대해서는 가장 엄격한 비판자"), "선한 마음으로(뛰어난 공감 능력으로) 경청하는 사람"이라며 한없이 자신을 낮추었다. 그러고는 다음과 같이 마무리했다. "나는 내 성별, 혹은 내 성과나 잠재력을 평가하기에 부적 절한 위치에 있는 사람들의 관점이 아닌, 내 능력을 기준으로 평가받을 수 있다면 더 바랄 것이 없겠다." 세라 그림케의 표현을 빌리자면, RBG는 인사 위원회 면접에서만큼은 그들이 자신의 멱에서 손을 떼길 바랐던 것이다.

RBG는 제2순회재판부 항소법원 면접에서 탈락했다는 통보를 받았다.

두 법원에 동시에 지원해도 결격사유가 되지는 않는다고 미리 확답을 받았지만, 그것이 최종 합격의 걸림돌이 된 것은 분명했다. 당시 RBG가 작성한 편지들에는 그가 낙방에 얼마나 실망했는지가 역력하게 드러나 있다. 그는 1979년 3월 페미니스트 변호사 다이앤 블랭크에게 보낸 편지에서 이렇게 적었다. "나는 이 나라 곳곳에서 작동하는 것처럼 (혹은 작동하지 않는 것처럼) 보이는 '능력' 중심의 평가 제도에 대해 문제를 제기한 사람들과 단체 덕분에 마음의 위안을 얻고 있습니다."[19] RBG의 후배이거나 그를 좋아하는 여성 법조인들은 RBG를 중심으로 똘똘 뭉치기 시작했고, 그중에 적어도 한 사람은 카터 행정부에 몸담고 있었다.

3월 12일, 법무부 차관보 바버라 배브콕은 법무장관 그리핀 벨에게 이렇게 보고했다.

"여성 변호사들이 느끼는 실망감은 부풀릴 필요가 없을 정도로 어마어마합니다. 루스가 임명을 받지 못한다면, 아무리 자기편 숫자가 늘어나고 승소 건수가 많아져 봤자 무슨 소용이냐는 분위기입니다. 이 나라 그 어떤 여성보다 충분한 자격을 갖춘 데다, '고생'도 할 만큼 한 인물마저 선택을 받지 못한다면, 여성들은 마치 자신이 뺨을 맞은 것처럼 모욕감을 느낄 것입니다."[20] 배브콕은 이 문건을 '숨은 참조'로 RBG에게 보냈다. 한 달 뒤, 루스 베이더 긴즈버그의 이름이 상원 법사위에 올라갔다.

페미니스트 운동 경력 때문에 발목이 잡힐 것이라는 우려는 곧 현실이 되었다. 공화당 소속 오하이오주 하원의원 존 애슈브룩은 RBG가 "전투적인 페미니스트 사고방식"[21]을 지녔다며 투덜댔다. RBG는 자신의 오랜 법학교수 허버트 웩슬러에게 보낸 편지에서 애슈브룩의 발언은 "내 시각과 증언과 저작을 심각하게 왜곡한 것이며, 그가 내 과거 발언이나 글에 관심이나 있는지조차 의문"[22]이라고 썼다. 다행히 하원의원이던 애슈브룩에게는 투표권이 없었다. 1979년 5월, 니나 토텐버그는 『리걸 타임스』에 몇 페이지를 할애해 RBG에 대한 지지의사를 피력했다. 토텐버그는 "공화당 소속 법사위원들

Senate of the United States

IN EXECUTIVE SESSION

June 18, 1980

Resolved, That the Senate advise and consent to the following nomination:

Ruth Bader Ginsburg, of New York, to be United States Circuit Judge for the District of Columbia Circuit.

Attest: _____
Secretary

THE WHITE HOUSE
JUN 18 1980
RECEIVED

이 능장을 부리는 통에 청문회 날짜가 아직도 잡히지 않고 있다"면서 이는 "지명자가 남성이 아닌 여성이고, 그가 여성운동의 법적 전략을 설계한 사람이기 때문"이라고 썼다.[23]

그러나 결과적으로는 차별주의자로 악명 높은 스트롬 서먼드 상원의원만이 법사위에서 RBG의 임명 건에 반대표를 던졌다.[24] RBG 임명 건은 1980년 6월 18일에 열린 상원 본회의를 만장일치로 통과했다.[25] 그는 자신이 연방항소법원 판사가 될 수 있도록 도와준 학생과 페미니스트 변호사 들을 잊지 않았다. 컬럼비아대 시절 RBG를 멘토로 여기며 의지했던 다이앤 지머먼에 따르면, 당시 학생과 교직원 들이 환희에 찬 파티를 벌였는데, 정작 RBG 본인은 바닥에 앉아 KFC 치킨을 바구니에서 꺼내 먹으며 키득거렸다.[26]

여성들, **RBG**에 반대하다

두 번째 축하 파티는 취임 선서 후에 격식을 갖추어서 열렸다. RBG는 자신이 좋아하는 컬럼비아대 로스쿨 제럴드 건서 교수에게 축사를 부탁했다. RBG를 재판연구원으로 채용하라고 판사를 협박했던 스승이었다. 건서는 러니드 핸드 판사의 전기작가로서 참석자들에게 RBG가 핸드처럼 "진정으로 열린 마음과 사심 없는 태도"[27]를 지닌 판사, 그리고 "판사 개인의 역량에서 비롯되는 한계에도 세심한 주의를 기울이는"[28] 판사가 될 것이라고 말했다. 발언을 마치자 공화당원과 민주당원이 번갈아 건서 교수 옆으로 슬며시 다가와 팔꿈치로 툭툭 건드리면서 무슨 뜻인지 알겠다는 표정을 지으며 지당한 말씀이라고 속삭이고 지나갔다. ACLU의 열혈회원이 중립적으로 판결한다?

훗날 건서는 RBG가 2년 뒤면 "가장 독립적이고, 사려 깊으며, 중립적인 판사로 널리 인정받을 것"[29]이라면서 회의론자들에게 5달러짜리 내기를 걸었다고 밝혔다. 그 결과 약속한 2년이 지나기 전에 RBG를 건실한 중도론자로 묘사한 『워싱턴 포스트』 기사와 함께 5달러가 들어 있는 봉투를 받을 수 있었다.

RBG가 아슬아슬하게 연방항소법원에 입성한 시기는 카터 정권의 막바지였다. 임기가 1년쯤 지나자, 그가 페미니스트들의 전형적인 법 관점에서 멀리 벗어나 있음이 분명해졌다. 레이건과 부시 정권은 연방항소법원에 앤터닌 스캘리아, 케네스 스타, 로버트 보크, 클래런스 토머스 같은 확고한 보수주의자들을 연달아 들여보냈다. RBG가 몸담은 연방항소법원은 연방정부 기관에 대한 감시가 주요 업무인 관계로, 복잡하고 지루한 사건을 처리해야 할 때가 많았다. 마티가 이번 사건에도 연방에너지규제위원회가 감초처럼 등장하느냐고 농담할 정도였다. 그러나 연방항소법원은 미국에서 두 번째로 중요한 법정으로 통하는 곳이기도 했다. 그곳은 두말할 나위 없이, 연방 대법원으로 향하는 직통로였기 때문이다.

물론 새로운 직함을 얻었다고 해서 그동안 겪어온 모욕을 완전히 떨칠 수는 없었다. RBG가 참석한 제25회 하버드대 로스쿨 동문회에서 어떤 사람이 "같은 학년 동창끼리 아내들과 함께" 단체사진을 찍자고 제안했다. RBG는 "'아내들'이라니 무슨 말이냐?"[30]고 따졌다. 칵테일 파티 주최자가 "긴즈버그 판사님"이라고 소개하면, 그가 마티에게 손을 내미는 것이 보통이었기 때문이다.[31]

1980년대가 더디게 흘러가면서, 연방항소법원의 재판연구원들조차 RBG가 여성권 소송으로 이름을 떨친 인물이었음을 조금씩 잊어갔다. 당시 RBG를 보필했던 데이비드와 수전 윌리엄스는 마치 "여성들의 판사"가 되는 것이 꺼림칙한 일이라는 투로 훗날 이렇게 썼다. "그분은 '여성들의 판사'가 아니었다. '정치적인 판사'는 더더욱 아니었다. '판사들의 판사'로 불리던 분이었으니까."[32] RBG는 연방항소법원 판사의 역할이 과거에 자신이 하던 일과 근본적으로 다르다고 보았다. 그는 판례를 바꾸는 사람이 아닌 판례를 따르는 사람이어야 했다. 게다가 재판부는 대개 판사 세 명으로 구성되었다. 이곳에서 일하는 내내 RBG는 절충과 협력에 집착하는 경향을 강하게 보였다.

1985년 RBG는 어느 원탁회의 자리에서 이렇게 설명했다. "여기서 강력한 반대자가 되는 것은 내 역할이 아니라고 본다. 타협을 수반할지라도 다른 태도를 견지하는 편이 낫다고 생각한다. 물론 타협할 수 없는 기본 원칙이 무엇이냐는 문제가 남기는 한다."[33] 하지만 그는 "이 일을 하면서 사람들의 개성에 주목하는 태도를 많이 배웠다. 지금은 판사석에 앉기 전까지 일을 하며 지녀온 관점보다 이런 관점을 더 많이 고려하고 있다"고 말하기도 했다. 나아가 RBG는 판사들이 어떤 판결문에 전원 동의한다면 작성자 이름을 아예 삭제해서 법원이 한마음 한뜻인 듯한 모양새를 갖출 필요가 있다고 동료 판사들을 설득하기도 했다. 물론 이런 생각을 반긴 사람은 아무도 없었다.

RBG의 중도적 이미지는 1993년 3월 뉴욕대에서 열린 '매디슨 강좌' 연설에서 좀 더 분명히 드러났다.[34] 그는 오랜 뉴욕 친구들로 가득한 청중을 향해 재판부가 어느 한쪽으로 완전히 치우친 판결을 내리는 것은 오히려 역효과를 불러일으킨다고 말했다. 사회운동가들과 입법부가 앞장서서 변화를 자극해야지, 그러지 않으면 자칫 해당 법원이 역풍을 맞게 된다는 뜻이었다. 이와 관련해 RBG는 한 가지 판결을 사례로 들었다. 청중 가운데 수많은 사람이 몸소 관여한 바 있는 로 대 웨이드 사건이었다.

보수 진영은 수십 년 동안 이 사건을 구실 삼아 판결을 뒤집으려 했다. 실제로 그들은 불과 몇 달 전에 나온 미국가족계획연맹 대 케이시 사건을 통해 목표 달성을 눈앞에 두고 있는 상황이었다. 대법관 앤서니 케네디, 데이비드 수터, 샌드라 데이 오코너는 타협을 모색하면서 각 주가 여성들에게 "부당한 부담"을 지우지 않는 한 인공임신중절을 제한할 수 있도록 했다. 다시 말해 태아가 독자적 생존력을 얻기 전이라도 인공임신중절을 금지할 수 있도록 허용한 것이다. 어느 쪽 판결도 만족스럽지 않았지만, 적어도 그때만큼은 로 판결이 오히려 안전했다. 이렇게 페미니스트들이 겁에 질려 숨 막혀 하는 상황에서 RBG가 로 판결이 문제라고 목소리를 높인 것이다.

RBG는 대법원이 조금 더 차근차근히 행동했더라면, 그래서 한 번에 한 주씩 배심원단과 사회보험 관련 소송에 대처하면서 악법을 바로잡아 갔다면 어땠겠느냐고, 대법관들을 설득해서 재생산의 자유를 포괄하는 여성 평등의 큰 틀을 짤 수 있었을 것이라고 지적했다. "나는 모든 임신중

1984년 연방항소법원 판사 시절의 RBG.

절 금지 법령을 철폐한 로 판결의 무모함이야말로 개혁으로 나아가던 정치적 행보를 막아섬으로써 분열을 장기화하고 문제의 안정적 해결을 나중으로 미룬 원인이라고 본다."[35]

이와 같은 분석은 임신중절 문제 해결을 위한 정치적 접근과정이 로 판결 이전에 이미 답보 상태였다고 주장하는 역사학자들 사이에서도 논쟁거리로 남아 있다. 로 판결로 인해 세상이 날벼락을 맞은 듯 뒤집혔다는 기록 또한 전혀 없다. 판결이 나오고 2년이 지난 1975년에는 대법관 지명자 존 폴 스티븐스에게 임신중절에 대한 견해를 물어본 상원의원이 아무도 없을 정도였다. 그러나 일부 의원들이 임신중절 합법화의 찬성 편에 있었던 공화당은 얼마 지나지 않아 임신중절 반대 전선에 전면으로 나서야 자신들에게 득이

된다는 사실을 깨달았다. 게다가 법원이 견해를 바꾸었을지언정 여성의 자유와 자주성은 여전히 심각하게 위협받는 시절이었다. RBG가 변화는 점진적이고 지속적이어야 한다는 신념을 굽히지 않은 이유가 여기에 있었다.

RBG의 매디슨 강좌에 참석한 페미니스트들과 여성 변호사들에게 이런 주장은 배신처럼 느껴졌다. 버트 뉴본의 기억에 따르면, 뒤이은 만찬에서 페미니스트들은 오랜 동료였던 RBG에게 비난을 퍼부었다. "그들은 로 판결이 위기에 처한 상황에서, 루스가 그런 식으로 말하는 게 오히려 재판 결과를 뒤집는 데 빌미를 제공할 수 있다고 걱정했다."[36] 얼마 뒤 뉴욕 상원의원 대니얼 패트릭 모이니핸이 클린턴에게 RBG를 대법관으로 영전시키자고 건의하자, 대통령은 "여성들이 반대한다"[37]고 답변했다. 결과적으로는, 서굿 마셜과 대비되는 어윈 그리스올드의 어느 연설[38]이 오히려 클린턴을 안심시키는 데 도움이 되었다. 이 일은 RBG가 나머지 모든 악연에 있어 그리스올드를 용서하고도 남을 만한 일이었다.

결정에 책임지는 완전한 성인

대법관 지명에 관한 클린턴의 발언이 흘러나가면서, 언론은 앞다투어 RBG라는 사람이 누구인지 캐기 시작했다. 그는 열렬한 페미니스트인가? 그렇다면 이 당황스러운 연방항소법원 판결 기록을 어떻게 설명할 수 있을까? 『리걸 타임스』는 1988년 심층 취재[39]를 통해 RBG가 보수 진영 판사로 유명한 로버트 보크와 같은 재판부에 있을 때 85퍼센트에 이르는 판결에서 그와 의견이 일치했던 반면, 카터 정권에서 임명한 동료 판사들과 의견 일치를 본 것은 38퍼센트에 불과했다고 보도했다. 더욱이 보크 판사는 6년 전 로널드 레이건 대통령이 대법관으로 지명했을 때 진보 진영에서 겨우 낙마시킨 사람이었다. (상원의원 테드 케네디는 "로버트 보크의 미국은 여성을 뒷골목에서 임신중절 수술을 받도록 등 떠밀고, 식당에 간 흑인이 별도의 구역에서 끼니를 해결해야 하는, 숱한 공포로 얼룩진 나라가 될 것"[40]이라고 경고한 바 있다.)

『비즈니스위크』는 "지명자가 미국이라는 기업을 향해 아무런 적대감도 품고 있지 않다"[41]는 어느 워싱턴 변호사의 장담을 인용해 독자들을 안심시켰다. 『시카고 트리뷴』의 칼럼니스트 클래런스 페이지는 "루스 베이더 긴즈버그가 제2의 서굿 마셜이 될 것인지, 아니면 클래런스 토머스*가 될 것인지"[42] 궁금하다면서 적어도 RBG가 평소 "다정한 숙녀"[43]로 통한다는 사실을 인정했다. 반면, 하버드대 로스쿨에서 브라이어와 함께 학생들을 가르쳤던 앨런 더쇼비츠 교수는 조심스럽게 반대 의견을 내놓았다. 더쇼비츠는 전국적으로 여러 신문에 익명으로 게재된 요직 후보자 논평을 거론하면서 변호사들이 RBG를 "까탈스럽고" "조급한 데다" "꼰대 여교사 같은" 판사로 여긴다고 지적했다.[44] (그런데 이 글에서 "꼰대 여교사"와 짝을 이루어 "꼰대 남교사" 같다고 지목당한 인물은 아무도 없었다.) 그리고 "RBG가―판사, 재판연구원, 변호사 같은―동료들 사이에서 주변의 많은 사람을 소외시키는 '어려운 사람'으로 통한다"[45]고 덧붙였다.

더쇼비츠는 RBG를 서굿 마셜과 비교하는 것이 "영웅에 대한 기억을 폄하하는 것"이라고도 했다.[46] 무엇보다 RBG는 고작 "여성의 권리가 유행처럼 번지던 시절 경력 단절의 위험을 무릅쓰지도 않고, 얼마 안 되는 소송을 맡았던 사람"에 불과하다는 이유에서였다. 마셜이 이미 세상을 떠난 지 다섯 달이 지난 뒤였으므로 그에게 한마디 해달라고 부탁을 할 수도 없는 노릇이었다. 진보 진영의 또 다른 명사이자 RBG의 소송 투쟁 동지로 이미 판사직에서 은퇴했던 윌리엄 브레넌은 RBG에게 개인적으로 서한을 보냈다. 아흔을 바라보던 그는 "대통령이 당신보다 더 나은 사람을 찾을 수 없을 것"이라고 썼다.[47] RBG는 답신을 보냈다. "친애하는 빌, 당신을 사랑합니다! 저를 위해 기도해주세요. 루스."

* 미국 역사상 두 번째 흑인 대법관으로, 여성과 소수민족 차별 등 여러 인권 문제에서 보수적 입장을 견지했다.

이제 클린턴의 참모들은 마지막 산을 넘어야 했다. 과거 여성 권익에 관한 소송을 이끌며 ACLU 이사회 구성원으로 활동했던 인물이 상원 인준청문회를 앞두고 있었다. 클린턴 행정부의 어느 관료는 한 회의에서 다음과 같은 메모를 남겼다. "위원회 소속 공화당 의원들은 대통령이 받은 것과 똑같은 내용으로 긴즈버그에 대한 지지 서한을 받게 될 것이다. 하지만 그들이 받을 서한은 다른 내용일 것이다. 소문에 따르면, 백악관에 근무하는 임신중절권 열성 지지자가 마틴 긴즈버그에게 RBG의 입장과 관련된 의문을 해소하고 의회의 선택을 받기 위해 작전에 돌입하라고 조언했다."[48] 청문회 준비 기간, RBG는 ACLU가 펼친 사업이 무엇이건 간에 책임을 지게 될 것이라는 경고와 함께 그 단체와 거리를 두는 식으로 답변하는 편이 좋겠다는 충고를 받았다. RBG는 훗날 이렇게 말했다. "그래서 내가 말했습니다. '무슨 말씀이세요. 어떤 일이 있어도 ACLU를 깎아내리는 일은 없을 겁니다.' 그랬더니 마지못해 입을 다물더군요."[49]

결국 7월에 열린 나흘간의 인준청문회 기간 동안, 아무도 ACLU 문제를 RBG에게 따져 묻지 않았다. 상원은 민주당이 장악하고 있었다. 보크와 토머스를 둘러싸고 총력전을 치른 공화당 의원들은 다시 싸울 생각이 별로 없어 보였다. 심지어 토머스를 성희롱 혐의로 고소한 애니타 힐이 일군의 백인 남성들에게 들볶이던 2년 동안 여성 상원의원 두 명이 위원회에 참여하기도 했다.

미국 사람들은 높낮이도 없고, 한 번에 두세 단어씩 더듬듯 말하는가 하면, 한 문장을 이어가는 도중에 말을 멈추곤 하는 다소 생소한 RBG의 말투를 처음 접하고는 적잖이 당황했다. 마치 모국어가 아닌 언어로 원고를 낭독하는 듯했다. 그는 제인의 아들 폴이 만든 책자 '우리 할머니는 정말 특별해'[50]를 손에 들고 자기 가족에 대한 흥미롭고도 자조적인 이야기를 들려주었다. 상원 법사위원장 조 바이든은 이렇게 논평했다. "폴, 너에게 한마디 하고 싶단다. 글씨를 잘 썼고, 그림도 참 아름답구나. 따로 출판사를 구할 필요도 없었고 말이지."

과거 의뢰인이었던 스티븐 비젠펠트는 증인으로 출석해 RBG를 적극 지지했고, 바이든 위원장 역시 자신도 비젠펠트처럼 홀아비로 지내왔다며 한마디 보탰다. 이어서 RBG는 상원의원 테드 케네디의 질문에 답하는 형식을 빌려 그동안 자신이 성차별적 모욕을 당한 사례를 열거하기도 했다.

1993년 인준청문회에서 RBG가 손자의 작품을 들어 보이고 있다.

임신중절 문제와 관련해 RBG를 압박한 사람은 스트롬 서먼드였다.[51] 그는 대법관들이 케이시 사건에서 법적 타당성보다 사회 여론을 더 많이 참작했다는 주장에 대해 동의하느냐고 물었다. RBG는 담담하게 대답했다. "나는 모든 대법관과 모든 연방판사가 법에 따라 정당하다고 생각한 그대로 판결한다는 원칙에 동의할 것이라고 생각합니다."[52]

바이든 위원장이 껄껄 웃으며 말했다. "긴즈버그 대법관, 당신은 훌륭한 사람입니다. 정말 훌륭합니다."[53]

몇 년 뒤, 공화당 의원들은 인준청문회 내내 입을 굳게 다문 존 로버츠를 향해 긴즈버그 대법관은 더 날카로운 질문들에도 진지하게 답변했다고 꼬집었다. RBG의 재판연구원으로 청문회장을 지켰던 앨리사 클라인은 회상했다. "RBG는 '사건의 진실에 법을 적용하기 위해 최선을 다하겠다'고 몇 번이나 되풀이해서 말했습니다. 다른 사람이 이런 말을 했으면 얼버무리는구나 싶었을 겁니다. 하지만 RBG를 아는 사람들은 이 말이 진심일 것이라고 확신했습니다."[54]

막판에는 보수 성향의 여성들이 증인으로 참석해 인준 반대 목소리를 높였다. 한 사람은 RBG가 "여성만을 위한 특권 찾기에 골몰하는 사람임을 말과 행동으로 확실하게 보여주었다"면서 "남성이 아닌 여성이 겪는 성차별 사건만을 날카롭게 인식하는 경향"을 보인다고 비판했다.[55] 남성의 권리를

지나치게 옹호한다고 오랫동안 비판을 받아온 RBG로서는 실소를 금치 못할 주장이었다.

RBG는 ACLU에서 활동한 것에 대해 사과하지 않았다. 페미니스트로 살면서 임신중절권을 옹호한 사실에 대해서도 사과하지 않았다. 그는 간단명료하게 말했다. "임신 여부에 대한 결정은 여성의 인생과 행복과 존엄이 달린 문제입니다. 따라서 여성이 자율적으로 내려야 할 결정입니다. 정부가 이런 결정을 통제한다면, 여성은 자기 선택에 책임지는 완전한 성인으로 대접받지 못하는 셈이 됩니다."[56]

상원에서 RBG 임명 건을 심의한 결과, 반대표를 던진 의원은 세 사람에 불과했다.

대법원에서 맞이한 어느 좋은 날

이제 RBG는 신임 대법관으로서 수십 년 전 9명의 남성이 만나 자신이 변론을 맡은 사건의 운명을 토의하던 그 방에 들어갈 수 있었다. 대법관들이 문을 걸어 잠그고 속마음을 털어놓는 모임의 일원이 된 것이다. 대법관들 말고는 아무도 들어올 수 없는 방이었다. "비서도, 재판연구원도, 심지어 쪽지를 전달하는 사람도"[57] 출입 금지라고 RBG는 설명했다. 그 비밀회의에서 무언가 밖으로 누설되었다면 그들 가운데 한 사람의 책임일 수밖에 없다. 참석자들이 기록을 남기기로 결정했다면, 유일한 방법은 노트 필기다.

구두변론이 있고 며칠 뒤, 대법관들은 이런 식으로 회의를 열어 그들이 청취한 사건 내용에 대해 의견을 나누고 표결에 들어간다. 대법원장이 테이블 한쪽의 상석에 앉으면 고참들이 맞은편에 앉는다. 먼저 대법원장이 사건을 요약하면 나머지는 연장자순으로 의견을 이야기한다. RBG에 따르면, 회의 참석자들이 상대방을 설득해서 의견을 바꾸게끔 하려고 노력할 것이라는 외부 사람들의 기대와 달리, 이 방에서는 별다른 논쟁이 벌어지지 않는다. "몇 분 동안 이야기를 나누다 보면, '전부 기록에 나오는 이야기'라고 말하는 참석자가 한두 명은 꼭 있습니다."[58] 결론이 나면 대법원장은 소수의견을 내지 않은 대법관을 지목해서 판결문을 쓰라고 하는데, 이때 다수의견을 낸 대법관 중에서 가장 나이가 많은 인물이 작성을 맡는 것이 관례다.

RBG가 대법관이 되어 처음으로 작성한 판결문은 지극히 기술적인 내용이었다. 대법원에 들어가서 3년을 보낸 뒤에야 자신이 수십 년 전에 시작한 무언가를 마무리지을 기회가 찾아왔다. 그는 1970년대 내내 여성 군인들을 대변하던 사람이었다. 군 수뇌부가 여성 군인의 기여도를 공정하게 평가하도록 만들기 위한 끈질긴 노력의 일환이었다. 그러나 군대 내부는 여성의 평등권을 확립하기 위한 노력이 여전히 필요한 상태였다.

완결되지 못한 과업은 또 있었다. 여성권익증진단 소속으로 활동하던 시절, RBG는 대법원이 성별에 따른 활동 영역을 탈법적으로 규정한 차별 사건에 대해 엄격심사를 주문하도록 만드는 데 끝내 실패했다. 그런데 주립 군사학교에 들어가고 싶은 여성들이 드디어 과업 완수의 기회를 RBG에게, 그것도 대법관 RBG에게 선사한 것이다. 그는 1996년 버지니아군사대학이 여성의 입학을 거부한 사건[59]에서 연방정부가 공적 기금이 들어간 학교를 상대로 싸움을 진두지휘하는 모습을 지켜보며 뿌듯함을 느끼지 않을 수 없었다. 연방정부를 여러 차례 제압한 소송의 담당 변호사였던 RBG로서는 그 자체로 승리를 거둔 것이나 다름없었다.

버지니아군사대학은 여성의 입학을 허용한다면, 설립 이념이 뿌리부터 흔들린다고 주장하면서, 대학이 "정반대 교육방식"을 통해 간부후보생을 양성하고 있는데, 이는 여성을 훈련시키는 과정에는 적용할 수 없는 방식이라고 강변했다. 이들은 나아가 대학이 자매학교에 허울뿐인 기관을 세우고 주정부가 버지니아여성리더십대학이라고 이름을 붙이는 식으로 연방정부의 성차별 비판에 맞섰다.

"우리는 지금 남성만이 배우는 남성다운 가치를 남성에게 가르쳐서 역경을 극복하고 목표를 달성할 수 있다는 사실을 보여주기 위해 설립한 남성만의 교육기관과, 여성에게 여성다우면서도 여성스러운 가치를 가르치기 위해 공공연히, 노골적이고 고의적으로 설립한 여성만의 교육기관을 눈앞에 두고 있습니다."[60] 법무차관보 폴 벤더가 구두변론에서 말한 내용이다. (펠릭스 프랑크푸르터에게 여성 재판연구원은 안 된다는 이야기를 들었던 바로 그 사람이다.)

1993년 대법원장 윌리엄 렌퀴스트와 함께.

RBG는 여기에 한마디를 덧붙였다. "만약 여성이 사회에서, 또 군대에서 리더가 된다면, 그래서 남성이 여성에게 명령을 받는 데 익숙해져야만 한다면 어떻게 해야 할까요? 여성을 받아들이지 않으면, 남성은 그런 상황에 익숙해질 도리가 없을 것입니다."[61]

대법관 회의의 투표 결과는 놀랍게도 7 대 1이었다. 클래런스 토머스 대법관은 아들이 해당 대학에 다닌다는 이유로 자진해서 기권했고, 스캘리아만 반대표를 던졌다. 판결문 작성은 RBG가 맡았다. 또 한 번의 커다란 승리였다. 그는 지난날 자신이 승소한 사건들을 판결문에 인용할 수 있어 흡족했고, 미라 브래드웰이 여성이라는 이유만으로 변호사가 되지 못했던 불행한 시절에 마침내 종지부를 찍을 수 있음에 뿌듯했다.

연방정부 대 버지니아 사건 판결문⁶²

1971년, 우리 미국 역사상 처음으로 본 법원은 주정부가 법률에 의한 평등한 보호를 거부한다며 문제를 제기한 여성의 손을 들어주었다. ("[고인이 남긴 부동산을] 관리할 자격을 동등하게 주장하는 사람들 가운데 남성이 여성보다 우선시되어야 한다"는 아이다호주 법률이 위헌이라는) 리드 대 리드 사건 판결이었다. 리드 판결 이후 대법원은 연방정부나 주정부의 법률 또는 공적 제도가 단지 여성이라는 이유만으로 온전한 시민적 지위—개인의 재능 및 역량에 따라 뜻을 품고, 이루며, 사회에 참여하고 기여할 평등한 기회—를 부정한다면, 평등한 보호의 원칙에 위배되는 것임을 거듭 인정해왔다.

대법원은 리드 사건 이후의 판결에서 성차별을 인종 및 국적 차별과 동일시하지 않으면서도 여성에게 (또는 남성에게) 문호를 닫아버리거나 기회를 부정하는 공적 행위를 세심하게 들여다보며 판결을 내렸다. (…) 성별을 사유로 한 공적 차별 사건들에 대한 대법원의 현 취지를 요약하면, 심리를 맡은 법원은 차별 대우 또는 기회의 박탈을 지양해야 한다고 보고 이를 집중적으로 살피면서, 제시된 합리화가 "상당한 타당성을 갖추었는지" 여부를 판단해야 한다는 것이다. 이에 관해 정당한 사유를 소명하는 것은 매우 어려운 과제로서, 그를 입증하여야 할 의무는 전적으로 국가에 있다. 국가는 "최소한 [제소된] 차별이 '중대한 행정적 목표'에 부합한다는 사실, 그리고 '동원한 차별의 수단'이 그 목표를 달성함에 있어 '실질적 관련성'을 가진다는 사실을 반드시 입증하여야 한다." (…) 이때 정당한 사유란 진실되어야 하고, 앞선 소송에 대응하여 제기되거나 가공되어서는 아니된다. 아울러 남성과 여성의 서로 다른 재능, 역량, 기호에 관한

RBG가 페미니즘을 어떻게 이해하는지 설명하고 있다. 당신과 나, 우리 모두에게는 "나 자신으로 살아갈 자유가 있다."

RBG는 자신이 성공을 거둔 법률적 전략을 행복하게 인용하고 있다.

RBG는 자신이 가장 좋아하는 좋아 버지 스티븐 비젠펠트 사건을 또다시 인용하고 있다.

이는 대법원이 성별에 근거한 차별이라고 간주한 적이 없는 임신에 관한 언급일 수 있다.

RBG는 전부터 차별을 당해온 집단을 대상으로 그에 관한 차별을 시정하는 법률과, 역사적 불평등을 고착화하는 법률을 늘 단호하게 구분한다.

남편이나 아버지가 소유한 업소에서가 아니면 여성은 바텐더가 될 수 없다는 판결이다.

RBG는 기본적으로 1970년대에 시작한 자신의 과업을 마무리하며, 성별을 사유로 한 차별을 규정한 법률에 대해 새로운 법적 기준을 세우려 하고 있다.

RBG가 헌법에 대한 자신의 견해를 펼치고 있다. "원문에 충실하라." 이미 헌법에 다 나와 있다. 사회가 따라잡지 못해서 문제다.

지나치게 폭넓은 일반화에 의지해서도 아니된다. 이와 관련해서는 와인버거 대 비젠펠트(1975), 칼리파노 대 골드파브(1977) 사건 판례를 참조하라.(스티븐스 대법관, 판결에 동의.)

(…) 우리가 인식하는 남성과 여성의 "태생적 차이들"은 축하받을 사유에 해당되어야 하며, 어느 한쪽의 성별에 속한 구성원의 명예를 더럽히거나, 개인의 기회를 인위적으로 제약하는 근거가 되어서는 안 된다. 성별을 사유로 한 차별이란 "[여성들이 그동안] 고통받아온 심각한 경제적 취약성"에 있어 여성에 대한 보상으로 평등한 고용 기회를 촉진하고, 모든 합중국 인민의 재능과 역량의 완전한 발전을 이루기 위해 활용될 수 있을 것이다. 고서트 대 클리어리 판결에서 보듯, 이 같은 차별은 과거에 그랬던 것처럼 법적·사회적·경제적으로 열악한 여성의 지위를 고착화하는 방향으로 활용해서는 아니된다.

(…) 우리는 버지니아군사대학이 제공하는 민간인 군사훈련 과정에서 여성이 철저하게 배제되었다는 사실에 대해 버지니아주가 "상당한 설득력을 갖춘 정당한 사유"를 전혀 보여주지 못하였다고 판결한 바 있다. (…)

우리 헌법의 역사에 있어서는 (…) 한때 무시 또는 배제를 당하던 사람들에 대하여 헌법적 권리와 보호를 확대해나간 과정이 중대한 부분을 차지한다. 버지니아군사대학 사안은 "우리 미합중국 인민"이라는 구절에 대한 우리의 해석이 확장되는 동안 계속되었다.

스캘리아는 소수의견에서 대법원이 뒷문을 통해 슬그머니 엄격심사를 끄집어냈다고 비꼬았다.[63] 하지만 RBG의 기쁨을 빼앗기에는 역부족이었다. "나는 버지니아군사대학 판결이야말로 여성이 아무런 인위적 제약 없이 마음껏 열망하고 성취할 수 있도록 닫힌 문을 열어젖히려고 발버둥 치던 1970년대의 노력이 마침내 열매를 맺은 일대 사건이라고 여겼다."[64] RBG는 자신이 대법관석에서 낭독한 판결문 사본을 90세의 전 대법관 브레넌에게 보냈다. 오래전 프론티에로 사건에서 엄격심사 여부에 대해 RBG가 다섯 표를 받을 수 있도록 힘을 보태준 사람이었다. RBG는 이렇게 썼다. "친애하는 빌, 당신이 비춘 빛이 어떻게 퍼져나가는지 보세요!"[65]

RBG는 대법관석에서 판결문을 낭독한 바로 그날, 함께 축하하자며 재판연구원 예닐곱 명을 집무실로 불렀다. 샴페인은 없었지만 대법관은 기뻐서 어쩔 줄 몰랐다. 당시 재판연구원으로 그 순간을 함께한 데이비드 토스카노가 말했다. "법원에서 일하던 저에게 찾아온 정말 근사한 하루였습니다."[66]

얼마 뒤 RBG는 편지 한 통을 받았다.[67] 자신을 1967년도 버지니아군사대학 졸업생이라고 소개한 발신인은 이번 판결을 환영한다고 적었다. 젊은 여성들이 과정을 이수하고도 남을 정도로 튼튼하다는 사실을 잘 알고 있다면서. 아울러 10대인 자기 딸이 그 대학을 가고 싶어 한다고도 썼다. 몇 달 뒤, 같은 사람에게서 또 한 통의 편지가 왔다. 두툼한 봉투에는 물건이 꽁꽁 싸여 있었다. 뜯어보니 주석으로 만든 조그만 장난감 병사가 들어 있었다. 머리핀에 달린 것이었다. 발신인의 어머니가 얼마 전 타계하면서 남긴 것으로, 아들의 대학 졸업식에 참석한 모든 어머니가 선물로 받은 머리핀이었다. 그는 모친이 이 머리핀을 RBG에게 주고 싶었을 것이라고 생각했다.

6

진짜 사랑

"나는 처음부터 아내가 하는 일을 지지했습니다.
아내 역시 내가 하는 일을 응원했고요. 이건 희생이 아닙니다. 가족이죠."[1]
_마틴 긴즈버그, 1993

마티가 종종 하는 이야기가 있다. 부시 대 고어 재판에서 RBG가 확고한 반대 의견을 피력한 뒤, 부부는 연극 〈프루프〉[2]를 보러 브로드웨이에 갔다. 두 사람이 쉬는 시간에 출구 쪽으로 걸어 올라갔을 때, 트레이드마크 같은 머리띠를 착용한 RBG를 관객들이 몰라볼 리 없었다. 관객들은 자리에서 일어나 감사의 뜻으로 우레 같은 박수를 보냈다. RBG는 미소를 감출 수 없었다.

세법학 교수이자 집요한 농담꾼 마티가 아내 귀에 대고 큰 소리로 말했다. "이 지역 세무 변호사들이야. 오늘 여기서 총회를 열었거든. 몰랐지?" RBG는 남편의 배를 찰싹 때리는 장난으로 화답했다.

마티는 이 이야기를 사람들에게 들려줄 때면 "50년 가까운 우리 두 사람의 행복한 결혼생활을 잘 보여주는 한 장면"이라고 덧붙이곤 했다. 물론 이것은 RBG에 대한 이야기, 신념을 위해 떨치고 일어선 RBG를 존경하는 사람들의 이야기지만, 동시에 마티에 대한 이야기이기도 했다. 마티는 허물없

자신의 대법관 취임 10주년 기념 재판연구원 친목회에서 마티를 끌어안는 RBG.

고 유쾌한 사람이자, 과묵한 RBG와는 정반대인 사람이었으며, 자신 외에는 아무도 모르는 RBG의 숨은 일면을 끄집어내는 사람이었다.

설마 정말 그랬을까 싶은 이야기도 있다. 믿기 어렵지만 재판연구원 데이비드 토스카노가 집무실에서 두 눈으로 똑똑히 지켜본 장면이다. 그는 가위를 들고 장난꾸러기 같은 얼굴로 자기 책상 주위를 빙빙 돌면서 마티를 쫓아다니던 대법관을 목격했다.[3] (그런 장난을 치게 된 이유는 지나간 시간 속에 영원히 묻히고 말았다.) 그는 사람들 앞에서 대법관이 어떻게 세법에 대해 전혀 모를 수 있냐는 둥, 주전부리로 말린 자두를 가장 좋아한다는 둥, 이따금 해고당한 척한다는 둥 아내를 놀리기도 했다. 자신이 운영하는 로펌 홈페이지에 소개된 내용도 유쾌하다. 마티 본인이 작성한 내용이라고밖에 볼 수 없는데, 그를 가리켜 "학창 시절 성적이 형편없었지만, 골프 팀에서는 맹활약을 한"[4] 인물로 소개하고 있기 때문이다. 마티는 반팔 와이셔츠나 낡아빠진 골프 티셔츠 차림으로 사무실 주위를 돌아다니기도 했다. 아내가 하버드대 재학 시절 『로 리뷰』를 만드는 동안 자신은 그러지 못한 까닭이 무엇인지도 거리낌 없이 말하는 사람이었다.

마티는 한결같이 다정하고 상냥한 미소를 머금은 채 자신은 신나는 인생을 살아왔으며, 아내가 "좋은 직장"을 구한 덕분에 워싱턴으로 이사를 오게 된 행운아라고 말했다. 조금은 상투적인 유머였다. RBG는 자신의 재판연구원이던 마고 슐랭어에게 "대다수 남성이 아내와 살아가는 방식대로 살지 않았다"고 말했다. 남편의 사회생활에 자신을 귀속시키는 여성들에 빗댄 말이었다. "두 사람 모두 각자 자기 영역에서 엄청난 슈퍼스타가 되어 동등하게 사는 것이 목표였다."[5] 세법에 정통한 마티는 로스 페로* 같은 사람을 고객으로 두었고, 동료들의 찬사를 받았으며, 수백만 달러를 벌었다.

RBG는 결혼생활을 그토록 훌륭하게 영위할 수 있는 비결이 무엇이냐는 질문을 받으면, 마티라는 사람이 훌륭하다고 대답했다. 마티의 생각도 같았다. "마티는 내가 대단히 훌륭한 사람임에 틀림없다고 생각했습니다. 아니면 마티처럼 훌륭한 사람이 일평생 나와 함께 살겠다고 결심한 이유가 뭐겠어요?"[6]

마티는 생의 막바지에 다가갈수록 사뭇 진지해졌다. 니나 토텐버그에 따르면, 어느 날 마티는 한 친구에게 이런 말을 했다. "내가 살면서 제일 잘한 일은, 루스가 원하는 바를 이루도록 도운 것이라고 생각하네."[7]

파트너 만들기

RBG는 자신의 인준청문회에서 마티를 "평생의 파트너"[8]라고 소개했다. 1970년대 이후로 그는 남편을 그렇게 불러왔다. 마티는 하루도 빠짐없이

* 1992년 미국 대선에 출마한 억만장자.

1972년경 그린브라이어 리조트에서.

RBG의 서류 가방을 들고 상원 청문회 장소에 나타나 자료를 각 자리에 한 부씩 올려놓았다. 스티븐 비젠펠트는 청문회에 출석해 증언하면서 자신과 아내가 긴즈버그 부부처럼 "대안적인 가정을 일군 선구자들"과 함께했다고 말하기도 했다.[9]

긴즈버그 부부는 언뜻 모든 이의 '대안'이라고 여기기는 어려워 보인다. 부부는 뉴욕으로 이사를 한 뒤로 상류층 거주지인 이스트 69번가 어퍼이스트사이드에 살면서 아이들을 돌턴이나 브리얼리 같은 엘리트 사립학교에 보냈다. 마티는 자신의 직업에 대해 "정당하게 돈을 번 부자를 빈곤하고 짓밟힌 사람들의 약탈로부터 보호하는 데 전념했다"[10]고 냉소적으로 묘사하곤 했다. 주말이면 부부는 골프를 쳤다.

그러나 남성과 여성이 편견으로부터 자유롭고, 직업생활과 가정생활에 있어 상호가 온전하게 참여하는 세상을 꿈꾸었다면, RBG는 그런 자신의 오랜 결혼생활을 대안적이라고 여길 수 있을 것이다. 이는 어디에서든 안 된다는 대답만 들어야 했던 RBG에게 그 세월을 견뎌낸 원동력이 되어주기도 했다. 그는 이렇게 말했다. "다행히 나는 부부생활에서만큼은 상대방보다 열등한 존재로 대접받지 않았다."[11]

비젠펠트가 "대안적"이라고 말한 의미, 그리고 RBG가 "평생의 파트너"라는 말로 암시한 바는 여성이 자기 자신과 자주성을 잃지 않는 부부생활, 나아가 두 사람 모두 완전한 인간으로서 평등한 관계에서 삶과 목적을 공유하는 결혼생활이었다. 이는 어디에서도 흔히 볼 수 없었던, 특히 1950년대에 성년이 된 사람들 사이에서는 매우 드문 생활 방식이었다.

버트 뉴본은 마티보다 10살 정도 어리고 역시 페미니스트 변호사와 결혼했다. 하루는 자기도 그처럼 살려고 무진 애를 쓴다고 마티에게 털어놓았다. "마티를 칭송하기란 불가능했습니다. 칭송을 받아들이려 하지 않았으니까요. 그저 대수롭지 않다는 듯 어깨를 으쓱하고는 농담으로 버무리는 사람이었습니다. '따라하느라 애를 먹었다며 나를 욕하지만 않으면 됐어요.' 이런 식이죠. 그래서 내가 말했습니다. '마티, 이제 세상이 바뀌었어요. 우리 모두가 롤 모델을 필요로 한다고요.'"[12]

RBG. 1993년 인준청문회에서 가족과 함께.

1993년, 『뉴욕 타임스』는 RBG의 대법관 지명 전후로 마티가 막후에서 이례적으로 적극적인 역할을 수행한 사실에 대해 보도했다. 심지어 RBG의 연방항소법원 입성을 위해 10년도 전에 워싱턴으로 이주한 사실 등도 기사로 내보냈다. 마티는 기뻐하지 않았다. "나는 처음부터 아내가 하는 일을 지지했습니다. 아내 역시 내가 하는 일을 응원했고요. 이건 희생이 아닙니다. 가족이죠."[13]

RBG가 남편의 앞길을 위해서 하버드대를 떠난 사실을 알고 놀란 사람은 아무도 없었다. 하지만 RBG는 '주는 것이 있으면 받는 것이 있다'는 정도로 보았다. RBG는 내게 말했다. "부부로 살아가다 보면 한 사람이 다른 사람의 편의를 봐주는 경우가 생깁니다. 예컨대, 마티가 뉴욕 로펌에서 파트너 변호사로 자리를 잡기 위해 분투하던 5년 동안 가사와 육아를 주로 책임진 사람은 나였습니다."[14]

RBG는 워싱턴에서 승용차를 몰다가 어느 건물 출입문을 들이받았다.[15] 그 뒤로는 대법관이 되어 관용차와 운전기사가 배치되기 전까지 마티가 매일 아내를 태우고 연방항소법원까지 데려다주었다. 마티는 수많은 책을 읽고 RBG가 변론취지서를 쓰다가 잠시 짬을 내서 읽을 만한 책을 권하곤 했다. 파티에 가면 뒷전에서 우물쭈물하는 RBG가 편안한 마음으로 여기저기 우아하게 돌아다닐 수 있도록 배려했다.

RBG를 수시로 집무실에서 끄집어내는 일도 마티의 몫이었다. 다 끝났다고 말하면서 한 가지만 더 보고 가겠다고 고집을 피울 때면, 길버트와 설리번이 만든 〈펜잰스의 해적〉의 한 구절을 부르곤 했다. "그래, 그런데 당신은 떠날 생각이 없군!"[16] 남편에게 보통 어떤 조언을 듣냐는 질문에 RBG는 집에 와서 저녁을 먹으라고 한다거나—마티는 보통 7시 30분부터 전화를 걸기 시작했다. 그러면 9시쯤 되어야 알겠다는 대답이 돌아왔다—혹은 밤늦도록 일할 때 그만 자라고 한다고 말했다.[17]

그때 RBG 옆에 앉아 있던 마티가 설명했다. "음, 그렇게 나쁜 조언은 아니지요. 하루에 한 끼는 먹어야 하고, 잠을 아예 안 잘 수는 없으니까요."

RBG는 사랑스러운 눈빛으로 남편을 잠시 바라보다가 말을 이었다. "인생을 통틀어 마티에게 받은 가장 중요한 조언은, 내가 스스로 생각하는 것보다 더 나은 사람이라는 것입니다. 마티는 나에게 이런 느낌을 선물하는 사람입니다. 나는 대개 불확실한 마음으로 일을 시작합니다. 내가 이 변론취지서를 쓸 수 있을까? 이번 구두변론을 잘 해낼 수 있을까? 그럴 때면 마티가 나에게 자신감을 심어줍니다. 그러면 나는 동료들을 둘러보며 속으로 이렇게 말할 수 있게 됩니다. '만만치 않은 일이군. 하지만 적어도 저 친구들만큼은 할 수 있어.' 오늘 이 자리에 오기까지 마티는 나에게 든든한 버팀목이었어요."[18]

연방대셰프

마티와 RBG가 결혼 직후 오클라호마 군사기지에서 신혼을 보낸 것은 차라리 다행이었다. 지난 세월을 돌이켜보면 이는 분명한 사실이다. 마티에 따르면, 부부는 익숙한 모든 것을 뒤로한 채 2년 가까이 서로만을 의지하고 지내면서 "상대방을 배울 수 있었고, 삶의 밑그림을 그릴 수 있었다."[19]

두 사람이 난생처음으로 여유를 만끽한 것도 이때였다. 마티는 웃으면서 "말 그대로 일주일을 통틀어 4시간만 집중력을 발휘하면 끝나는 임무"[20]였다고 자신의 군 시절을 떠올렸다. "일자리를 나누는 것은 이렇게 좋은 일이다." 모든 일자리를 무조건 반으로 잘라서 다른 사람과 나누자는 뜻이라기보다는 "당신이 조금 더 잘하거나, 조금 더 좋아하거나 덜 싫어하는 일을 하라"는 말이었다.

마티가 무엇에 남들보다 좀 더 나은 재능을 지녔는지도 드러났다. 모든 것은 참치 캐서롤, 아니 RBG가 참치 캐서롤이라며 내놓은 한 음식에서 비롯되었다.[21] 포트실에서 두 사람이 신혼을 보내던 어느 저녁, RBG는 의무감에 사로잡혀 음식을 준비하고 있었다. 그때까지만 해도 요리는 RBG가 도맡아야 하는 일이었다. 하지만 결국 둘 중 한 사람이 하면 되는 일이 되어버렸다. 마티는 식탁에 올라온 울퉁불퉁한 덩어리를 흘겨보며 물었다. "이게 뭐야?" 그날 이후 그는 요리를 배우기 시작했다.

RBG의 사촌 리처드는 에스코피에가 지은 요리책[22]을 결혼 선물로 건넸다. 이 전설적인 프랑스 셰프는 파리의 리츠 호텔과 런던 사보이 호텔 같은 곳에서 이름을 떨친 인물이었다. 물론 그의 메뉴는 오클라호마 군사기지에서 일하는 젊은 직장인 부부가 매일같이 해먹을 수 있는 요리는 아니었다. 그러나 마티는 자신의 화학적 기술이 쓸 만하다고 느끼며 요리책의 도움을 받아 실력을 키울 수 있었다.

1998년 긴즈버그 부부 자택에서. 마리아나 쿡 촬영.

그 뒤로 오랫동안 나날의 식사 준비는 RBG가 꺼리는 영역이었다. 레퍼토리 중에는 얼린 채소와 고기를 녹여 만드는 음식도 있었다. RBG는 말했다. "만들 수 있는 요리가 일곱 가지입니다. 일곱 번째 순서가 지나가면 다시 첫 번째 요리로 돌아간답니다."[23] 제인은 열네 살이 되던 해 프랑스로 건너가기 전까지 신선한 채소를 먹은 적이 있는지 기억이 가물가물하다고 했다. RBG가 내게 밝힌 바, "엄마는 아무래도 부엌에서 단계적으로 철수하는 것이 맞겠다"고 결심한 것도 그 즈음이었다.[24] RBG가 마지막으로 요리를 한 것은 1980년이었다.

제인은 가사 노동의 분담이 결국 "엄마는 생각을 하고 아빠는 요리를 하는 것으로" 정리되었다고 말해주었다.[25] 제임스는 자라면서 어머니는 대단히 흥미로운 일을 하시는데 아버지는 무슨 일을 하시냐는 사람들의 질문을 받는 일에 익숙했다고 말한다.[26]

워싱턴으로 이사한 긴즈버그 부부의 집 거실에는 천장 높이의 책장 세 개가 있었는데, 세금 관련 서적보다 요리책이 더 많이 꽂혀 있었다.[27] 마티는 추리소설을 읽듯이 요리책을 탐독했다. 한번은 부부의 친구 로저 윌킨스가 공식 석상에서 선언했다. "나는 마티 긴즈버그가 미워요. 그건 이렇게 덧없는 욕망의 도시에서 이처럼 훌륭한 여성과 평생 이토록 뜨겁게 사랑하며 살아왔기 때문이 아닙니다. 그가 요리를 하기 때문이죠."[28] 윌킨스는 집에서 똑같은 질문으로 지긋지긋하게 들볶인다고도 했다. "당신은 왜 마티처럼 못하는 거야?" 마티의 레시피는 "내국세입법Internal Revenue Code의 요리 버전"이라고 농담하는 친구도 있었다.

RBG는 잘 먹고 지냈다. 또 천천히 먹었다. 마티는 빌 클린턴이 스티븐 브라이어를 백악관 오찬에 초대한 것을 두고, RBG를 초대하지 않아서 다행이라고, 그랬다간 지금까지 자리에서 일어나지 못했을 거라며 농담을 하기도 했다.[29]

제인의 엄마는 일하는 사람

RBG는 임신의 결과로 여성만이 불평등한 처우를 받는 사실이 오래전부터 마음에 걸렸다. 그런데 양육은 그보다 더 큰 문제였다. "대다수 여성은 아이를 낳은 뒤 훨씬 더 힘겨운 상황을 겪게 된다. 남성이 양육에 동등하게 참여해서 다음 세대를 기르는 기쁨은 물론 부담까지도 나누어 지려고 할까? 나는 그런 세상이 왔으면 좋겠다. 아이들이 엄마와 아빠의 사랑을 골고루 받으면서 자라는 세상 말이다."[30]

RBG의 친구들은 긴즈버그 부부가 자녀를 실제로 그렇게 키웠다고 말한다. 결혼 초기, 제인이 어릴 때 특히 그랬다. 오클라호마 시절, 마티는 아이의 인격이 인생의 첫해에 결정된다는 글을 읽고 제인을 잘 돌보는 데 헌신했다.[31] 그는 아이에게 클래식 음악을 들려주고, 새벽 2시에 일어나 젖병 물리는 임무를 도맡았다. 잠에서 깼다가 다시 잠드는 일은 루스보다는 마티에게 더 쉬운 일이었기 때문이다.

그러나 뉴욕 생활은 얘기가 달랐다. 브리얼리에 다니던 제인의 친구 엄마는 자기 딸에게 딱하다는 표정을 지어 보이며 "엄마가 일을 하는 친구니까"[32] 제인에게 특별히 잘해주라고 당부했다. 웨일고샬앤맨지스라는 로펌에 취직한 마티는 자리를 잡기 위해 열심히 일해야 했다. 예상했던 상황이었지만 매우 힘겨운 나날이었다. 긴즈버그 부부는 급박한 일이 없는 한 7시까지 귀가해서 저녁 식사를 함께 들자고 약속했다. 하지만 RBG가 표현하기로 마티의 회사는 "이 도시에서 가장 지독한 노동 착취 기업 가운데 한 곳"[33]으로 악명이 자자했다. 그러나 마티가 밤늦도록 일에 매달리지 않아도 "어떤 식으로든 조세 담당 부서는 바쁘게 돌아갔을 것"이다.

마티의 예상대로 힘겨운 나날을 보냈다는 말은 RBG의 가사 부담이 두 배로 늘었다는 뜻이었다. 제인과 10년 터울로 갓 태어난 제임스를 돌보면서 학문의 사다리를 쉼 없이 기어올라야 했기 때문이다. 많은 일을 해내는 데 능숙한 그였지만 남편을 향한 인내심은 차츰 바닥을 드러내기 시작했다. 1969년, 끝내 남편에게 싫은 소리를 했다. "아이가 네 살이 되도록 손 붙잡고 공원에 나간 적도 없잖아."[34] 마티는 돌이켜 생각하면 후회가 된다면서 이렇게 말했다. "하지만 다들 그렇게 살던 시절이었습니다."[35]

그런 상황이 한없이 이어진 것은 아니었다. RBG가 ACLU 여성권익증진단과 대법원 소송을 맡기 시작하면서 사정이 바뀌었다. 돌턴스쿨 교사들은 RBG에게 끊임없이 전화를 걸어댔다. 초등학생 제임스가 자꾸 말썽을 부린다고 불평하는 전화였다. 하루는 제임스가 아무도 없는 틈을 타 옛날식 엘리베이터에 숨어들었다. 그는 레버를 당겨 엘리베이터를 작동시킨 뒤 한 층을 올라갔다. 학칙으로 엄격히 금지된 행위였다. 불행하게도 엘리베이터 문이 열린 곳에는 청소부가 서 있었다. 학교에서 걸려온 전화를 받은 제임스의 어머니는 더 이상 참을 수 없었다.

"그 아이한테는 아빠도 있습니다."[36] RBG는 이렇게 선언하면서 앞으로는 남편과 통화하라는 말과 함께 전화를 끊었다. RBG는 그 뒤로 학교에서 걸려오는 전화가 줄어서 기뻤다고 말했다. 학교가 유명 로펌에서 일하는 변호사 아빠를 성가시게 하고 싶지 않았던 모양이라면서. 그런데 당사자인 제임스의 생각은 달랐다. 그는 전화 횟수가 줄어든 것이 범행을 들은 마티의 반응에 학교 행정실이 화들짝 놀랐기 때문이라고 여겼다. "아드님이 학교 엘

1980년 버진아일랜드에서 휴가를 보내며.

리베이터를 멋대로 작동시켰습니다!" 학교에서 언성을 높이자, 아버지 마티는 이렇게 대답했다고 한다. "대단하군요. 몇 층이나 올라갔답니까?"[37]

1970년대 말, RBG는 『일하는 여성 변호사들』[38]이라는 책에 실릴 인터뷰에 응했다. RBG가 영위하는 일과 직업의 균형에 대해 상당한 분량을 할애한 책이었다. 그런데 지은이 엘리너 포터 스위거는 인터뷰를 망치려고 작정한 사람처럼 굴었다. 스위거는 먼저 제인이 한때 에벌린 긴즈버그처럼 가정주부가 될 것이라고 반항적으로 선언한 사실을 언급했다. 그러고는 두 살 때 드라노*를 머금은 제임스를 보고 가정부가 비명을 지른 끔찍한 사건에 대해 어떻게 생각했는지 캐물었다. RBG는 병원으로 달려가던 상황을 생생하게 묘사했다. "심한 고통으로 얼굴이 일그러지고, 입술 주변은 숯덩이 같더군요. 그 조그만 입에 독한 용액이 묻어 불에 탄 것처럼 보였습니다." 스위거는 의아했다. "당신은 이런 시련을 오랫동안 겪으면서 어떤 생각이 들었습니까? 직장을 가진 엄마로서 사건이 벌어졌을 때 현장에 없었다는 이유

* 배수관 세정액.

로 후회하고 괴로워했습니까? 대답은 물론 몇 가지 이유가 따라붙는 '그렇다'일 테지만요." RBG는 한동안 골똘히 생각에 잠긴 뒤, 진짜 잘못은 "드라노를 아이 손이 닿지 않는 곳으로 치워두지 않은 것"이라고 말했다. 스위거는 결국 조금 냉담한 투로 이렇게 썼다. "루스 긴즈버그의 성공은 얼마간 이런 사건을 비교적 객관적으로 바라볼 수 있는 능력에 기인한다."

제인의 표현대로 RBG는 "냉정한" 부모였을 수 있다. 제인은 말했다. "내가 무슨 잘못을 저지르면—실은 수시로 잘못을 저질렀지만—아빠는 고함을 지르는 반면 어머니는 아무 말씀이 없었다. 어머니가 크게 실망했다는 사실을 나는 그런 식으로 알아차릴 수 있었다."[39] RBG는 자녀에게 숙제를 내주고 매일 검사했다. 어느 해 여름에는 제임스에게 하루에 한 편씩 에세이를 작성하라고 했다.[40] 아이들은 어머니를 웃기기로 작정했다. 엄마를 웃기는 데 성공한 날이면 당시 청소년이던 제인은 그 내용을 '엄마가 웃었어요'라는 이름의 공책에 적어두었다.[41]

하지만 아이들은 나이를 먹으면서 어머니가 어떤 일을 하는 사람인지 이해하게 되었다. RBG가 대법관은커녕 판사가 되기 10년도 전에, 제인은 고등학교 졸업앨범에 자신의 염원에 대해 다음과 같이 적었다. "어머니가 연방대법관에 임명되는 것을 보는 것. 필요하다면, 제인이 그를 임명하겠다."

1970년대 말, 마티는 로펌에서 일할 만큼 일하고 돈도 넉넉히 벌었다. 뉴욕대에서 몇 년 동안 시간강사로 학생들을 가르치던 그는 아내가 재직하는 컬럼비아대 로스쿨에서 세법을 강의하기로 했다. (훗날 제인이 교수로 부임하면서 어머니와 딸이 동시에 강단에 서는 첫 사례를 남긴 바로 그 대학이었다.) 마티가 컬럼비아대에서 강의를 시작한 지 1년이 지났을 때, 지미 카터 대통령이 RBG를 연방항소법원 판사로 임명했다. 마티가 모든 것을 내던지고 워싱턴으로 아내를 따라가야 한다는 뜻이었다. 마티는 조지타운대 로센터로 자리를 옮겼다.

사람들은 마티에게 뉴욕에서 워싱턴으로 출퇴근하는 것이 그렇게도 어렵

냐고 지긋지긋하게 물어댔다. 아내의 앞날을 위해 남편이 직장을 옮긴다는
생각은 꿈에도 해본 적 없는 사람들이었다.[42]

퍼스트 젠틀맨

대법관의 아내들은―1981년까지 대법관의 배우자는 한 사람의 예외도
없이 '아내'였다―그들은『굿 하우스키핑』이라는 잡지에 실릴 화보를 촬영
하거나, 남편이 은퇴한 뒤에도 대법원에 특별히 마련된 장소를 드나들거나,
1년에 세 차례 레이디스 다이닝 룸Ladies Dining Room [43]에 모여 점심을 먹는 등
미국 역사상 영부인과 별반 다르지 않은 역할을 수행했다. 그러나 두 번째
여성 대법관이 취임하자, 더 이상 여성 대법관이라는 존재를 요행의 결과
로 여길 수 없었다. 1997년, 결국 이 공간은 내털리 코넬 렌퀴스트Natalie Cornell
Rehnquist 식당으로 이름이 바뀌었다. 대법원장의 작고한 아내를 기린 명칭이
었다. (오코너 대법관의 제안이었다. RBG는 대법원장이 아무리 변화를 꺼
려도, 이때만은 아니라고 말할 수 없었을 것이라고 지적했다.)

존 오코너는 대법관들 사이에서 12년이 넘도록 유일한 퍼스트 젠틀맨이
었다. 존과 마티는 '데니스 대처 소사이어티'* 의 회원이라고 웃으며 말하곤
했다.[44] 마티는 "솔직히 내가 움켜쥐었으면 싶은 직책"을 대신 차지한 아내
를 둔 남편들의 모임이라고 설명했다. 그러면서 이렇게 덧붙였다. "하지만
난 해당되지 않아요. 다른 이유는 없습니다. 늘 왕성하게 일하는 RBG와 달
리, 나는 일하기를 정말 싫어하는 사람이거든요. 요즘은 미국 경제도 그런대
로 나쁘지 않고요."

존 오코너가 만년에 알츠하이머 진단을 받고 오코너 대법관이 은퇴하자,
마티는 이 모임의 유일한 회원으로 남게 되었다. 하지만 개의치 않았다. 작
고한 윌리엄 더글러스의 아내 캐슬린 더글러스 스톤은 마티의 대히트작을

* Dennis Thatcher Society,
마거릿 대처의 남편 이름을
땀.

En l'honneur de la Cour Suprême
des États-Unis,

Le Vice-Président du Conseil d'État
et Madame Marceau Long

prient Madame Ruth BADER-GINSBURG
et Monsieur BADER-GINSBURG

de bien vouloir assister à la réception qu'ils donneront
le Lundi 11 Juillet 1988, à 18 heures 30.

R.S.V.P.

40 20 80 04

담은 요리책으로 대법원역사연구회에서 발간한 『연방대셰프』에서 이렇게 썼다. "마티는 대법관의 배우자라는 사실을 즐겼다."[45] 그리고 이런 말도 덧붙였다. "그의 요리가 외부업체에서 공급받은 것이 아니라는 사실을 알고 깜짝 놀랐던 기억이 있다."

마티는 재판연구원이 생일을 맞을 때마다 케이크를 구웠다. 아몬드 케이크와 초콜릿 케이크를 주로 만들었고, 이따금 진저 케이크, 레몬 케이크, 당근 케이크도 내놨다. 그러면 RBG가 카드를 써서 케이크 위에 얹고는 이렇게 말했다. "당신 생일이라고 마티가 케이크를 구웠어요."[46] 이따금 재판연구원들이 마티가 만든 비스코티 쿠키가 먹고 싶다고 보채는 날도 있었다.

전임 재판연구원 케이트 안드리아스가 말했다. "저는 늘 외경심을 품고 RBG를 우러러보았습니다. 그러면서도 RBG가 자신을 흠모하며 한 인간으로 대접하는 동반자와 함께 있는 모습을 볼 때면, 마음이 푸근해지는 느낌을 받았죠."[47] 또 다른 재판연구원 헤더 엘리엇은 어느 늦은 밤의 일에 대해 썼다. 무슨 행사를 마친 뒤였다. RBG가 집무실에서 일하는 동안 마티는 한쪽 구석에 앉아 말없이 책을 읽고 있었다. "나는 조사 내용을 RBG에게 설명하기 시작했다. 그런데 말을 이어가는 도중에 마티가 벌떡 일어서더니 우리 쪽으로 뚜벅뚜벅 걸어오는 것이었다. 가슴이 두근두근 뛰었다. '내가 무슨 엉터리 같은 소리라도 늘어놓았나? 아니면 대체 왜 이리로 다가오는 거야?!' 그런데 마티는 나를 지나쳐서 RBG한테 가더니 (수시로 비뚤어지는) 옷깃을 똑바로 여며주고는 자기 자리로 돌아가서 다시 책을 집어 들었다. 그 순간 느껴지던 편안한 친밀감은 결코 잊을 수 없을 것이다."[48]

RBG는 내게 말했다. "마티는 항상 내 가장 친한 친구였습니다."[49]

그 특별한 친밀함은 로스쿨 시절 암이 발병한 마티를 살렸고, 10년에 걸쳐 두 번이나 암에 걸린 RBG도 살렸다. 암은 부부가 60년 가까운 긴 세월을 절친한 친구로 더불어 살아갈 수 있도록 내버려두었다. 그러나 그것은 재발했다. 2010년, 의사는 마티가 전이성 암에 걸렸다고 진단했다.

제인이 말했다. "아빠에 대한 맨 처음 기억이 요리하던 모습이었습니다. 마지막 기억도 요리하는 모습으로 남기셨어요. 당신은 아무것도 먹을 수 없는데도 고통을 참아가며 부엌에 들어가서 어머니를 위해 음식을 만드셨습니다. 어머니가 잘 먹는지 흐뭇하게 지켜보면서 저녁 식탁에 마주 앉아 법에 대해 이야기를 나누는 것이 아빠한테는 더없는 기쁨이었습니다."[50]

마티가 마지막으로 병원에 들어가고 나서, RBG는 그가 남긴 편지를 발견했다. 노란색 편지지에 적어서 침대맡에 놓아둔 편지였다.

마티는 6월 27일에 세상을 떠났다. 결혼기념일을 일주일 앞둔 날이자, RBG의 어머니가 영면한 날이었다. 그날은 대법원 달력에서도 가장 중요한 때였다. 모든 중요한 판결이 마무리되는, 1년 회기의 마지막 날이었기 때문이다. 마티가 숨을 거둔 다음 날에도 법정은 열렸고, RBG는 가장 중요한 사건의 판결문을 담당한 대법관이었다. 공립대 내부에서 활동하는 기독교 단체는 게이 학생들의 참여를 막아선 안 된다는 내용이었다.[51]

6/17/10

My dearest Ruth —

You are the only person I have loved in my life, setting aside, a bit, parents and kids and their kids, and I have admired and loved you almost since the day we first met at Cornell some 56 years ago.

What a treat it has been to watch you progress to the very top of the legal world!!

I will be in JH Medical Center until Friday, June 25, I believe, and between then and now I shall think hard on my remaining health and life, and whether on balance the time has come for me to tough it out or to take leave of life because the loss of quality now simply overwhelms. I hope you will support where I come out, but I understand you may not. I will not love you a jot less.

Marty

nearly 60

2010년 6월 27일

사랑하는 루스에게

당신은 내 생애 유일한 사랑이었습니다. 그건 부모님, 아이들, 손주들을 향한 애정을 뛰어넘는 사랑이었어요. 56년 전 우리가 코넬에서 처음 만난 그날 이후로, 당신을 존경하고 사랑했습니다. 그런 당신이 승승장구해서 법조계의 가장 높은 곳에 올라서는 모습을 지켜보며 참으로 기뻤습니다!!

6월 25일 금요일까지 JH 메디컬센터에 머물 예정입니다. 그 전까지 내게 아직 남아 있는 기력과 생에 대해 곰곰이 생각하면서 고통을 극복해야 할지, 아니면 이제 그만 삶과 작별해야 할지 헤아려보아야겠습니다. 이제는 존엄이 무너지는 것을 도저히 견디기 힘듭니다. 나에게 무슨 일이 닥쳐도 흔들리지 말기 바랍니다. 물론 그럴 수 없다고 해도 나는 당신을 이해합니다. 당신을 향한 내 사랑은 조금도 변치 않을 것입니다.

마티

제인과 제임스는 어머니가 법정에 나서야 한다고 말했다. 취임 이후 단 하루도 자리를 비운 적이 없던 RBG였다. 제인이 말했다. "아버지는 당신의 죽음을 이유로 어머니가 대법관석을 비우기를 결코 원치 않으셨을 거예요."[52]

RBG는 머리에 검은 리본을 달고 가만히 대법관석에 앉았다. 로버츠 대법원장은 마티에게 바치는 추도사를 낭독했고,[53] 스캘리아는 눈물을 흘렸다. 마티는 알링턴 국립묘지에 묻혔다. 며칠 뒤, 마티의 장례식에 쓰인 미국 국기가 고이 접힌 채 RBG의 집무실 창문턱에 놓였다.[54]

7

끝내주는
동료들

MY TEAM SUPREME

"저분이 긴즈버그 대법관입니다. 나는 오코너 대법관이고요."[1]
샌드라 데이 오코너, 1997

대법원 동료들

버저는 대법관들이 대법관석에 착석하기 5분 전에 울린다.
그들이 공중과 가장 가까운 곳에 모습을 드러낸다고 알리는 순간이다. 대법
관들은 각자의 의식을 치르기 위해 법복을 갈아입는 곳으로 들어간다. 그러
고는 미국산 떡갈나무로 벽을 장식한 그 방을 가로질러 자신의 이름이 새겨
진 황금빛 명판을 찾아 로커 문을 연다. 로커 안에는 검은 법복이 고이 걸려
있다. RBG가 고른 칼라도 선반에 놓여 있다.

법복을 착용한 대법관들은 서로 악수를 나누고 나이순으로 줄을 서서 천
천히 법정으로 들어선다. RBG는 이런 관습을 매우 흡족해하고 귀하게 여긴
다. 동료들 간의 협동심을 북돋는 전통이기 때문이다. "모두가 한마음 한뜻
임을 표현하는 방식"[2]이다. 설령 어떤 대법관이 "맹렬한 반대 의견"을 내는
날이라고 해도 상관없다. 공정과 정의에 대한 대법원의 이상은 대법관 개인
이 느끼는 나날의 기분을 초월한다.

그러나 과거 몇 년 동안 분명 아쉬운 점도 없지 않았다. 여성 최초로 대법

대법관 스티븐 브라이어
STEPHEN BREYER

빌 클린턴 대통령 지명. 1999년 8월 3일 취임. RBG처럼 카터와 클린턴이 지명한 진보 성향 동료로, 대통령 연두교서 때 졸고 있는 RBG를 깨우려고 애썼다. "브라이어와 케네디가 나를 툭툭 건드렸는데, 역부족이었어요."[9]

대법관 소니아 소토마요르
SONIA SOTOMAYOR

버락 오바마 대통령 지명. 2009년 8월 8일 취임. 지명 직후부터 소토마요르가 성차별적 편견에 입각한 비판을 받을 때면 RBG는 그를 편들고 나섰다. "소니아가 공격적으로 질문하는 사람이라니, 뭐 새로운 내용은 없습니까? 스캘리아나 브라이어가 법정에서 어떻게 질문하는지 아무도 못 봤습니까?" 그러고는 이렇게 덧붙였다. "그런다고 굽힐 사람이 아닙니다."[3]

대법관 클래런스 토머스
CLARENCE THOMAS

조지 W. 부시 대통령 지명. 1991년 10월 취임. 토머스는 RBG를 "뛰어난 판사"[4]이자 친구라고 부르지만 두 사람은 이념적으로 정반대다. 인준청문회에서 법학자 애니타 힐 교수가 토머스가 자신을 성희롱했다고 증언했다. 1997년 RBG의 책꽂이에서 애니타 힐의 『미국의 인종, 젠더, 권력』이 꽂혀 있는 것이 발견되었다.[5]

대법관 앤터닌 스캘리아
ANTONIN SCALIA

로널드 레이건 대통령 지명. 1986년 9월 26일 취임. RBG는 헌법에 대한 철학이 다름에도 불구하고 연방항소법원에서 동료로 지낼 때부터 스캘리아를 별명으로 부르며 "니노와는 늘 사이좋게 지냈다"고 말했다.[6] 이따금 스캘리아는 RBG의 쇼핑 친구가 되기도 했다. 스캘리아는 말했다. "당신이 법적 사안을 놓고 논쟁을 벌인 동료와 사적으로 친하게 지낼 줄 모른다면, 부디 다른 직업을 구하기 바란다."[7]

대법원장 존 로버츠
JOHN ROBERTS

조지 W. 부시 대통령 지명. 2005년 9월 취임. 대법원장 취임 전부터 몇 가지 주장으로 이미 유명했던 로버츠는 RBG가 종종 "우리 원장님"이라고 부르던 렌퀴스트 대법원장의 후임이다. RBG는 2013년 이런 말을 했다. "현 대법원장님은 사람들을 만나서 인사를 나누는 일에 뛰어나고, 어떤 모임에서건 5~10분 정도 주어지면 적절한 발언으로 그 시간을 채워 줄 아는 분이다."[8] 하지만 RBG는 로버츠가 렌퀴스트처럼 자신이 중요시하는 문제에 대해 가르치면 배울 줄 아는 사람이었으면 좋겠다고도 했다.

대법관 엘리나 케이건
ELENA KAGAN

버락 오바마 대통령 지명. 2010년 8월 7일
취임. 케이건은 웃으면서 말했다. 로스쿨을
졸업하자 워싱턴 D.C. 연방항소법원의 진보적인
판사들이 재판연구원으로 오라고 제안했지만
"카터 대통령이 지명한 그곳의 판사님들 가운데
오직 한 분만이 나를 별로라고 생각했는데, 바로
긴즈버그 판사님이셨습니다. 면접 기회조차 주지
않으셨어요."[14] 그러나 지금은 이 기억이 조금도
문제되지 않는다. 두 사람은 같은 트레이너에게
운동을 배울 정도로 친친한 사이다.

대법관 새뮤얼 얼리토
SAMUEL ALITO

조지 W. 부시 대통령 지명. 2006년 1월 31일 취임. 얼리토는
법정에서 자신이 쓴 판결문에 대해 RBG가 소수의견을
낭독할때 눈알을 굴리며 인상을 찌푸렸던 사람이다. RBG는
관대하게 말했다. "자연스러운 반응이었습니다. 하지만
또다시 그럴 것 같으면, 그런 상황을 미연에 확실히 방지하는
편이 낫겠습니다."[10] 무엇보다 RBG를 힘들게했던 점은
극우 성향의 얼리토가 중도 성향이었던 오코너의 후임자라는
사실이었다. RBG는 2015년 이런 말을 했다. "소수의견을
내고 5대 4판결이 나올 때마다, 오코너가 자리를 계속
지켰다면 내 의견이 다수의견이었겠구나 싶었습니다."[11]

대법관 앤서니 케네디
ANTHONY KENNEDY

로널드 레이건 대통령 지명. 1988년 2월 18일
취임. 케네디 역시 오페라 팬으로서 RBG,
스캘리아와 함께 단역으로 무대에 선 경험이
있다.[12] 하지만 그는 곤잘레스 대 카하트 판결에서
임신중절 문제에 대해 여성을 가르치려는 태도를
보여 RBG를 분노케 했다.[13]

RBG와 샌드라 데이 오코너, 2001년.

관이 되어 12년간 유일한 여성 대법관으로 지내온 샌드라 데이 오코너는 화장실을 이용하려면 자기 집무실로 종종걸음을 쳐야 했다. 법복을 갈아입는 탈의실 근처에는 남성용 화장실밖에 없었기 때문이다.

두 번째 여성 대법관 RBG는 여성용 화장실을 얻기 위한 싸움에 동참해야 했다. 마침내 화장실 개보수 공사를 지켜보며 "여성들이 앞으로 대법원에 계속 나타날 것이라는 징표나 다름없다"고 의기양양하게 말할 수 있었다.[15]

대법원에 여성 대법관이 둘로 늘었다고 해서 성차별적 풍토를 단박에 해소할 수는 없었다. RBG가 대법관으로 임명되자 전국여성판사협회가 "내 이름은 샌드라" "내 이름은 루스"라고 각각 적힌 티셔츠[16] 두 장을 선물로 보내왔다. 하얀 단발머리의 애리조나 사람과 검은 머리에 안경을 쓴 브루클린 사람은 외모나 말투에서 비슷한 구석이라곤 전혀 없었다. 하지만 여성 판사들은 오랜 경험을 바탕으로 사람들이 두 대법관을 틀림없이 혼동할 것이라고 내다보았다.

하물며 변호사라면 대법관의 이름을 더 잘 알아야 마땅하다. 그러나 1997년 어느 소송에서 문턱이 닳도록 대법원을 드나들던 하버드대 로스쿨 교수 로런스 트라이브와 법무차관 대행 월터 델린저가 여성 대법관 두 사람의 이름을 헷갈리고 말았다. 대법관석에서 지켜보던 오코너는 즉석에서 속기록을 수정했다. 그러고는 똑 부러지는 목소리로 말했다. "저분이 긴즈버그 대법관입니다. 나는 오코너 대법관이고요."[17]

물론 두 사람 모두 단호한 사람이었고, RBG 역시 다른 방식으로 자기 이름을 분명하게 구분 지은 일이 있었다. RBG가 회상했다. "한번은 오코너 대법관이 구두변론에 나선 변호인에게 질문을 이어가고 있었습니다. 어느 순간 그분이 질문을 마쳤다고 생각한 제가 질문을 시작했습니다. 그러자 오코너가 말했습니다. '잠시만요, 아직 안 끝났습니다.' 그래서 바로 사과했더니 이러시더군요. '괜찮아요, 루스. 남자들은 늘상 그런답니다. 상대방이 말할 때 걸핏하면 끼어들지요.' 그러고 났더니 『USA 투데이』에서 그 소식을 기사화했더군요. 제목은 '무례한 루스, 오코너 말 끊어'였던가 그랬습니다."[18]

RBG는 오코너가 "큰언니" 같았다고 회상했다.[19] 오코너는 모든 여성을 대표했던 자신의 재임 기간을 뒤돌아보는 자리에서 RBG가 처음 대법원에 들어왔을 때를 떠올렸다. "나는 그를 엄청난 기쁨으로 맞이했습니다." 대법원장이 RBG에게 처음으로 무미건조한 판결문을 쓰라고 해서 안절부절못할 때도 오코너는 격려를 아끼지 않았다. RBG가 대법관석에서 그 판결문을 낭독하려는데 소수의견을 냈던 오코너가 쪽지를 건넸다. "이번 판결문이 대법원에서는 처음 쓰는 것이지요. 매우 좋습니다. 앞으로도 훌륭한 판결문을 많이 쓰기 바랍니다."[20] RBG는 신경이 바짝 곤두선 그날, 이 쪽지가 주었던 위안을 마음에 새겼다. 그리고 다음에 대법원에 취임한 두 여성 대법관 소니아 소토마요르와 엘리나 케이건에게 같은 친절을 베풀었다.

오코너와 RBG는 늘 첫 테이프를 끊으며 헤쳐나간 사람들이었다. 여성들은 단지 도전의 기회를 얻기 위해서도 두 배는 더 잘해야 했다. 그러나 두 사람의 공통점은 이것이 전부였다. 오코너는 판사가 되기 전에 공화당 활동가였다. 한번은 경계하는 남성들을 향해 자신은 열혈 페미니스트들과 달리 "브래지어를 착용하고 결혼반지를 낀 채"[21] 그들 앞에 나타날 것이라고 안심시킨 적도 있다. RBG와 오코너는 법률적 이론에 있어서도 뚜렷하게 갈렸다. 한 연구 결과에 따르면, 두 사람이 함께 재직한 10년 동안 오코너와 판단이 가장 많이 엇갈린 대법관은 존 폴 스티븐스였고, 두 번째가 RBG였다.[22] 하지만 RBG는 이런 차이조차 기쁘게 여겼다. 여성도 다양한 견해를 지닌다는 사실이 입증되었기 때문이다.[23] 오코너도 여성에게 영향을 미치는 사안을 다룰 때면 레이건 대통령이 지명한 일부 동료들과 달리 진보와 보수의 경계를 넘나들었다. RBG가 대법관으로 취임하기 1년 전, 오코너와 케네디와 수터는 임신중절이 헌법적 권리임을 어렵사리 인정받은 미국가족계획연맹 대 케이시 사건[24]에서 중간지대를 선택했다. RBG와 오코너는 당시 6명에 불과했던 여성 상원의원을 위해 2년에 한 번씩 만찬을 주최하기도 했다.[25]

두 사람은 모두 암으로 위기를 맞았다. 1999년, RBG가 직장암 수술을 받자 유방암을 극복한 오코너가 금요일마다 화학치료를 받고 주말에 회복해서 월요일에 출근하는 스케줄을 조언한 바 있다.[26]

특이한 짝꿍

RBG는 첫 번째 암 진단에 대한 동료 대법관들의 반응을 보며 대법원의 정중하고도 협력적인 기풍을 잘 보여주는 일례로 여겼다. 그는 "모두가 내 주위에 모여들었다"고 회상했다.[27] 심지어 렌퀴스트 대법원장은 RBG를 집무실로 불러 "당분간 업무를 줄이라"고 권하면서 원하는 사건에 대해서만 판결문을 작성하라고 말했다. (하지만 RBG는 일을 덜 하라는 원장의 조언을 받아들이는 대신 자신이 원하는 사건 두 가지를 골라 판결문을 썼다.)

30년 동안 RBG를 대함에 있어 가장 굳건한 회의론자로 버텨온 렌퀴스트는 RBG가 자신에게 가르치려고 노력했던 페미니즘의 교훈 가운데 일부를 뒤늦게 깨달았다. 2002년 대법원에 네바다 인적자원부 대 힙스 사건[28]이 올라왔다. 스티븐 비젠펠트의 후속 세대 버전처럼 보이는 사건이었다. 아픈 아내를 돌보기 위해 무급휴가가 필요한 어느 남성 이야기였다. 렌퀴스트는 이 사건에서 RBG편으로 돌아섰다. 그는 RBG가 대법원으로 끌고 온 버지니아 군사대학 사건의 변론취지와 판결문을 인용해 다음과 같이 판시했다. "남성은 가사에 책임이 없다는 고정관념 탓에 여성이 가사를 책임진다는 고정관념이 한층 깊이 뿌리를 내렸다. 이 두 가지 고정관념은 동전의 양면과도 같다고 할 수 있다. 고용주들은 그동안 가사를 여성의 영역으로 간주했기 때문에 남성에게는 여성과 같은 혜택을 주지 않았고, 휴가도 못 쓰게 했다."

그의 판결문 곳곳에는 RBG의 숨결이 어찌나 짙게 배어 있었는지, 마티가 읽고는 RBG가 쓴 것이냐고 물어볼 정도였다. RBG는 렌퀴스트의 진화에 대해서 확실하게 신뢰할 수 있었고, 렌퀴스트 역시 RBG를 신뢰하게 되었다. '우리 원장님'의 삶은 딸이 이혼한 뒤에 바뀌었다. 렌퀴스트는 손녀들을 학교에서 데려오기 위해 이른 시각에 퇴근하기 시작했다. RBG는 "렌퀴스트에게 그런 면이 있다고 생각한 사람은 거의 없었다"고 말했다.[29] 그가 이런 사실을 알 수 있었던 이유는 렌퀴스트 옆방에서 일했기 때문이다.

RBG의 진면목과 가장 거리가 먼 이미지는 부시 대 고어 판결 이후 온라인에서 돌아다니기 시작한 포토숍 이미지로, RBG가 가운데 손가락을 치켜든 모습에 "나는 반대한다"는 문구가 적힌 것이었다. 사실 RBG는 그런 적도 없고, 그럴 리도 없다. RBG는 누구보다 깍듯하게 예의를 지키고 논쟁 속에서도 미소를 잃지 않는 사람이다. 대법원에서 특이하기로 가장 유명한 두 사람의 우정에서 그 증거를 찾을 수 있다.

모든 것은 당시 법학 교수였던 스캘리아가 어느 강연에서 D.C. 연방항소법원의 판결을 맹비난하며 시작되었다. 얼마 뒤 두 사람은 같은 법원에서 동료로 만나게 된다. 온순하고 예의바른 진보주의자 RBG와 호기로운 보수주의자 스캘리아는 처음부터 의견이 엇갈렸다. 하지만 RBG는 이렇게 말했다. "저는 매력을 느꼈습니다. 대단히 총명하고 무척 재미있는 사람이었거든요. 의견이 다를 수는 있습니다. 하지만 그는 누구든 좋아할 수밖에 없는 인물입니다."[30] 두 사람이 대법원 동료로 지낼 때 스캘리아는 RBG를 가리켜 이렇게 말했다. "총명하고 고상하며 사려 깊은 여성입니다. 사람들이 좋아하는 면모를 두루 갖춘 사람이지요."

어떤 진보주의자들은 스캘리아와 긴즈버그의 우정에 대해 난감해했다. 대법관 지명자 시절 RBG에 대해서 『타임』지가 보도한 바에 따르면, "지난해 12월 각계각층에서 활약하는 긴즈버그의 친구들이 한자리에 모인 연말 파티에 스캘리아가 등장했다. 그러자 진보 쪽 사람들이 파티장 반대편 구석으로 몸을 피했다."[31] RBG에 대한 인준청문회가 진행되는 동안, 민주당 일부 인사들은 RBG가 스캘리아의 관점에 일정 부분 영향을 받은 게 아닌지 마음을 졸였다. 재판연구원들 중에도 두 사람의 우정에 고개를 갸웃거리는 사람이 적지 않았다. 그러나 재판연구원들이 법원에서 1년 남짓 일하는 데 반해, 대법관들은 평생토록 일한다. 두 사람은 견해가 어긋날 때마다 어김없이 충돌했다. 그래도 오페라를 향한 사랑은 한결같았고,[32] RBG는 자신을 웃게 만드는 그 사람이 좋았다. 두 사람의 독특한 우정을 주제로 〈스캘리아/긴즈버그〉라는 오페라가 탄생하기도 했다.

긴즈버그 부부는 연말이면 스캘리아 부부를 자택으로 초대해 몇 번이나 새해를 함께 맞이했다. 스캘리아의 아홉 자녀와 수십 명의 손자손녀 가운데 몇 명도 함께했다. 사냥 여행을 다녀온 스캘리아가 전리품을 들고 그들을 방문하기도 했다. "스캘리아가 잡으면 마티가 요리한다."[33] 부시 행정부에서 법무차관을 지낸 시어도어 올슨이 2007년 두 가족의 연말 파티에 자리했을 때 한 말이다. RBG의 손자 폴 스퍼라도 한마디 보탰다. "저는 두 분이 정치적·이념적 주제로 이야기 나누는 모습을 한 번도 못 봤습니다. 왜냐하면,

1994년 인도 여행에서 코끼리 등에 올라탄 RBG와 앤터닌 스캘리아.

아무 주제가 없는 대화였거든요."[34] (그 유명한 연말 파티에 대해 폴은 이렇게 말했다. "어릴 적에는 정말 지루했습니다. 나이 지긋한 어르신들이 잘 차려입고 한집에 모여서 이 얘기 저 얘기 하다가 헤어지는 자리였으니까요.")

RBG의 집무실에는 1994년 인도 여행 때 찍은 사진이 걸려 있다. 조그만 RBG와 퉁퉁한 스캘리아가 코끼리 등에 올라타고 찍은 사진이다. RBG에 따르면 "어마어마하게 크고 자못 우아한 코끼리였다."[35] 한번은 "페미니스트 친구들"이 남성인 스캘리아가 앞줄에 앉은 까닭이 무어냐고 물었다. RBG는 진지한 표정으로 "무게를 적절히 분산시키기 위한 목적이라고 보면 된다"며 농담 섞인 대답을 했다.

RBG는 이따금 스캘리아를 도무지 참을 수 없다고 장난스럽게 이야기하곤 했다. 한번은 말했다. "나는 그를 좋아합니다. 하지만 어떤 때는 목을 조르고 싶어요."[36] 그러나 RBG가 따뜻하게 대하는 보수 성향의 대법관은 스캘리아가 유일했다. 새뮤얼 얼리토 역시 매년 RBG가 주도하는 셰익스피어 극장 모의 재판에 종종 참여했다.[37] 그러나 얼리토와 오페라 나들이를 함께 갔다는 이야기는 찾아볼 수 없다.[38] 얼리토는 여성과 유색인종 입학에 반대하는 극우파 프린스턴 동문 모임의 회원이었다는 논란에도 불구하고 대법관에 취임할 수 있었다. 얼리토가 그 모임에 적극 가담했다는 증거는 없었다. 청문회장에서는 그런 모임의 존재 자체를 부인하기도 했다. 하지만 얼리토가 오코너와 다른 부류라는 사실만은 분명했다.

RBG는 법정에서 누구든 정중하게 대하려고 노력한다. 그런데 딱 한 가지 예외가 있다. 자신이 일하는 곳에서 성차별을 겪을 때다. 그럴 때면 RBG는 이를 단호하게 지적하고 나선다. 고귀한 대법관들의 일터 대법원에서도 마찬가지였다. 내가 여전히 성차별을 경험하느냐고 묻자, RBG는 서슴없이 대답했다. "그렇습니다. 물론 예전보다야 정도가 덜합니다. 그때는 내가 무슨 말을 하면 아무 반응들이 없다가 어떤 남성이 똑같은 말을 하면 '좋은 생각'이라고 칭찬이 쏟아지는 일이 비일비재했습니다."[39] 그리고는 웃으며 덧붙였다. "요즘은 그런 일이 거의 없어요."

그런 상황에서 자신의 반응은 "겉모습, 피부색, 성별을 이유로 사람을 판단하는 것이 얼마나 잘못된 일인지 판결문이나 발언을 통해 일깨우려고 노력하는 것"[40]이었다고 RBG는 말했다.

2009년, 버락 오바마 대통령이 연방항소법원 판사 소니아 소토마요르를 대법관 후보자로 지명했다. 대법원에서 유일한 여성이던 RBG는 쌍수를 들어 환영했다. 하지만 최초의 라틴계 지명자인 소토마요르는 얼마 지나지 않아 2001년에 했던 발언으로 질타를 받기 시작했다. 당시 소토마요르는 이런 말을 했다. "저는 우리가 여성 또는 유색인으로서 지닌 차별성을 스스로 도외시한다면 도리어 법과 사회 양쪽에 해를 입히는 것이 아닌가 싶습니다." 그리고는 이렇게 덧붙였다. "오코너 대법관은 현명하게 나이든 사람이라면 성별과 상관없이 같은 판결에 이를 것이라고 말한 바 있습니다. (…) 풍부한 경험을 지닌 현명한 라틴계 여성이라면, 그런 삶을 살아본 적이 없는 백인 남성보다 더 나은 판결을 내놓지 않을까 합니다."[41] 공화당은 즉각 맹렬히 비난했다. 보수 논객들은 빈곤층 주거지에서 성장하고 온갖 역경을 극복한 이 여성이야말로 진정한 인종주의자라고 헐뜯기 시작했다.

RBG는 이례적으로 거친 용어를 써가며 싸움판에 뛰어들었다. 소토마요르의 청문회가 열리기도 전에 미래의 동료를 보호하고 나선 것이다. 그는 『뉴욕 타임스 선데이 매거진』에서 이렇게 밝혔다. "사람들이 이번 일을 확대 해석하는 것이 우습다고 생각합니다. 나는 그가 이 정도 의미로 말했을 것이라고 봅니다. '그래요, 여성들은 다양한 삶의 경험을 테이블 위에 꺼내놓을 수 있습니다. 그렇게 다양한 차이점이 모이면 더 좋은 토론, 더 나은 결론을 도출할 수 있을 것입니다.' 내가 여성이라는 사실도 그런 차이점 가운데 하나입니다. 내가 유대인이라는 사실도 그렇고, 뉴욕 브루클린에서 자란 사실도 그렇고, 애디론댁 여름 캠프에서 신나게 뛰어논 사실도 마찬가지입니다. 그렇게 나를 이루는 모든 요소가 긍정적인 차이점으로 작용할 수 있지요."[42] 한번은 소토마요르가 스스로를 가리켜 차별 시정 조치의 산물이라고 하자 RBG가 환한 얼굴로 맞장구를 쳤다. "나도 그렇습니다." 최초가 되고자 하는 또 다른 여성을 향해 확고한 연대를 표한 것이다.

소토마요르가 대법관에 취임한 뒤로도 RBG는 계속해서 그를 따뜻한 마음으로 대했다. 전기작가 조앤 비스큐픽에 따르면, 소토마요르는 재미없기로 정평이 난 대법원 회기 종료 기념 파티에서 살사 음악을 틀고 함께 춤추자고 대법관들을 부추겨 모두를 놀라게 했다. RBG는 마티가 세상을 떠난지 며칠 지나지 않았을 때여서 한쪽에 가만히 앉아 있었다. 소토마요르는 이내 RBG에게 다가가 허리를 구부리고 속삭였다. 아마도 마티는 아내가 춤추는 모습을 보고 싶을 것이라고. 비스큐픽은 이렇게 썼다. "이 말을 듣고 긴즈버그는 마음을 고쳐먹고 소토마요르를 따라 몇 발짝 움직였다. 그러고는 소토마요르의 얼굴을 두 손으로 다정하게 감싸며 '고맙다'고 말했다."[43]

엘리나 케이건이 네 번째 여성 대법관으로 취임하면서 처음으로 세 여성이 동시에 대법관석을 차지하게 되었다. 1973년, 젊은 케이건은 어느 랍비에게 여성 버전의 성인식을 베풀어달라고 요구했다.[44] 이는 보수적인 유대 사회에서 유례가 없는 일이었고, RBG는 시도할 상상조차 못 했던 행동이었다. 하버드대 로스쿨 최초의 여성 대학원장으로서 케이건은 RBG에게 수많은 재판연구원을 추천해왔다. 그 스스로도 여성 최초로 법무차관에 임명된 사람이었다. 그런데도 케이건은 자신의 인생 역정이 RBG에 비하면 훨씬 평탄한 편이었음을 인정했다. "여전히 여성 로펌 변호사들과 로스쿨 교수들의 수는 상대적으로 소수입니다. 하지만 그 숫자는 꾸준히 늘고 있어요. 덕분에 이들은 각자 일터에서 여성 전체를 대표하는 견본품이나 호기심의 대상으로 취급당하며 지낼 필요가 없습니다." 케이건은 법조계에 처음 발을 디딘 시절을 이렇게 기억했다. "연방법원 판사의 절대다수는 총명한 여성을 흔쾌히 재판연구원으로 고용했습니다." (케이건은 서굿 마셜의 재판연구원이었다.) "그 어떤 편견도 느끼지 못했다고는 말할 수 없겠지만, 원하는 길로 나아가는 과정에 걸림돌이란 없었습니다." 그러고는 "이 나라의 법률을 여성에게 우호적인 방향으로 만들어가는 데 가장 크게 기여한 사람"이라면서 RBG에게 감사해야 한다고 덧붙였다.[45]

세 여성의 이름을 헷갈릴 사람은 아무도 없을 것이다. RBG는 새로운 동료들 가운데 "내성적인 사람"이 한 명도 없다며[46] 행복한 표정을 지었다. 이러저러한 이유로 사람들은 RBG에게 대법원에 여성 대법관이 몇 명이면 충분하다고 보는지 묻곤 했다. 그럴 때마다 대답

"우리 편을 불러 모으겠어!"

은 한결같았다. "아홉 명입니다."[47] 우문현답이었다.

RBG 역시 내성적인 사람은 아니었다. 그는 구두변론에서 늘 처음으로 질문을 던지는 사람, 그것도 대체로 날카로운 질문을 던지는 사람이다. 물론 RBG가 하는 말을 제대로 들으려면 귀를 쫑긋 세워야 한다. 대법원 변론에 나설 일이 많았던 변호사 톰 골드스타인은 이렇게 썼다. "RBG는 체구가 아담하고 목소리가 작아서—여기에 법정 내부 음향시설까지 안 좋아서—대법관 말씀이 무슨 뜻인지를 두고 방청객들 사이에 갑론을박이 벌어질 때도 있다. 하지만 변호사들은 이를 똑똑히 알아듣는다."[48]

불타오르는 펜

판결문을 작성한다는 것은, 적어도 대법관 다섯 명이 동의하는 어떤 견해를 가지고 반대 측 의견을 가진 사람들과 협상하는 과정이다. 그 결과에 따라 판결문의 내용이 바뀔 수도 있다. RBG는 다음과 같이 설명했다. "때로는 자신이 내세우는 근거를 나열하는 과정에서 '내가 정말 옳은가' '이 질문 혹은 저 질문을 미처 살피지 못한 것은 아닌가?' 하고 자문한다. 그러다 보면, 자주는 아니어도 이따금 '이 판결문을 쓰지 말아야겠다. 회의 때 내가 틀렸다. 다른 견해가 옳다' 하고 깨닫는 때가 있다."[49]

RBG의 판결문을 회람한 대법관들 중에는 이런 반응을 보이는 사람도 있다. "친애하는 루스, 당신이 이 부분, 저 부분, 또는 그 부분을 바꾼다면 당신의 판결문에 동의할 수 있을 것 같습니다."[50] 그럴 때 RBG는 대개 판결문을 수정하는 쪽으로 양보를 한다. 여왕이라도 되는 양 한 글자도 못 고친다고 으름장을 놓을 수는 없는 노릇이니까. "과반수를 획득한 뒤라도 동료 대법관들 의견을 수용하려고 애씁니다."

RBG는 진보 성향 대법관 가운데 최연장자로서 소수의견을 누가 작성할

2002년 자신의 집무실에서.

지 결정한다. 그는 『뉴 리퍼블릭』에서 이렇게 말했다. "과업을 공정하게 분배하려고 노력합니다. 그래서 지루한 사건과 흥미로운 사건을 잘 섞어서 배당하기 위해 신경을 씁니다. 세간의 이목이 쏠리는 첨예한 사건에서 소수의견을 낼 때는 제가 조금 더 많이 맡는 편입니다."[51]

소수의견을 쓴다고 해서 모든 것이 끝났다는 뜻은 아니다. 때에 따라 소수의견 초고가 대단히 설득력이 높아서 다수의견이 뒤집히는 일도 있다. 한번은 RBG가 그 일을 해낸 적이 있다. "날아갈 듯 기뻤습니다."[52] 거꾸로 소수의견 초고가 다수의견을 부끄럽게 만들어 더욱 옹색한 판결문이 나올 수도 있다. 다수의견을 강화하거나 그리로 쏠리는 현상을 초래하기 때문이다. 스캘리아 대법관은 버지니아군사대학 사건의 소수의견 작성 업무를 금요일 오후에 RBG에게 할당했다. RBG는 스캘리아 때문에 주말을 망친 대신 더 좋은 소수의견을 작성할 수 있었다고 농담했다.[53]

RBG는 내게 말했다. 2015년 연두교서에서 RBG가 졸았던 그 유명한 사건 전날 밤, "속으로 생각했습니다. '밤을 꼬박 새지는 말아야겠다.' 하지만 그때 내 펜은 한없이 불타올랐습니다."[54] RBG의 펜은 종종 밤늦도록 뜨겁다.

재판연구원들은 밤사이에 RBG로부터 각자 정해진 시각에 음성 메일로 업무 지시를 받는다. 어느 날 밤, 재판연구원이던 리처드 프리머스는 늦도록 일하다가 수화기를 집어 들었다. RBG가 놀라서 물었다. "리처드, 지금 거기서 뭐하고 있는 거죠?"[55] 당시 대법원 철문은 새벽 2시에 닫혔다. "철문이 닫힌 뒤에 드나들려면 법원경찰을 불러야 했다"고 재판연구원을 지낸 새뮤얼 베이건스토스가 회상했다.[56] 프리머스는 1997년 회기 내내 법원경찰을 수시로 불러야 했다. 또 다른 재판원구원 출신 대니얼 루벤스도 거들었다. "아침형 인간으로 일찌감치 출근하는 케네디가 뒤늦게 퇴근하는 RBG와 마주친다는 농담도 있었습니다."[57] RBG의 직업윤리를 의심한 사람은 지금껏 아무도 없었다. 그는 예고편이 지나가는 동안 메일을 읽기 위해 극장에 갈 때면 소형 손전등을 가져가는 사람, 골프장에 가면 카트로 이동하는 중에도 변론취지서를 읽는 사람으로 유명했다. RBG의 아들은 어릴 적 한밤중에 잠에서 깨면 엄마를 찾곤 했다. 그럴 때면 엄마는 말린 자두를 씹으며 거실 테이블에 여러 권의 노트를 늘어놓고 마구 휘갈기고 있었다.

일찍이 RBG에게 법을 통해서 무엇을 이룰 수 있는지 깨닫게 해준 로버트 쿠시먼 교수는 RBG가 문장을 쓸 때 조금은 과하다 싶을 정도로 공을 들인다고 말한 바 있다. 그 말을 들은 RBG는 자기 글에서 형용사를 줄이기 시작했다. "판결문이 스무 쪽을 넘어가기 시작하면, 분량을 줄여야 한다는 생각에 불안하다"[58]고 말한 적도 있다. 집무실에 급훈처럼 걸어둔 문구는 "올바르고 간명하게"다.[59] RBG는 라틴어로 된 법률용어를 싫어한다. 특히 판결문 서두를 쉽게 쓰기 위해 각별히 노력한다. 누구나 쉽게 이해하기를 바라기 때문이다. "쉬운 말로 쓸 수 있다면, 그렇게 해야만 합니다."[60] "초고를 수차례 고쳐 쓰는" 이유는 두 번 읽어야 하는 문장이 전혀 없는 판결문을 작성하기 위해서다. "법률가는 문장가여야 한다고 생각합니다. 최고의 법률가는 법을 소각이나 회화 작품처럼 다룹니다."[61]

RBG의 재판연구원은 일반적으로 소송건에 대한 소송적요서 또는 판결문 초고 작성 업무를 맡는다. 그들은 RBG가 좋아하는 어휘를 열심히 외운다. 예컨대, 스웨덴에서 배운 **pathmarking**(개척)이나, (since 대신) 인과관계를 나타내는 **because** 같은 단어들이나. 그런 뒤에는 혹독한 퇴고를 각오한다. 재판연구원을 지내고 컬럼비아대 로스쿨 원장을 역임한 데이비드 샤이저는 동료 재판연구원이 RBG가 수정해서 돌려보냈다며 판결문 초고를 보여준 날을 잊지 못한다. RBG는 한 문단 전체에 모조리 줄을 긋고 한 단어도 빠짐없이 다시 작성했다.[62] "the"에만 동그라미를 쳤는데, 해당 재판연구원이 추측하기로는 담당자가 너무 상심하지 않기를 바라는 뜻으로 보였다.

RBG는 출판 목적이 아닌 낭독만을 위한 강연 원고도 사소한 구두점 하나까지 교정을 본다고 알려져 있다. 재판연구원 지원서에서 오자 하나를 발견하곤 해당 지원자에게 "철자에 주의하라"는 답장을 보냈다는 이야기가 전설처럼 회자되기도 한다. 물론 그 지원자는 면접 기회조차 얻지 못했다. 회기 막바지에 재판연구원들은 RBG 스타일로 문구를 수정한 메뉴판을 선물했다. 물론 거의 모든 단어를 바꾼 것이었다.

샤이저는 재판연구원으로 일하면서 RBG로부터 크게 칭찬을 받은 일을 기억했다. 판결문 초고를 제출한 직후였다. 틀림없이 이 초고를 손보려고 밤 시간을 통째로 비워두었을 RBG는 샤이저에게 말했다. "마티가 나더러 영화를 보러 가자고 했는데 싫다고 했어요. 그런데 초고가 나쁘지 않아서 영화를 보러 갈 생각이에요."[63]

문법적 오류를 바로잡는 것은 초고 작성의 끝이 아닌 시작에 불과하다. RBG는 휘하 재판연구원들에게 평범한 시민이 법원의 판결에 영향을 받는다는 사실을 절대 잊으면 안 된다고 강조했다. 특히 다수의견을 작성할 때는 반드시 소수의견을 존중해야 한다고 단단히 일렀다. 감정적 표현에 있어서는 눈에 띄는 대로 득달같이 달려가 베어버릴 태세로 신경을 곤두세운 칼잡이처럼 보이기도 했다. RBG는 2012년에 이런 말을 한 적이 있다. "내 문체가 어떤 사람의 눈에는 지나치게 무미건조해 보일 수 있습니다. 그래도 나는 내 글이 한눈에 사람들의 이목을 사로잡기보다 지속적인 힘을 발휘했으면 좋겠다고 생각합니다."[64] RBG는—여성 앞에서 말조심하기 싫다는 이유로 자신을 채용하지 않은 바로 그 판사—러니드 핸드의 격언을 수시로 인용한다. 체스판에서 상대방의 말을 모조리 죽여 없애면 안 된다는 말이었다.

재판연구원을 지낸 앨리사 클라인이 말했다. "그분은 법이 사람들의 실생활과 어떻게 맞물리는지 예민하게 포착하는 감각을 지녔습니다. 그래서 실제 법률뿐만 아니라 그 법률을 묘사하는 어휘도 그와 동등하게 중요하다고 보았습니다. 패소한 사람이 '내가 지다니'라는 생각이 아닌, '공정한 재판을 받았으므로 재판부의 결정을 이해한다'는 생각을 가슴에 품고 돌아가야 한다는 뜻이었습니다."[65] RBG는 재판연구원들에게 '하급법원' 또는 '하급심' 같은 표현으로 연방항소법원 이하 연방법원을 지칭해서도 안 된다고 가르쳤다.

이처럼 엄격한 분위기 속에서도, RBG의 집무실은 판결문을 빨리 완성하기로 유명하다. 케이건은 말했다. "우리 모두는 그분의 속도에 감탄하면서 웃습니다. 무엇보다 결과물부터가 경외감이 느껴질 정도로 훌륭합니다. 내 책에 그분이 법을 다루는 일에 있어 최고 경지에 오른 명장이라는 말을 썼습니다. 우리는 대법관석에 앉을 때마다 그분에게서 뭔가를 적어도 한 가지는 배웁니다."[66]

버저가 울리면 재판연구원들은 RBG의 집무실로 모인다. 화강암으로 마감 처리된 책상에는 잘근잘근 씹힌 연필들이 나뒹군다. 그들은 "RBG의 침묵"으로 통하는 이 시간을 견뎌내기로 단단히 마음을 먹는다.[67] 물론 이렇게 침묵하는 동안 대법관이 마치 글을 쓰듯 조심스럽게 할 말을 떠올린다는 사실을 모르는 사람은 없다. 리처드 프리머스는 RBG가 말을 끝마쳤는지 알수 있는 "나섯 가지 미시시피 법칙"[68]을 알고 있었다고 말했다.

재판연구원을 지낸 폴 버먼은 이렇게 회상했다. "이제 나가도 될 것 같긴한데, RBG가 얘기를 다 끝냈는지 확신이 안 서는 순간이 매번 찾아옵니다. 그러면 출입문 쪽으로 슬금슬금 뒷걸음질을 치죠. 그러다가 RBG가 다시 입을 여는 순간 곧장 원위치로 돌아옵니다. 아무 말씀이 없다면, 문밖을 향해서 뒷걸음질을 이어가면 됩니다."[69]

어떤 세상이 옳은가

데이비드 포스트는 재판연구원 지원서를 작성하면서 특정 항목에 별표를 쳤다. 1980년대 같은 시절에 하루 종일 아이들만 돌보는 '전업주부 아빠'로 2년을 살았다는 내용이었다. 아내는 세계은행에서 일하며 출장을 많이 다녔다. 포스트는 낮에 집안일을 도맡고 아이들을 돌보다가 밤에는 조지타운대 로스쿨에 다녔다. 정작 본인은 그런 결정을 지원서에서 어떻게 묘사했는지, 그때 어떤 단어들을 사용했는지 정확히 기억하지 못했다. 그러나 포스트의 지원서는 RBG의 시선을 사로잡았다.

포스트는 전업주부로 지낸 그 시기에 대해 이렇게 말했다. "물론 그때도 제가 인류 최초로 전업주부가 된 남성은 아니었습니다. 하지만 지금도 상당히 드문 사례이긴 한 것 같습니다."[70] RBG는 아내와 사별하기 전부터 양육을 기꺼이 전담했던 스티븐 비젠펠트 사건을 가장 흡족하게 여기는 사람이었다. 물론 포스트는 이런 사실을 전혀 모르고 지원서를 냈다. D.C. 연방항소법원의 긴즈버그 판사 휘하 재판연구원으로 취직한 1986년 가을, 포스트의 딸 세라는 네 살, 아들 샘은 갓난아기였다. 그는 때때로 유치원에서 아이를 데려오거나 저녁을 차리기 위해 일찍 퇴근해야 했지만 RBG가 사정을 이해해주었다고 말했다. 사실, 그럴 때마다 짜릿한 기분을 느낀 쪽은 RBG였다.

RBG는 1993년 대법원 내부 소식지에서 다음과 같이 설명했다. "나는 '이 모습이 바로 내가 꿈꾸는 세상의 작동 방식'이라고 생각했다. 진정한 여성해방이란 아버지가 아이들을 돌보는 데 평등한 책임을 져야만 가능하기 때문이다."[71] RBG는 대법관 취임 첫해 포스트에게 재판연구원으로 돌아오라고 제안했다. "나는 양육 책임자 역할을 맡은 남성이, 그런 상황을 비정상적이라고 여기지 않는 남성이 실제로 존재한다는 사실만으로 뿌듯했습니다. 아이를 돌보느라 시간을 허비하면 직장에서 성공할 수 없다고 걱정하거나, 가정을 중요시하면 남자답지 못한 사람으로 비칠 수 있다고 걱정하는 남성들에게 데이비드 같은 사람을 롤 모델로 추천하고 싶습니다."[72]

포스트는 훗날 양육 책임자가 되겠다는 생각이야말로 자기 인생에서 가장 중요한 '전직' 결정이었다고 웃으며 말했다. "수많은 여성이 아이를 키우기 위해 직장을 포기합니다. 하지만 그들은 아무런 도움도 받지 못하고 있어요."[73]

얼마 전, 포스트가 자신의 경험담을 블로그에 올리자 RBG가 연락을 해왔다. RBG는 포스트가 30년 가까이 잊고 지내온 이야기를 꺼냈다. 포스트가 제출한 작문 샘플은 바그너의 오페라 〈니벨룽겐의 반지〉와 계약법에 대한 것이었는데, 오페라 애호가인 RBG로서는 무척 흡족했다는 이야기였다. 하지만 오페라에 관해서는 역시 RBG가 한수 위였다. 포스트는 "루스 긴즈버그야말로 진정한 프로"라고 말했다. 아울러 부친이 작고하기 직전 대법관이 친히 서한을 보내, 대단히 훌륭한 아드님을 두셨다고 칭송한 사실을 영원히 잊지 못할 것이라고도 했다.

수전과 데이비드 윌리엄스 부부는 D.C. 연방항소법원의 긴즈버그 판사와 면접을 치르고 나서 재판연구원으로 뽑히기까지의 18개월 사이에 결혼식을 올렸다. 그들은 말했다. "긴즈버그 대법관님은 일과 가정에 있어 벌어지는 갈등에 대해 우리가 내린 해법을 크게 반기셨습니다. 그러고는 상당히 수고로운 조사 끝에 우리가—그분 말씀으로—'연방 최초'라는 사실까지 밝혀내셨습니다. 결혼한 남녀가 재판연구원으로 함께 일하기는 우리가 처음이라고 하시더군요."[74]

재판연구원들이 RBG를 만나면 맨 처음 듣는 말이 하나 있다. 가장 중요한 직무 역량은 자신의 비서 두 사람을 잘 대하는 것이라는 지침이다. RBG는 회상했다. "재판연구원이 되고 싶다고 해서 내가 면접을 본 사람이 있었습니다. 하버드에서 잘나가던 친구였지요. 그런데 내 비서들을 아랫사람인 양 업신여기더군요. 나는 재판연구원을 채용할 때 비서를 대하는 태도를 중요하게 따집니다. 비서들은 다른 누구도 아닌 바로 나를 도우려고 그 자리에 있는 사람들이니까요. 그래서 재판연구원에게 경고합니다. '여러분이 하는 일은 다급한 대로 내가 대신 할 수도 있다. 하지만 비서들이 없으면 나는 아무 일도 못 한다'고 말입니다."[75]

재판연구원들은 이따금 오페라극장으로 불려갔고, 저녁 식사나 마티의 요리를 함께 들자며 워터게이트에 있는 RBG 자택으로 초대를 받았다. RBG는 자신이 거느린 재판연구원들의 가정생활에 대해서 작은 하나라도 더 알게 되면 거기에 기쁨을 느끼는 사람이었다. 또 아기가 태어나는 집에는 대법원 인장이 찍힌 "대법원 할머니 RBG" 티셔츠를 보내기도 한다.

RBG는 자신의 재판연구원 폴 버먼이 지금은 은퇴한 대법관 블랙먼의 재판연구원과 데이트를 앞두고 있다는 소문을 듣고 집무실 구내전화로 버먼을 호출했다. 그는 무언가 잘못을 저질렀구나 싶어 불안한 심정으로 수화기를 들었다고 기억했다. 그런데 RBG가 정다운 목소리로 속삭이는 것이 아닌가. "법원에서 특별한 친구를 사귀었다고? 미처 몰랐네요! 차 한 잔 마시게 이리로 부르세요."[76] 이틀 뒤, RBG는 집무실에 조그만 테이블을 놓고 보를 깐 다음 찻잔을 사이에 두고 젊은 연인과 함께 30분 동안 담소를 나누었다. 훗날 RBG는 이들 결혼식에서 주례를 맡았다. 이렇게 RBG는 재판연구원의 결혼식에서 몇 차례 주례를 읊기도 했다.

버먼은 말했다. "그분의 주례사 마지막 말씀을 도저히 잊을 수 없습니다. 주례 선생님이 보통 언급하는 '내게 주어진 힘으로써' 같은 말 대신, RBG는 '합중국 헌법이 나에게 부여한 힘으로써'라고 말했습니다. 아내는 우리가 헤어지면 위헌이 된다며 웃습니다."[77]

RBG는 재판연구원들이 벌이는 야바위 같은 게임에 참여한 적도 있다. 얼리토가 대법관으로 취임한 첫 번째 회기였다. 얼리토의 재판연구원들은 우리도 판타지 베이스볼* 시합에 동참하자고, 다른 대법관 재판연구원들은 이미 리그전을 벌이는 중이라고 졸랐다. 그해 RBG 재판연구원을 지낸 스콧 허쇼비츠는 말했다. "그 주에 긴즈버그와 얼리토의 재판연구원들이 판타지 베이스볼로 맞붙은 결과, 우리가 큰 점수 차로 이겼습니다."[78] 허쇼비츠는 한껏 들뜬 표정으로 승리 소식을 RBG에게 보고하면서 얼리토 대법관에게 승리 선언문을 보내는 것이 좋겠다고 제안했다.

허쇼비츠는 "RBG가 나를 미친 사람 보듯이 쳐다보았다"고 회상했다. 하지만 그는 대담하게도 승리 선언문 초고를 테이블 건너편에 앉은 RBG에게 쓱 들이밀었다.

RBG는 쪽지를 내려다보고는 물었다. "판타지 베이스볼 게임이 대체 무엇인지 다시 한번 말해줄래요?" 설명을 들은 RBG는 펜을 들어 몇 군데를 바로잡았다. 허쇼비츠가 기억하기로, 마침내 다음과 같은 쪽지가 완성되었다. "친애하는 샘, 이번 주에 우리 재판연구원 친구들이 당신네 팀을 10 대 0으로 무찔렀다고 들었소. 우리 편은 재판관 준비생들도 이 정도라오."[79]

* 메이저리그 전·현직 선수들로 가상의 팀을 구성하는 게임.

8

당신의 말이
나를 홀리네

YOUR WORDS JUST
HYPNOTIZE ME

"어찌 되었건, 희망은 영원히 샘솟는다.
오늘 패배했다면, 내일은 이길 수 있다는 희망이 생기는 법이다."[1]
_RBG, 2012

RBG는 결코 위대한 반대자로 남기를 열망한 사람이 아니었다. 다만 지는 것을 싫어했을 뿐이다. 대법관들이 다수의견을 반박하는 것도 당연히 이런 이유에서였다. 소수의견을 제기하면 타협으로 더럽혀지지 않았다는 명예와 위엄을 굳건히 지키면서 돌아설 수 있다. 스캘리아는 소수의견을 제기할 때면 다수의견을 향해 휘발유를 끼얹은 뒤 성냥으로 불을 붙여 잿더미를 만든 다음 마구 짓밟곤 했다. 그가 공들인 비아냥을 섞어가며 상대편 대법관들의 의견을 "이성을 상실한" "말 같지도 않은 소리"라고 비난한 다음 둔탁한 목소리로 혼자서 껄껄 웃는 모습은 어렵지 않게 상상할 수 있다.

스캘리아는 "틀려먹은 견해라면 산산조각을 내야 한다는 게 내 지론"[2]이라고 말했다. 그러나 바보 같다는 소리를 듣고 마음을 바꿀 사람은, 적어도 대법관들 중에는 아무도 없다. 법을 바꾼다는 것은 다섯 사람의 마음을 얻어야 한다는 의미다.

하지만 때로 소수의견이란 무대 뒤에서 상대방을 설득하는 작업을 포기한다는 뜻이다. 나아가 죽을힘을 다해 세상 모든 사람에게 진실을 알리기로 작정한다는 뜻이기도 하다. 시간이 흘러도 잊히지 않는 소수의견들이 있다. 대법관 일곱 명이 아프리카계 인간은 일종의 재산일 뿐 절대로 시민이 될 수 없다고 판결한 1857년 드레드 스콧 사건에서도 그랬고,[3] 다수의견이 '분리-평등 원칙'을 지지했던 1896년 플레시 대 퍼거슨 사건에서도 그랬다.[4] 이들 소송건에서 소수의견을 제기한 대법관들은 동료 대법관에게 호소하는 것이 더 이상 통하지 않자, 법정 밖의 공중을 향해 호소할 수밖에 없었다. 역사가 자신들의 판단을 정당화해주기를 기대하면서.

RBG로 하여금 위대한 반대자로 빛날 수 있도록 해준 사건이 있었다. 하지만 RBG는 그 사건에 대해 언급하기를 조금도 달가워하지 않았다. 부시 대 고어 사건[5]을 즐겨 언급하는 대법관은 매우 드물었다. 미국 대통령제의 운명이 자신들의 손에 달려 있었던 비현실적이고도 쓰라린 사건이었다. 당시 텍사스 주지사였던 조지 W. 부시의 변호인으로 대법원에 선 시어도어 올슨은 말했다. "서커스 같은 재판이라고들 했습니다. 하지만 그런 말은 엄격한 규율을 자랑하는 서커스에 대한 모독입니다."[6] 결국 부시 쪽이 이겼다. 2000년 12월 12일, 패배감은 극에 달했다. 대법원이 재검표 중단을 결정했고, 그 결과 부시의 당선이 확정되었기 때문이다.

대법원은 플로리다 재검표 사건에서 손을 떼고 주법원에 맡기는 선택을 할 수도 있었다. RBG 역시 그러는 쪽에 표를 던졌다. 하지만, 미국 최고법원은 두 차례에 걸쳐 서둘렀다. 특히 판결은, 모든 것을 최종적으로 결정하는 순간이었다. 이때 대법관 아홉 명이 여섯 가지 의견을 내놓았다. 당시 변론에서 누구도 주목하지 않았고, 이후로도 관심을 보인 사람이 거의 없는 대목이 하나 있다. 케네디와 오코너의 다수의견을 보면, 재검표가 수정헌법 제14조 법률에 의한 평등한 보호 조항에 위배된다는 말이 나온다. "이 사람의 한 표를 저 사람의 한 표보다 더 중하게 여기는"[7] 결과를 낳게 된다는 이유였다. 차별적인 교육 정책을 철폐하기 위해, 혹은 여성의 평등권을 지키기 위해 동원하던 평등이나 보호 같은 헌법상의 단어들이 민주주의의 작동을 멈추는 데 사용된 셈이다.

반대 의견은 넷이었다. RBG는 차분하면서도 전문적인 견해를 개진했다. "연방법원은 주 법률에 대한 주 최고법원의 해석을 따른다. 이 원칙은 연방주의의 핵심을 반영한 것으로, 모든 사람이 동의하는 바다."[8] 이 말은 다수 의견에 동참한 대법관들이 오만한 위선자 무리임을 매우 정중하게 꼬집는 언급이나 다름없었다. 공화당에 도움이 되는 사안에 대해서는 주의 권리를 확실하게 인정하고 나섰던 사람들이기 때문이다. 제프리 투빈의 『대접전』에 따르면, RBG의 소수의견은 주석에서 플로리다 흑인 유권자들의 참정권이 억압당한 개연성까지 넌지시 언급할 정도로 애초 그다지 고상하지 않았다. 투빈은 이렇게 썼다. "스캘리아는 이 주석을 보고 격분해서 쪽지로 화답했다. RBG가 '나라를 망치려 든다'면서 '알 샤프턴의 전술'을 쓴다고 비난하는 쪽지였다."[9] 하지만 그 주석은 최종 버전에서 빠졌다.

RBG는 이제 앞을 보고 나아가야 한다고 말한다. 그는 "대법원에 몰아닥친 12월의 폭풍"[10]이라고 우아하게 언급한 당시 사태를 일시적인 병충해 같은 것에 불과하다고 본다. RBG는 "그때 우리가 어떤 식으로 갈라져 싸웠건 간에" 이제는 한마음 한뜻으로 "대법원을 우리 자신보다 더 소중히 여긴다"는 사실을 보여주어야 한다고 주장한다.[11]

RBG는 선한 목적이 아니라면 자신이 주목받는 것에 별로 관심이 없다. 따라서 RBG가 자신을 보라는 신호를 보낼 때는 무언가 대단히 잘못되었다는 뜻이라고 생각하면 된다.

고독한 대법관석

2005년, 비통한 사건이 석 달 사이에 잇달아 발생했다. 샌드라 데이 오코너라는 동료가 대법원을 떠났고, 늘 애정을 담아 "우리 원장님"이라고 부르던 렌퀴스트가 세상을 떠난 것이다.[12] 오코너는 7월에 은퇴를 발표했다. 75세로 비교적 이른 나이였다. 알츠하이머 진단을 받은 남편과 더 많은 시간을 보내고 싶다는 이유에서였다. 렌퀴스트 대법원장은 9월 3일 암으로 별세했다. 새로운 회기를 시작하기 직전이었다.

조지 W. 부시 대통령은 공석이 된 두 자리를 채워야 했다. 그는 곧장 50세의 존 로버츠를 대법원장으로 지명했다. 애초에 오코너의 후임자로 지명했던 사람이었다. 그런데 오코너의 후임자를 물색하는 데는 오랜 시간이 걸렸다. 부시는 자격 미달이라는 평이 자자했던 백악관 법률고문 해리엇 마이어스 지명을 황급히 철회했다. 결국 연방항소법원 판사 새뮤얼 얼리토가 낙점됐다. 순식간에 RBG는 오른쪽으로 확실하게 선회한 대법원에서 일하는 신세가 되었다. 보수파로서는 수십 년을 공들인 끝에 결실을 맛보는 순간이었다. 그들은 스티븐스, 수터, 오코너 같은 공화당원을 대법관으로 임명했지만, 결국 이들은 중도 성향 법관들이었음이 드러나고 말았다. 그러던 차에 부시가 새 대법관을 연이어 지명하자, 보수주의자들은 드디어 때가 왔다고 생각했다. 대법원이 1960~1970년대에 보여준 '너무 나아갔음'을 되돌릴 보수의 플랜을 가동할 때가.

RBG는 또다시 남성 대법관들 틈바구니에 끼어버리고 말았다. 2006년 가을 새 회기에 들어가자마자, 텔레비전 뉴스 앵커 마이크 월리스는 인준청문회에서 서너 명 혹은 더 많은 여성 대법관과 함께하기를 기대한다던 RBG의 발언을 상기시키며 그에게 물었다. "그래서 말인데, 대체 그분들은 어디에 있는 것일까요?"[13]

RBG는 퉁명스럽게 대꾸했다. "내가 말한 그들은 애석하게도 여기에 없습니다. 왜냐하면 대통령이 그들을 지명하지 않았고, 상원이 인준하지 않았기 때문입니다. 여성을 선택하지 않는 이유가 무엇인지는 정치 지도자들에게 물어보셔야죠."[14]

『뉴욕 타임스』의 린다 그린하우스 기자로부터 여성 재판연구원 수가 10여 년 만에 처음으로 한 자릿수로 떨어진 까닭에 대해 질문을 받았을 때도 대답은 같았다. 재판연구원 37명 가운데 여성은 겨우 7명이었고, 그중 두 명은 RBG가 데리고 있었다. RBG는 기자에게 왜 여성 재판연구원을 채용하지 않은 대법관을 찾아가서 물어보지 않느냐고 답했다.[15] 그들은 얼리토, 수터, 스캘리아, 토머스였다.

RBG의 메시지는 분명하다. 여성을 대변하는 일이 한 사람의 힘만으로 되는 일은 아니라는 것이다. 유일한 여성 대법관으로 지내는 동안, 그는 로스쿨 시절 기이하고 특이한 존재로 취급당한 우울한 기억을 자주 떠올렸다. 역사는 거꾸로 흘러서는 안 되는 법이다. 그러나 또다시 여성은 권력자들의 세계에 "어쩌다 한 번씩 나타나는 호기심의 대상"[16]으로 전락해버렸다. 이는 여성 모두에게 악영향을 미쳤다. 소녀들은 법정에서 활약하는 자신의 모습을 상상할 수 없었고, 그래서 여성이 다양한 분야에서 자아를 실현한다는 개념 자체가 설 자리를 잃었다. RBG는 2007년 1월 인터뷰에서 자신이 오코너와 함께 대법원을 지키는 것이 사람들에게 암묵적 메시지로 작용한다고 말했다. "여성이 두 명이구나. 그런데 두 사람이 비슷하지 않아. 항상 같은 편에 서는 것도 아니야. 그렇지만 어찌됐건 여성이 둘이야." 그러고는 덧붙였다. 이따금 무력한 상황—또는 신랄한 비판—을 마주하면 "대법관석에 앉은 내 처지를 스스로 묘사할 때 주로 사용하는 단어가 '고독'입니다."[17]

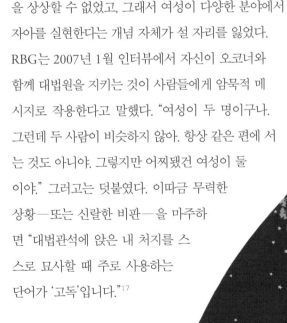

가련한 여성이여

RBG는 인공임신중절 문제에 관해 이례적으로 낙관적인 전망을 품고 대법원에 합류했다. 이제는 동료가 된 대법관들이 겨우 1년 전에 케이시 사건을 다루면서 과거 로 대 웨이드 판결이 인정한 임신중절권의 핵심 사항을 재확인한 상태였기 때문이다.[18] RBG는 판결이 완벽하지 않았으며, 판결문이 정한 규제가 가난한 여성에게 부담이 될 수 있다고 생각했다. 하지만 그만하길 다행이었다. 그것은 적어도 여성의 권리를 명확하게 인정하고 여성의 평등에 대해 이야기하는 판결이었다. "여성이 경제활동과 사회생활에 평등하게 참여하려면 출산에 관한 결정을 스스로 내릴 수 있어야 한다."[19]

1993년, RBG는 임신중절과 관련된 나머지 논란이 앞으로 펼쳐질 기술의 진보로 해결될 것이라 믿었다. 임신 초기에 임신중절을 유도하는 알약이 새롭게 승인을 받은 덕분이었다. 그는 한 인터뷰에서 이렇게 말했다. "나는 과학이 더 많은 결정권을 여성들의 손에 쥐어줄 것이며, 법은 이 문제와 대체로 무관해질 것이라고 생각했다."[20] 그러나 실상은 전혀 그렇지 않았다. 임신중절을 둘러싼 다른 모든 문제가 대체로 그렇듯이, 의약품 역시 여성의 접근을 가로막는 규제의 미로에 갇히고 말았다. 보수주의자들은 임신중절을 완전히 금지하지는 못했지만, 그 어느 때보다 접근하기 어렵게 만드는 방법을 찾아냈다. 언뜻 보면 자비롭게 보이는 방법이었다. 이 모든 일은 케이시 판결 때문에 가능해진 것처럼 보였다. 임신중절을 선택할 여성의 권리에 "부당한 부담"[21]을 지우지 않는 한 각 주는 임신중절을 제한할 수 있다는 내용 말이다. 법은 이런 식으로 임신중절 문제에 있어 줄곧 긴밀한 통제력을 지녀왔다.

RBG가 취임하고 3년이 채 지나기 전, 빌 클린턴은 비극적인 임신을 경험한 여성들에게 둘러싸여 이른바 부분분만낙태금지법Partial-Birth Abortion Act*

* 임신 3개월 이후 머리 전체나 배꼽 이상이 산모의 몸 밖으로 나와 '부분적으로 출산된' 태아에 대해 인공임신중절을 전면 금지하고 이를 시술한 의사를 2년의 징역형에 처하도록 하는 법률로, 주로 임신 후반기 여성들이 관계되었다.

2005년 렌퀴스트 대법원장 장례식에서.

에 반대하겠다고 선언했다.[22] 부분분만낙태금지법은 순전히 선동적인 법률이었다. 일반적인 시점보다 훨씬 더 늦은 임신 후반기에 인공임신중절 수술을 하는 경우, 의사들이 택하는 수술법은 사실 따로 있었다. 따라서 해당 수술을 금지한다고 해서 인공임신중절 건수에 큰 변화가 생길 이유도 없었다. 하지만 이 법은 인공임신중절에 반대하는 운동가들이 미국인들의 뇌리에 인공임신중절에 대해 섬뜩한 이미지를 마구 퍼뜨릴 기반을 마련해주었다.

연방 차원에서 좌절을 맛본 인공임신중절 반대운동은 비교적 우호적인 몇 개 주에서 유사한 내용의 "부분분만낙태" 금지법을 통과시키는 쪽으로 추진되었다.[23] 하지만 의사들이 위헌이라며 항의하고 나섰다. 대법원이 스텐버그 대 카하트 소송에서 한 네브라스카 의사로부터 이의제기를 받았을 때,

RBG는 구두변론에서 말했다. "이 특수한 금지법이 어떤 내용이건 간에, 적어도 여성의 건강을 지키기 위한 목적으로 통과된 것이 아니라는 사실만큼은 분명합니다."[24] 실제로 다수의견 역시 법이 여성을 덜 안전한 상태로 내몰았다고 결론지었다. 브라이어는 오코너와 수터가 동의하는 다수의견으로 해당 법률을 폐기하면서 이렇게 밝혔다. "국가는 임신중절의 방식을 규정함에 있어 여성의 건강을 증진할 수는 있어도 위험에 빠뜨릴 수는 없다."[25] RBG 역시 법률이 그 자체로 앞뒤가 맞지 않을뿐더러, 숨은 의도를 갖고 있다고 지적했다.[26] 로 판결을 뒤집기 위한 장기 전략의 일부라는 뜻이었다. 한편, 케네디는 그 충격적인 과정을 알고 경악한 나머지 분노에 찬 소수의견을 작성했다.[27]

그러나 2003년 조지 W. 부시가 의기양양한 표정으로 새로운 연방 "부분분만낙태" 금지법에 서명하면서 이 모든 노력은 수포로 돌아갔다.[28] 법원이 동일한 사안에서 그 개념을 처음 거부한 뒤로, 법률적·의료적으로 밝혀진 것 가운데 바뀐 내용은 거의 없었다. 그러나 지금은 대통령도 바뀌고 대법관들도 바뀐 뒤였다. 앞서 1992년 케이시 사건에서, 다수 재판부는 여성이 인공임신중절 수술을 받으려면 그 사실을 남편에게 알려야 한다고 규정한 펜실베이니아 주법이 남성의 우월적 권위라는 수구적 인식을 영속화시키는 동시에, 만에 하나 둘의 관계가 폭력적인 성향을 띤다면 여성을 위험에 빠뜨릴 수 있다고 인정한 바 있다. 배우자 통지 조항에 대해서는 이를 심리한 하급법원 판사 네 명 가운데 단 한 명만이 헌법에 위배되지 않는다는 의견을 내놓았을 뿐이다. 그 사람은 바로 새뮤얼 얼리토였다.[29]

2007년 연방 "부분분만낙태" 금지에 대한 이의신청이 대법원에 올라왔을 때, 오코너는 이미 떠난 뒤였고, 캐스팅 보트를 쥐고 대법원을 좌지우지하는 사람은 케네디였다. 그러나 케네디는 이 특수한 임신중절 과정에 대해 여전히 분노를 가라앉히지 못한 상태였다. RBG는 해당 법률이 여성의 건강을 증진하거나 아직 태어나지 않는 생명을 보호하는 데 있어 아무런 역할도

하지 못한다고 보았다. 하지만 케네디의 생각은 달랐다. 그는 곤잘레스 대 카하트 사건[30]의 다수의견에서 임신중절 반대운동이 밀어붙인 새로운 정당화 논리를 그대로 차용했다. 변덕스러운 여성을, 거짓을 말하는 그들 자신 혹은 의사로부터 보호하기 위해서라는 논리였다.

케네디는 이렇게 썼다. "그 현상을 확증할 수 있는 믿을 만한 데이터를 전혀 찾을 수 없었지만, 상당수 여성이 스스로 창조하고 유지해온 어린 생명을 소멸시키겠다는 자신의 선택에 대해 후회하리라는 결론에 있어서는 이론의 여지가 없어 보인다. 심각한 우울증과 자존감 상실이 뒤따를 수도 있다."[31] 케네디는 임신 후반기에 행해지는 모든 임신중절을 금지할 수는 없을 지언정, 최소한 그런 방식의 임신중절을 금지한다면 임신중절을 완전히 포기하도록 여성들을 설득할 수 있을 것이라고 밝혔다. 이에 대해 언론인 달리아 리스위크는 웹진 '슬레이트'에 실은 칼럼에서 다음과 같이 주장했다. "케네디의 견해는 모든 여성이 이 같은 임신중절 과정을 마치 케네디 자신이 원초적 두려움을 느끼듯이 예민하게 받아들이기만 한다면, 수술을 거부할 수밖에 없으리라는 전제에서 출발한다. 하지만 여성들은 그렇지 않다. 케네디는 무엇이 여성을 위하는 길인지 고민해야 할 것이다."[32]

RBG는 케네디의 다수의견에 마음속 깊이 모욕감을 느꼈다.[33] 법이 여성 스스로 온전하고도 평등하게 자신의 운명을 개척할 수 있음을 인정하도록 만들기 위해 그동안 자신이 애써 쌓아온 성과를 뿌리부터 흔드는 판결문이었다. 훗날 RBG는 케네디가 "가련한 여성이여, 자기 선택을 후회할지니"라고 읊조리며 멋대로 상상의 나래를 폈다고 썼다. RBG는 대법관석에 앉아 요약한 자신의 소수의견에서, 케네디가 임신중절과 동성애자의 권리에 대한 판결에서 "우리의 의무는 누구나 자유를 누려야 한다는 사실을 분명하게 드러내는 것이지, 개인의 도덕률을 강요하는 것이 아니다"[34]라고 스스로 주장을 편 바 있다고 꼬집었다. 심지어 "지난번 인공임신중절 제한 규정을 고려할 때와 비교해 재판부의 구성이 달라졌다"[35]는 냉정한 지적을 함으로써 대법관들 사이의 유대감이라는 불문율도 깨뜨렸다. 얼리토를 겨냥한 발언이었다.

기나긴 싸움이 될 수밖에 없었다.

곤잘레스 대 카하트 사건 소수의견[36]

케이시 판결이 함축하는 바, 인공임신중절 규제에 저항하는 여러 소송에서 핵심은 여성의 "자기 운명에 대한 통제권"이다. "얼마 전까지만 해도" 여성들이 "가족과 가정생활의 중심으로서, 헌법이 보장하는 완전하고 독립적인 법적 지위가 부정되는 특별한 책임을 진다고 여겨지던 시절이 있었다."

대법원이 케이시 사건에서 분명하게 밝힌 것처럼, 그 같은 관점은 "더 이상 가족이나 개인, 헌법에 대한 우리의 견해에 부합하지 않는다." 이제는 누구나 여성도 "이 나라의 경제와 사회에 평등하게 참여할" 재능과 역량과 권리가 있다고 생각한다. 여성이 자신의 잠재력을 온전히 발휘하려면 "재생산 활동을 스스로 통제할 수 있어야 한다." 이는 법원이 인정한 사실이다. 따라서 인공임신중절 규제를 철폐하기 위해 법적 문제를 제기할 때에도 사생활에 대한 통념을 바탕으로 정당성을 갖추려고 애쓰기보다는, 여성이 삶의 과정을 스스로 결정하고 평등한 시민적 지위를 누리는 자주성에 초점을 맞추는 것이다.

궁극적으로, 대법원은 "도덕적 우려"가 제기될 수 있음을 인정한다. 이런 우려는 임신중절이라면 무조건 부도덕한 것으로 몰아 금지령을 선포하는 결과를 낳을 수 있다. 그러나 지금까지 제기된 우려는 생명을 보호하려는 정부의 노력에 실질적으로 이바지하는 어떠한 근거도 내놓지 못하고 있다. 그럼에도 그러한 주장이 소송에서 승리하도록 내버려둔다면, 그로 인해 기본권이 무시되는 것을 허용한다면, 이는 대법원 판례의 치욕으로 기록될 것이다.

이 문제와 관련해 주목할 점은, 대법원이 이미 믿을 만한 증거가

1992년 케네디와 오코너, 수터가 공동 작성한 미가족계획연맹 대 케이시 사건 판결문은 여성에게 태아가 자궁 밖에서 생존할 수 있는 상태에 이르기 전에 임신 상태를 중단시킬 권리가 있음을 확인했다. 그러나 주정부는 해당 여성에게 "부당한 부담"을 지우지 않는 한 인공임신중절 규제 법률을 제정할 수 있다고 밝혔다.

RBG는 여성의 배심원단 참여 의무를 면제하는 법률에 대한 1961년 호이트 대 플로리다 사건을 인용하고 있다. RBG가 이끌던 여성권익증진단의 성공 사례 가운데 하나였다.

RBG는 케네디가 케이시 판결에서 어떤 내용에 서명했는지, 또 지금은 그 생각이 어떻게 바뀌었는지 날카롭게 지적하고 있다.

RBG에게 임신중절권은 여성의 평등권에 관한 사안이지 "사생활"에 관한 사안이 아니다. 법원 역시 이런 견해를 서서히 받아들이기 시작했다. 이와 관련해 대법원 판결문에서 찾을 수 있는 가장 직접적이고 일관된 언급이 바로 이 대목이다.

전혀 없다고 받아들여진 임신중절 반대의 진부한 교리를 들먹인다는 사실이다. 그것은 바로 임신을 중단한 여성이 자신의 선택을 후회하게 된다거나, 그 결과로 "심각한 우울증과 자존감 상실"을 겪으며 고통받게 된다는 식의 주장이다. 여성의 연약한 감정 상태와 "자식을 향한 어머니의 애정 어린 유대감" 때문에, 대법원은 의사들이 무손상 확장추출술Intact D&E*의 본질에 대한 정보를 숨길까 봐 걱정한다. 그렇다면 법원이 승인하는 해법은 의사가 여성에게 또 다른 임신중절 관련법과 그에 수반하는 위험성에 대해 정확하고도 적절한 정보를 제공하도록 요구하는 것이어야 하거늘, 그러지는 못할지언정 여성의 안전을 해치면서까지 여성에게서 자주적으로 선택할 권리를 박탈하려 든다.

이와 같은 사고방식은 여성이 가정과 헌법에서 차지하는 위치에 대한 전근대적 인식의 반영으로, 공신력을 상실한 지 오래된 발상이다.

오늘날 많은 사람이 이 문제에 대한 여성들의 감정이 "자명"하다고 여기는데도, 본 법원은 "여성의 운명은 자신의 영적 책무와 사회적 위치에 대한 각성을 바탕으로 (…) 형성되어야 한다"고 재차 확인하고 있다.

(…) 요컨대, 부분분만낙태금지법이 정부의 정당한 이익에 기여한다는 발상은 대단히 단순하고 비이성적이다. 대법원이 이 법을 방어하는 것은 앞뒤가 전혀 맞지 않는다. 진정 이 법, 그리고 이 법을 보호하려는 대법원의 태도는 스스로 거듭 선언했던 어떤 권리를 조금씩 깨부수려는 노력으로밖에 보이지 않는다. 그것도 이 권리가 여성의 삶에서 중대하다는 인식이 나날이 높아지고 있는 시기에.

임신중절 반대 옹호자들은 다수의 지지층 되찾기 위해서 임신중절에 대한 규제가 태아는 물론 여성을 보호하기 위함이라고 정당화하기 시작했다. 케네디의 다수의견은 이 같은 새로운 경향을 반영한 것이다.

RBG는 "여성을 보호하기 위해" 임신중절을 금지하는 근거가 무엇인지 따지고 있다. 그는 이런 식의 임신중절 반대 주장이 여성의 판단력과 사회적 역할에 대한 편견을 반영하는 동시에, 이를 강화한다고 보았다. 대법원은—RBG 본인이 변론에 나선 사건들을 포함해—여러 성차별 사건에서 이런 편견이 위험이라고 판시한 바 있다. 여성들은 아무 걱정 말고 시키는 대로 하라는, 다 너희를 위한 것이라는 충고를 또다시 듣고 있는 셈이다.

RBG는 그렇게 호락호락한 사람이 아니다. 그는 이른바 부분분만임신중절술을 표적으로 삼은 대법원의 칼끝이 결국에는 임신중절 전반으로 향하게 될 것이라고 보고 있다.

* 태아의 신체에 해를 가하지 않고 신체 일부를 여성의 신체 밖으로 꺼낸 후 튜브로 두개골만 와해시켜 배출을 용이하게 하는 수술 방식으로 주로 부분분만임신중절술에 이 방식이 쓰인다.

날짜를 다시 세다

어느 날 밤, 릴리 레드베터[37]는 아무런 마음의 준비 없이 우편함에 들어 있는 익명의 편지를 손에 쥐었다. 그는 굿이어 타이어 공장에서 수십 년을 일하며 잔뼈가 굵은 직원이었다. 발신인은 집에서도 계집한테 명령을 듣는 마당에 직장에까지 나와서 이래라저래라 하는 소리를 듣고 싶지 않다고 투 덜대던 사람은 아니었다. 라마다 모텔에서 자신을 만나주면 인사고과에 유 리할 것이라고 했던 상사도 아니었다. 레드베터는 누가 타이어 부문 관리자 들의 급여 액수가 적힌 서류를 뜯어서 자신의 우체통에 넣었는지 끝내 알아 내지 못했다. 그 서류에 따르면, 남성들은 레드베터보다 1만5000달러 정도 를 더 받고 있었다. 편지를 받아든 덕분에, 레드베터는 마침내 법정으로 걸 음을 옮길 수 있었다.

레드베터는 대법원의 코린트식 기둥들을 응시하고 있었다. 이미 연방항 소법원으로부터 소송을 너무 늦게 제기했다는 이유로 차갑게 거절을 당한 뒤였다.[38] 레드베터의 변호사들은 급여를 받을 때마다 차별을 당한 것이므 로, 그때마다 시효가 새롭게 적용된다면서 사건을 대법원으로 가져갔다.

레드베터는 구두변론 때 남성 대법관들 한가운데 외로이 앉은 RBG를 바 라보았다. 그리고 훗날 이렇게 썼다. "우리는 나이가 얼추 비슷했고, 그 사람 역시 자기 분야에서 길을 개척해온 여성들 가운데 한 사람이었습니다. 내가 공장 바닥을 누비고 있을 때, 그는 미국 사법부의 신성한 전당을 지켰을 겁 니다. 하지만 넥타이를 맨 남자건 청바지를 입은 남자건, 하는 짓은 매한가 지였을 거라는 생각이 들더군요."[39]

불행히도 오코너는 떠난 뒤였고, 친기업적인 얼리토가 다수의견을 썼다. 그는 레드베터가 "고용인의 차별 혐의가 있는 결정이 있은 뒤 그 결정을 통 보받은 날로부터 180일 이내에" 소를 제기해야 했다고 퉁명스럽게 적었다.[40]

대법관석에서 소수의견을 낭독한 RBG 역시 레드베터와 마찬가지로 뚜렷한 동질감을 느꼈다. RBG는 나중에 이렇게 말했다. "그 사람 세대의 거의 모든 직장 여성이 공감할 수 있는 이야기였습니다. 그는 남성이 맡았던 자리를 차지한 여성이었습니다. 일을 시작한 날부터 온갖 두려움을 느껴야 했지만, 풍파를 일으키고 싶지 않았을 겁니다."[41] 그러나 RBG는 풍파를 일으키고도 남을 만한 자리에 서 있었다.

레드베터 대 굿이어 사건 소수의견[42]

우리가 보기에, 대법원은 여성을 임금 차별의 희생양으로 만드는 교활한 수법에 대해 몰이해하거나 무관심하다.

오늘 판결의 교훈이 있다면 임금 격차를 알게 되었을 때 그것이 차별 때문인지 아닌지 불확실하더라도, 가급적 소송을 서두르지 않으면 안 된다는 점이다. 본질적으로 같은 일을 해도 남성이 더 많은 급여를 받는지 여부를 사실상 처음에는 알기 어렵다.

물론, 그렇게 어설픈 상태로 소송을 제기한다면 패소할 것임이 자명하다.

만약 임금 차이가 충분히 지속적으로 발생했고, 그 액수 또한 상당해서 그에 관해 유리한 증거를 다수 확보한 상태로 소송을 제기한다면 그때는 법원 문턱에서 내쫓겨야 할 것이다. 제소가 너무 늦었기 때문이다. 이런 상황을 의회의 취지라고 보기는 어렵다. 의회는 제7장에서 인종, 피부색, 종교, 성별, 출신 국가를 사유로 한 직장 내 차별을 금지했기 때문이다.

(…) 제7장의 입법 취지는 실제 사업장의 고용 행태를 규율하겠다는 의도였다. 하지만 오늘날 법원은 사업장의 현실을 외면하고 있다.

누가 누구보다 얼마나 더 많이 받는지에 대해 피고용인들은 잘 모르는 것이 일반적이다. 급여 정보는 피고용인들이 접근할 수 없는 비공개 사안이기 때문이다.

당시 대법원에서 유일한 여성 대법관이었던 RBG는 나머지 남성 대법관들을 향해 현실세계에서 여성으로 살아간다는 것, 굿이어 타이어 공장의 릴리 레드베터와 미국 법조계의 루스 베이더 긴즈버그처럼 남성의 영역에서 일을 한다는 것이 어떤 의미인지 전혀 이해하지 못하고 있다고 말하는 중이다.

시민권 소송이 줄어들기를 바라는 속내를 점점 더 노골적으로 드러내는 대법원을 역설적으로 비판하고 있다.

소송이 어떻게 끝날지에 대한 현실적인 지적. 차별에 대한 최소의 증거가 나타나자마자 소송을 걸어 승소한다는 것은 불가능에 가깝다.

1964년에 제정한 시민권법 제7장에 관한 언급이다. 차별을 당하고도 승소할 사람이 아무도 없다면, 이보다 더한 딜레마가 또 있을까.

임금 차이는 레드베터 사건에서처럼 대개 임금 인상폭이 적기 때문에 발생한다. 때문에 오랜 시간이 흘러야만 차별의 의혹을 명백하게 인지할 수 있다.

이 사안은 급여의 공정성 문제를 따질 때 고용인에게 가장 유리한 측면 가운데 하나다. 만약 급여액이 공개된 정보라면, 아니, 적어도 모든 피고용인이 알고 있는 정보라면, 차별 금지 법규의 세계가 지금과 얼마나 다른 모습일지 상상해보라.

릴리 레드베터: "긴즈버그 대법관이 정곡을 찔렀다. (…) 함께 일하는 동료들에게 월급이 얼마냐고 물어보고 싶어 말을 빙빙 돌리는 사람은 없을 것이다. 하물며 어떤 동료들이 자신보다 임금을 조금 더 받는 사실을 안다고 해서, 곧바로 차별이 아닌지 의심하는 사람은 더더욱 없을 것이다. 특히 내가 일한 공장처럼 남성이 지배하는 일터에서 유일한 여성으로 지내려면, 불필요하게 물의를 빚지 않고 그럭저럭 적응해서 무난하게 지내려고 노력해야 한다."

RBG 자신의 사회 초년 시절과 무척 비슷하게 들린다.

해도 문제고, 안 해도 문제라고? 만약 레드베터가 일찍이 문제를 제기했다면, 불평불만을 일삼는 자라는 꼬리표가 달려 그 대가를 톡톡히 치러야 했을 것이다. 반대로, 레드베터는 꾹 참고 기다렸지만 결국 불공정한 급여 지급이 워낙 오래전으로 거슬러 올라가는 일이라서 어쩔 수 없다는 대답을 들어야 했다.

모든 임금 지급 건은 고용인이 책임져야 할 별개의 행위다. RBG가 지적한 대로, 고용인이 이를 숨기고자 한다면, 숨긴 내용에 대해 책임을 져야 한다.

급여액을 비밀에 부치는 것은 여성을 포함한 모두에게 영향을 미친다. 궁극적으로는 고용인이 불법적 차별의 칼날을 멋대로 휘두르도록 만든다.

처음에는 임금 차이도 적고, 따라서 직원들은 그런 사실을 알더라도 연방 차원에서 소송을 제기할 문제는 아니라고 여길 것이다.

남성이 지배하는, 남성만 근무하던 일터에 처음 입사한 여성으로서 성공을 꿈꾸며 열심히 일하는 레드베터 같은 피고용인은 문제를 일으키면 어쩌나 노심초사하기 마련이다.

(…) 애초 레드베터가 고용인에게 무죄 추정의 원칙을 기꺼이 적용해주었다고 해서, 성별을 사유로 계속해서 더 낮은 급여를 받아온 사실에 대해 단지 시일이 지났다는 이유를 들어 배상 청구를 막아서는 안 된다.

게다가 제7장에서 규정하듯이, 레드베터가 급여를 받을 때마다 이의제기를 하지 않았다고 해서 이전의 모든 문제가 사라지는 것은 아니다. 남성 관리자들의 임금 수준에는 못 미치지만 레드베터의 급여도 꾸준히 상승해 그런대로 후한 임금을 받았다는 사실 역시 고려의 대상이 아니다.

과거의 임금 차별을 고의적으로 반복하는 행위는 그 자체로 법적 고려의 대상이다.

레드베터는 평등고용기회위원회^{EEOC}에 불만을 제기했을 당시 실제로 받던 더 낮은 급여에 대해 제7장에 따른 보상을 받을 수 없을지도 모른다.

또 하나 명백한 사실은 레드베터가 인종, 종교, 나이, 출신 국가, 장애를 이유로 임금 차별을 당했다고 해도 마찬가지로 구제를 받지 못할 것이라는 점이다.

● 드렉셀대학교 로스쿨 데이비드 코언 부교수가 도움말을 주었다.

본 법원이 제7장에 대해 폭넓은 구제라는 법률의 입법 취지에 부합하지 않는 편협한 해석을 주문한 것은 이번이 처음은 아니다.

1991년, 의회는 이 나라의 유사한 규제 법률 몇 가지를 사실상 폐기하는 시민권법을 통과시켰다. 여기에는 그동안 법원이 의존하던 내용도 한 가지 포함되었다.

오늘, 공은 다시 의회로 넘어갔다. (…) 입법부가 제7장에 대한 본 법원의 편협한 해석에 주목하고, 이 법을 바로잡아야 할 이유가 생긴 것이다.

대법원은 제7장을 잘못 해석하는 전통 아닌 전통을 이어오고 있다. 차별 피해자들을 오도 가도 못 하게 얽어매는 것이 아닌, 곤경에서 구해내는 것이 이 법의 목적임을 망각해서다.

민주당이 장악한 의회는 그 공을 집어 들었다. 그러나 RBG는 내게 이렇게 말했다. "2015년까지도 의회는 무슨 일을 할 수 있는 상황이 못 됐습니다. 그래서 우리가 레드베터 사건에서 얻어낸 것과 비슷한 성취를 좀처럼 보여주지 못하고 있습니다. 언젠가 소속 정당을 불문하고 의원들이 뜻을 모아 성과를 도출하던 시절로 돌아갈 날이 오겠지요."

Ginsburg:
opinion in
American Electric
Power v Conn.

LIEN 6-20-11

공감대를 형성해도 모자랄 로버츠의 대법원은 출범한 지 2년이 채 지나기도 전에 극심한 분열에 휩싸이고 말았다. 로버츠 대법원장은 2006~2007년도 회기에서 선거 자금 상한선 설정을 시도했는가 하면, 인종차별을 바로잡기 위한 법률이 그 자체로 인종차별적이라고 비판함으로써 스스로 논란의 중심에 섰다.[43] 로버츠는 흑백 통합 교육을 이유로 거주지와 무관하게 학생을 인위적으로 배정하는 정책을 폐기하면서 다수의견으로 이렇게 선언했다. "인종을 사유로 한 차별을 막는 방법은 인종으로 해서 사람을 구분 짓는 행위를 금지하는 것이다."[44] RBG는 두 사건에서 모두 소수의견을 냈다.

RBG는 그때까지 대법관석에서 한 회기에 두 건의 소수의견을 낭독한 적이 한 번도 없었다. 그 두 사건은 카하트 사건과 레드베터 사건이었다. 사람들은 낌새를 챘다. 신시아 푹스 엡스타인은 『뉴욕 타임스』에서 이렇게 설명했다. "그는 언제나 '새하얀 장갑'을 끼는 고상한 사람으로 통했고, 그렇게 고상한 방식으로 많은 것을 이루었다. 지금 그는 자신이 거머쥔 성취의 근간이 위협을 받는 현실에 직면했다. 그가 대법원이 지켜온 관습에서 벗어난 행동을 취하는 것은 이런 이유에서다"[45] 칼럼의 제목은 '긴즈버그, 또다시 소수의견 낭독'이었다. RBG는 마티가 저세상에서 이 기사를 읽고 깜짝 놀랐을 거라는 농담을 했다.

RBG는 불협화음을 일으킨 점에 대해 조금도 사과하지 않았다. 당기 막바지에는 다음과 같이 경고하기도 했다. "대법원이 중차대한 사안에서 잘못된 방향을 바로잡지 않는다고 판단되면, 계속해서 소수의견을 낭독할 생각입니다."[46] 비유하자면, RBG는 이미 '새하얀 장갑'을 벗어던진 상태였다.

그들은 결코 열세 살 소녀가 되어본 적이 없다

릴리 레드베터 이야기는 아직 끝나지 않았다. RBG는 의회가 움직여줄 것을 촉구했다. 그러나 한참 더 참고 기다려야 했다. 2008년, 대법원 다수의견이 차별 해소를 위한 법률에 입힌 해악을 만회하기 위해 새로운 법안이 발의되었다. 그러나 이 법은 공화당 중심의 상원에서 폐기되었다. 부시도 이미 거부권을 행사하겠다고 선언한 상태였다. 그러나 버락 오바마의 대통령 당선이 판세를 뒤집었다. 오바마는 취임 열흘 만에 릴리 레드베터 공정임금법Lilly Ledbetter Fair Pay Act에 서명했다.[47] 레드베터는 빨간 옷을 입고 대통령 뒤에 서서 환하게 웃었다. RBG는 법조문 사본을 액자에 넣어 집무실 벽에 걸었다. 정부 기관들이 자신이 생각하는 이상적인 방식으로 의사소통한 결과였기 때문이다.

하지만 RBG는 여전히 유일한 여성 대법관이었다. 그는 이 문제가 이념적 경계를 넘나드는 투쟁이라고 생각했다. 그해 봄, 애리조나의 열세 살 먹은 학생 사바나 레딩의 소송건이 대법원으로 올라왔다.[48] 다른 학생에게 의사의 처방이 필요한 약물 이부프로펜을 건넸다는 이유로 학교에서 알몸 수색을 당한 청소년이었다. 대법원은 어린아이를 알몸 수색하는 행위가 헌법에 합치하는지 여부를 판단해야 했다. 그러나 이날 오전, 남성 대법관 몇몇은—진보 성향의 대법관마저도 한 사람 이상이—레딩에게 일어난 사건에 대해 무엇이 그리 잘못되었는지 이해하느라 애를 먹었다. 브라이어는 혼잣말을 하듯 이렇게 말했다. "속옷을 벗는 것이 어째서 이토록 중요한 문제인지 이해하려고 노력하는 중입니다. 아이들은 체육시간마다 옷을 갈아입지 않던가요? 제가 여덟 살, 열 살, 아니 열두 살 때였는지 몰라도, 하루에 한 번 옷을 갈아입었던 기억이 납니다. 체육시간에 나가서 뛰어놀려고 말입니다. 아닌가요? 저 역시 그렇게 옷을 갈아입었고, 친구들이 제 속옷에 뭔가를 집어넣는 장난을 치기도 했습니다."[49] 법정 여기저기서 불편한 실소가 터져 나왔다. 가장 크게 웃은 사람은 토머스였다.

브라이어는 실언을 수습하려고 애를 썼다. "아니, 내 속옷은 아니었던가, 아무튼. 어쨌든." 이쯤 되자 그는 청중에 대한 통제력을 완전히 상실하고 말았다. "나도 친구들한테 그런 짓을 했냐고요? 모르겠습니다. 내 말은, 그런 행위가 사람이 살면서 겪을 법한 정도를 넘어선다고 생각하지 않는다는 겁니다."

레딩은 RBG의 손녀 클래라와 비슷한 나이였다. RBG가 듣다못해 받아쳤다. "그 속옷을 남이 벗겼다면 전혀 다른 이야기가 됩니다. 브래지어까지 벗어서 흔들어보라는 요구도 받았다잖습니까."[50]

그로부터 몇 주 뒤 데이비드 수터는 은퇴를 발표했고, RBG는 다시 한번 관례를 어겼다. 판결이 나오기 전이었지만 사바나 레딩 사건에 대해 발언하고 싶었다. 그는 『USA 투데이』 인터뷰에서 "구두변론 때 벌어진 그 황당무계한 광경을 목격하며 마치 레드베터 사건이 반복되는 느낌을 받았습니다." 여성이 나날이 겪는 현실을 남성 대법관들이 몰라도 너무 모른다는 말이었다. RBG는 다른 대법관들에 대해 이렇게 말했다. "그들은 열세 살 소녀로 살아본 적이 없습니다. 그 나이 여자아이들이 얼마나 민감한지 전혀 모른다는 거죠. 나는 동료들, 특히 그중 몇몇은 끝끝내 이를 이해하지 못했다고 생각합니다."[51]

그들은 사바나 레딩을 이해하지 못했고, 루스 베이더 긴즈버그에게 귀를 기울이지도 않았다. RBG는 말했다. "어떤 발언을 하고 나서 스스로 생각해도 썩 괜찮은 의견이구나 싶을 때가 있습니다. 그런데 누군가 내 발언을 그대로 가져가서 말합니다. 그러자 다른 사람들이 귀를 기울이고 반응하기 시작합니다. 나는 1960년대와 1970년대에 걸쳐 수많은 모임에서 이런 일을 겪었습니다." 놀랍게도, 화합의 여왕 RBG는 현재의 대법원 동료들이 지난날의 나쁜 행동을 그대로 반복하고 있음을 비판했다. RBG는 말을 이어갔다. "요즘 대법원에서 회의를 할 때도 똑같은 상황이 벌어집니다. 내가 무슨 말을 하면 제대로 듣지 않습니다―그렇다고 내가 듣는 이를 혼란스럽게 만드는 사람도 아닙니다. 그런데 내가 아닌 다른 사람이 그 이야기를 언급하면 그제야 모두가 주목합니다."[52]

남성 대법관들이 RBG의 이 말에는 귀를 기울인 모양이다. 2009년 5월 26일, 오바마가 소토마요르를 지명했다. 그리고 6월 25일, 대법원은 학교가 레딩을 알몸 수색한 사건에 대해 만장일치로 위헌 판결을 내렸다.[53] RBG는 내게 자신이 동료들의 생각을 바꾸었다고 말했다. "우리는 살아 있는 한 배우고 깨달을 수 있습니다. 그러기 위해선 경청이 중요한 일이지요. 판결이 이렇게 나와서 무척 기쁩니다."[54]

사나운 폭풍

2006년, 공화당과 민주당 의원들이 한자리에 모여 선언했다. 소수자들의 참정권을 보호하기 위해서는 통과된 지 40년도 넘었지만 여전히 투표권법이 필요하다고. 1965년에 제정된 이 법은 상원에서 만장일치로 승인을 받고 하원을 390대 33으로 통과했으며, 조지 W. 부시의 서명으로 효력이 갱신되었다. 하지만 그런 화합의 수면 아래서는 보수주의자들의 반감이 부글부글 끓고 있었다. 수십 년 전, 레이건 행정부에서 일하던 존 로버츠라는 젊은 변호사는 한 공동명의 보고서에서 참정권 제한과 관련된 사건들에 대해 "어마어마하게 번잡스러운 간섭으로 이어지기 마련이므로, 쉽게 입증할 수 없도록" 법조문을 구성해야 한다고 주장했다.[55] 로버츠로서는 참정권을 침해당하는 번잡스러움을 상상하는 편이 훨씬 더 어려웠을 것이다.

2013년 2월 27일 셸비 카운티 대 홀더 사건에 대한 구두변론에서, 스캘리아는 투표권법이 의회에서 그토록 인기가 높았던 이유에 대해 자신의 견해

나사르 사건과 반스 사건
-이봐, 성차별주의자와 인종주의자, 고용인 들이 살기 좋은 세상을 만들자고.
-하하 그러자고, 친구.
-너희가 최악인 이유를 모조리 읊어주겠어.

피셔 사건
-인종차별을 없애려고 노력하는 것도 인종차별적이라네.
-농담 집어치우시지. 또 한 소리 듣고 싶어서 그래?

셸비 카운티 사건
-와하하, 드디어 인종주의 완성!
-그럴 리가.

를 밝혔다. "인종별 재정 지원이라는 혜택을 영속화한다고 일컬어지는 현상에서 기인한 게 분명하다고 본다. 실제로 그런 수상도 있다. 이느 사회가 인종에 따른 재정 지원 정책을 도입했다면, 정상적인 정치적 절차를 통해서는 해당 정책을 철회하기가 매우 어렵다."[56] 흑인들이 정부를 쥐고 흔드는데도 딱한 정치인들은 노파심에서 인종주의자들이 이 문제와 관련해 수선을 피우지 않았으면 좋겠다고 바라고만 있다는 뜻일 테다. 법원이 그들을 구제해야 했다. 사람들은 법원 내 변호사 휴게실에서 거친 숨을 몰아쉬며 귀를 쫑긋 세우고 있었다.

공화당은 비선출직 재판관들의 폭정에 대항해 한바탕 싸움을 벌이자고 주장했다. 그러나 셸비 사건에서 대법관들은 선출직 관료들을 무시하면서 대중의 참정권을 보장하는 법률의 주요 조항을 무효화했다. RBG는 『뉴욕 타임스』에서 이렇게 밝혔다. "대법원은 보수적이라는 평판을 듣고 있습니다. 그러나 의회가 통과시킨 법을 얼마든지 무효화할 수 있다는 의미로 적극주의라는 표현을 쓸 수 있다면, 현재 대법원은 그 어느 때보다 적극적인 법원으로 역사에 길이 남을 것입니다."[57] RBG의 암담한 예상은 현실이 되었다. 셸비 판결 이후 몇 년 동안, 여러 주에서 앞다투어 법을 고쳐 투표 참여를 더 어렵게 만들어 버렸고, 그 피해는 유색인종과 빈곤층에게 불균

형적으로 쏠렸다. RBG가 말했다. "우리는 이 정도면 비에 젖지 않을 것 같다면서 우산을 내던졌습니다. 그러나 거센 폭풍이 우리에게 밀려올 것입니다."[58]

셸비 카운티 대 홀더 사건 소수의견[59]

RBG는 1993년 대법관으로 취임한 이래 투표권을 열성적으로 지켜왔다.

RBG는 지난 한 세기를 뒤돌아볼 때 시민권과 관련된 초기의 연방법, 지방법, 그리고 수정헌법 제4조와 제5조가 유권자 차별을 막는 데 실패했다는 사실을 에둘러 지적하고 있다.

RBG가 지적한 대로, 인종을 사유로 한 투표 차별을 뿌리 뽑으려는 노력은 두더지 잡기 게임과 같았다. 한 가지 차별을 불법화하는 즉시 새롭고도 기발한 수법이 등장했다.

RBG는 미국 민주주의 발전에 있어 투표권법이 지니는 중요성과 영향력이 막중하다고 보았다. 특히 민권운동의 "왕관에 박힌 보석"으로 불리는 제5장은 투표권법의 핵심이다. RBG가 나중에 소수의견에서 지적한 것처럼, "투표권법을 통해 한때 꿈에 그쳤던 우리 사회의 진보가 실현되었다. 지금까지 계속해서 진보가 이루어지는 것도 그 덕분이다."

"참정권 차별은 여전히 존재한다. 누구도 이를 의심하지 않는다." 그러나 오늘날 대법원은 그런 차별을 막는 데 가장 적절하다고 입증된 구제책을 없애버렸다. 1965년 제정된 투표권법은 선거 차별에 맞서 싸우는 데 있어 시도된 다른 방책들이 실패하는 가운데서도 제몫을 톡톡히 해내왔다. 무엇보다 소수자 투표권에 있어 지독한 차별의 악질적인 기록들이 남아 있는 지역에서 참정권 관련 법률을 개정하려면 반드시 연방정부의 사전 승인을 받도록 규정한 투표권법의 조항이 효과적이었다. 인종을 사유로 차별당하지 아니하고 투표할 권리를 보장한 수정헌법 제14조와 제15조가 제정된 이후 한 세기, "투표에 있어 인종차별이라는 병충해"가 여전히 "이 나라 일부 지역의 선거과정을 좀먹고 있다." 이처럼 혐오스러운 병충해에 대처하기 위한 초기의 시도들은 신화 속 괴물 히드라를 물리치는 것과 흡사했다. 투표에 있어 어떤 차별이 발견되어 이에 금지 조치를 내리면, 또 다른 차별이 고개를 내미는 식이었다. 본 법원은 소수자에 속한 시민의 권리를 박탈하는 법률의 놀라운 "다양성과 지속성"에 반복적으로 맞닥뜨려왔다. (…) 그런 필요에 응답하며, 투표권법은 미국 역사상 가장 적확하고 효과적이며 정당성이 상당한 연방정부의 입법권 행사 도구 가운데 하나가 되었다. 투표권법은—헌법의 명령에 대한 반발이 가장 맹렬한 곳으로—문제가 되는 주 또는 카운티에서 투표 관련법을 개정하고자 할 때 연방정부의 사전 승인을 받도록 규정하는 동시에, 여러 주정부는 물론 소수집단 유권자를 위한 적절한 해법도 제시했다. 투표권법 제5조가 규정하는 사전 승인 제도에 따라 지정된 곳은 반드시 투표에 관한 법률 또는 투표 절차 개정안을 법무부에 제출해야 하고 법무부는 60일 내에 개정안에 대한 답변을 주어야 한다. 법무부가 "인종이나 피부색을 사유로 투표권을 부인 또는 제한하려는 목적[이나] (…) 결과를 낳는다"고 판단하는 사안이 아니면 개정안은 승인될 것이다. 대안으로는, 해당 주 또는 카운티가 D.C. 연방지방법원 판사 세 명의 승인을 받는 방법도 있다. (…) 의회는 2006년 투표권법 재승인 사안에 대해 대단히 신중하고 진지하게 접근한 바 있다. 하지만 오늘 법원의 판결문은 그런 태도를 보여주지 못했다. 대법원은 의회가 입법과정에서 확보한 상당량의 자료를 활용하기 위해 진지하게 노력하는 대신, 등록 유권자 수와 투표율 증가가 전부인 것처럼 붙들고 늘어진다. 대법원은 검토 기준을 세우지도 않고, "기록에서 추출한 데이터"에 입각한 주장마저 오만한 태도로 무시하면서, "기록이 말해주는 것에 대한 논쟁"에 참여하기를 거부한다. 합중국의 시민권을 보장하는 입법에 있어 상징성을 띠는 해당 법률에 치명상을 입힌 판결문에 누구도 만족하지 못할 것이다. (…)

투표권법을 셸비 카운티에 적용하는 것이 헌법에 합치하는지 여부를 고려하기도 전에, 심지어 관련 단서 조항을 언급하지도 않고 셸비 카운티의 표면적 이의제기를 들어주는 데만 급급한바, 이런 판결문을 신중하고 적절한 판단의 사례라고 여기기란 거의 불가능하다. 오히려 정반대다. 그 같은 오만이 오늘 투표권법을 산산조각 냈다.

(…) 수많은 증거가 퇴보를 예견한 의회의 전망이 사실임을 보여주었다. 차별적인 변화를 막는 데 효험을 보였고, 지금도 그러한 효

RBG가 "사전 승인"의 절차를 설명하고 있다. 사전 승인 대상 지역은 대부분 남부에 속한다. 이들 지역은 소수자의 참정권을 억압하는 교활한 수법으로 인종을 사유로 유권자를 차별하는 행위를 끝내기 위한 헌법상 의무를 악착같이 외면해왔다. 그러나 사전 승인 제도하에 투표법을 바꾸려면 개정안을 법무부나 D.C. 연방법원에 제출해야 한다. 개정법을 발효하기 전에 인종적 소수집단을 열악한 지위로 내모는 법안이 아닌지 식별하기 위해서다.

속 터진다.

셸비 카운티는 '표면적 이의 제기'에서 이 법이 완전히 위헌이므로 철저히 깨부숴야 한다고 단언했다. 특정 사례에 적용해 위헌을 주장하는 제한적 접근 방식과 대조적인 태도다. 이 지점에서 RBG는 보수적인 대법관과 그 지지자 무리를 그들과 똑같은 논리로 비판한다. 그들은 진보적인 판결이 나올 때마다 심리 범위를 멋대로 뛰어넘었다면서 오지랖 넓은 사법적극주의라고 비난하곤 했다. 자, 이제 RBG가 보수적 다수의견을 향해 한마디를 던진다. "천천히, 제발 진정해, 호들갑 떨지 말고.* 실제로 차별이 있었는지, 조금 더 좁은 범위에서 판결할 수는 없는지 아직 확인도 안 했잖아."

* 노터리어스 BIG의 가사를 인용하고 있다.

● 전미유색인지위향상협회NAACP 법률구조교육기금 부소장 재나이 넬슨이 도움말을 주었다.

여기서 RBG는 사전 승인 제도를 통해 차별적 투표법의 등장을 막는 것은 물론, 무엇보다 애초에 그런 발상 자체를 떠올리지 못하게 한다는 측면에서 투표권법의 기능을 오랫동안 칭송해온 여러 시민권 옹호자들의 주장에 공감을 표하고 있다. 중요한 사실은, 셸비 판결 이후로 NAACP 법률구조기금 같은 조직들과 수많은 관련단체가 여전히 같으면 사전 승인 제도로 예방하고도 남았을 악법을 저지하기 위해 법원에 이의를 제기한다는 점이다. 실례로 사진이 부착된 신분증을 요구하는 텍사스의 엄격한 투표자 신분 확인제를 들 수 있다. 총기소지허가증을 제시하는 사람에게는 투표를 허용하지만, 학생증을 들고 온 사람은 배제하는 법이다.

"모든 것이 꿈은 아니었다." RBG는 투표 차별의 역사는 물론 2006년에 제5조를 재승인한 의회의 탄탄한 자료에 대해 계속 이야기한다. 마치 다수의견을 내놓은 대법관들과 그 지지자들더러 제발 좀 알아들으라고 말하는 듯하다. "지금껏 몰랐다면, 이제라도 알아야 한다."

제5조가 무력화되자, 투표 차별은 남부 전역의 사전 승인 대상 지역은 물론 미국 전역의 예상치 못한 곳으로까지 맹렬한 속도로 퍼지고 있다. 노터리어스 RBG가 이 사실을 모를 리 없었다. RBG는 텍사스 투표자 신분 확인제에 관한 소수의견에서 이렇게 밝혔다. "텍사스 주 선거에 있어 인종차별은 역사적인 유물에 그치는 사안이 결코 아니다." 하지만 지금은 이에 맞설 수 있는 수단이 없다시피 하다.

과를 보이고 있는 상황에서 사전 승인 제도를 폐기한다는 것은 폭풍우 속에서도 젖지 않을 것이라며 우산을 내동댕이치는 것이나 다름없다. (⋯)

오늘 판결의 슬픈 역설은 투표권법이 효과적이라고 입증된 까닭이 무엇인지에 대해 전혀 파악하지 못한 채 내려졌다는 데 있다. 대법원은 투표권법이 1965년부터 잔존해온 특정 장치들을 제거하는 데 성공했으므로 사전 승인 제도가 더 이상 필요치 않다고 믿는 것처럼 보인다. (⋯) 그런 믿음과 그로부터 도출된 주장들로 인해 역사는 도돌이표를 그리고 있다.

2014년 6월, 사람들은 또다시 "긴즈버그 대법관, 소수의견 제기"라는 제목의 기사를 마주해야 했다. 공화당이 임명한 남성 대법관 다섯 명은 기업도 종교적 양심에 따라 행동할 수 있으며, 그러므로 직장 건강보험 보장 항목에 피임 비용을 포함시키지 않아도 된다*고 판결했다. 버웰 대 하비로비 사건 판결에서 다수의견은 피임이 뭐 그리 대수냐며, 여성이 알아서 할 일이라는 투였다. 몇 주 뒤, 케이티 커릭**이 물었다. "남성 대법관 다섯 명이 이번 판결에 따른 파장을 충분히 이해했다고 보십니까?" RBG가 대답했다. "아니라고 말해야겠습니다." 그렇다면 이들이 남성으로서 "맹점"을 드러낸 것인가? 커릭이 다시 묻자, RBG는 그렇다고 대답했다. "모든 여성이 피임 지원을 받을 수 있어야 합니다. 자신의 운명을 스스로 통제하기 위해서 말입니다. 하비로비 사주의 신앙은 분명 존중합니다. 하지만, 사주라고 해서 종교가 다른 수많은 여성 직원에게 자신과 같은 믿음을 강요할 헌법적 권리는 없습니다."

RBG는 하비로비 사건의 소수의견에서 유명한 말을 남겼다. 그때까지 내놓은 여러 소수의견에 그대로 가져다 붙여도 잘 어울릴 법한 문장이었다. "대법원이 지뢰밭에 뛰어든 것 같아 우려스럽다."

* 오바마케어의 요구에도 불구하고 종교적 예외로서.

** 미국에서 가장 권위 있는 여성 앵커로 꼽힌다.

RBG는 반대한다

판결 날짜	사건명	쟁점
2003년 6월 23일	**그레이츠 대 볼린저**	미시간대의 차별 시정 조지*가 헌법에 합치하는가?
2009년 6월 25일	**새퍼드 대 레딩**	학교 관리자는 어떤 상황에서 13세 소녀를 알몸 수색할 수 있는가?
2009년 6월 29일	**리치 대 디스테파노**	뉴헤이븐 시가 흑인 소방관의 권익 침해를 야기한 채용 제도를 폐기한 것이 결과적으로 백인 소방관 지원자에 대한 차별인가?
2010년 1월 21일	**시민연합 대 연방선거관리 위원회**	정부는 선거철에 기업의 지출을 얼마나 규제할 수 있는가?
2011년 3월 29일	**코닉 대 톰프슨**	무고하게 사형 판결을 받은 사람에게 1400만 달러를 보상해야 하는가?
2011년 5월 16일	**켄터키 대 킹**	자택에서 마약이 발견된 사람에게 어떤 권리가 있는가?
2011년 6월 20일	**월마트 대 듀크스**	월마트에서 일하는 150만 여성 노동자는 회사를 상대로 집단소송을 벌일 수 있는가?
2012년 3월 20일	**콜먼 대 메릴랜드 대법원**	공무원들이 가족 및 의료 휴가법 Family and Medical Leave Act의 규정을 근거로 소송을 제기할 수 있는가?
2012년 6월 28일	**전미자영업자연합 대 시벨리어스**	사람들에게 건강보험에 가입하라고 요구하는 것, 주정부에 메디케이드 확대를 요구하는 것은 합헌인가?
2013년 6월 24일	**피셔 대 텍사스대학교**	차별 시정을 위한 텍사스대의 제도는 헌법에 합치하는가?
2013년 6월 24일	**밴스 대 볼주립대학교**	직장 내 괴롭힘이 있는 상황에서, 누구를 관리자로 간주할 것인가?
2014년 6월 30일	**버웰 대 하비로비**	사업주가 신앙을 이유로 거부한다면, 기업은 피임 비용을 직원 건강보험 적용 항목에서 배제시킬 수 있는가?

"그런 식의 검증되지 않은 전망으로 미국 대통령을 결정해선 안 된다."[60]
_2000년 12월 12일, RBG의 부시 대 고어 소수의견에서

결과	RBG의 발언
위헌이다. 왜냐고? 다양성을 추구하는 대학의 방식이 과도하게 특정적이므로.**	RBG는 반대 의견에서 이렇게 썼다. "오랫동안 법이 보장한 온전한 시민권을 거부당한 사람들에게 부담을 지우고자 계획된 조치들이, 뿌리 깊은 차별과 그 해악을 몰아낼 그날을 앞당기기 위해 선택한 수단들과 동급으로 여겨지는 것은 불합리하다."
RBG는 수색이란 "그 목적과 합리적 연관성이 있어야 하고 학생의 나이와 성별, 교칙 위반의 성격에 비추어 지나치게 거부감을 주어서는 안 된다"고 동료들을 설득했다.	동료 대법관들은 "열세 살 소녀로 살아본 적이 없습니다. 그 나이 여자아이들이 얼마나 민감한지 전혀 모른다는 거죠. 나는 동료들, 특히 그중 몇몇은 끝끝내 이를 이해하지 못했다고 생각합니다."(『USA 투데이』 인터뷰에서)
그렇다. 5대 4 판결로 케네디가 판결문을 작성했다.	RBG는 소수의견에서 케네디가 역사적 맥락과 사실관계를 무시하고 있다고 비판했다. 그러면서 "법원의 명령과 판결이 지속적인 힘을 발휘하지 못할 것으로 보인다"고 지적했다.
많이 규제하면 안 된다. 5대 4 판결로 케네디가 판결문을 작성했다.	RBG는 『뉴 리퍼블릭』 인터뷰에서 이렇게 말했다. "내가 파기하고 싶은 판결이 하나 있다면, 그것은 시민연합 판결이다. 돈으로 얼마든지 민주주의를 살 수 있다는 생각은 우리가 꿈꾸는 민주주의를 향한 길에서 한참 벗어난 것이다."
5대 4 판결로 검사들이 처벌을 면하게 되었다.	RBG는 『USA 투데이』 인터뷰에서 말했다. "이는 지극히 부당한 사례였다. 법원이 틀렸을 뿐 아니라, 얼토당토않은 짓을 했다고 생각한다."
경찰이 8대 1로 승소했고, 얼리토가 판결문을 작성했다.	RBG는 소수의견에서 이렇게 썼다. "오늘날 법원은 경찰이 마약 사건을 다룰 때 수정헌법 제4조의 영장주의를 일상적으로 무시해도 된다는 쪽으로 힘을 실어주고 있다."
스캘리아는 판결문에서 안 된다고 썼다.	"집단소송에 참가한 직원들의 경험담을 포함한 원고 측의 증거를 보면, 여성에 대한 편견이 월마트의 직장문화 전반에 흠뻑 배어 있었던 것으로 보인다."(부분 반대 의견에서)
안 된다. 케네디의 판결문 작성으로, 5대 4 판결이 났다.	"이 법은 여성이 가정과 직장에서 균형 잡힌 삶을 살도록 하는 기회를 넓히기 위해 제정되었다. (…) 법원의 판결은 법의 효력을 희석시키는 것이다. 유감스럽다."(구두변론에서)
맞기도 하고, 틀리기도 하다. 판결은 표면적으로는 적정부담보험법Affordable Care Act***을 망가뜨리지 않았다. 그러나 기존 판례를 뒤엎는 것이었다. 메디케이드의 확대를 선택적인 것으로 만든 결과, 수백만 명이 보험 혜택을 받을 수 없게 되었다.	RBG는 부분 반대 의견에서 이렇게 썼다. "헌법상 통상조항을 엄격하게 해석하는 것은 놀랍도록 불합리하고 퇴행적이다."
아마도. 케네디는 판결문에서 이렇게 말하고는 사건을 하급법원으로 돌려보냈다.****	RBG는 이렇게 썼다. "내가 전에도 한 적이 있는 말을 이 자리에서 되풀이하자면, 중립적인 대안을 무심결에 경쟁 대상으로 여기는 존재는 타조뿐이다."
5대 4 판결로 고용인이 승소. 판결문은 얼리토가 작성했다.	RBG는 반대 의견에서 이렇게 밝혔다. "법원은 직장인들의 실제 근무 조건을 무시한다. 그래서 전국의 일터를 차별로부터 보호한다는 [민권법의] 취지를 흐린다."
그렇다. 5대 4 판결이 났고, 판결문은 얼리토가 작성했다.	RBG는 반대 의견에서 이렇게 썼다. "하비로비와 코네스토가 측에서 원하는 배제란 (…) 피임 보장에 대한 고용인들의 생각을 지지하지 않는 수많은 여성 직원의 요구를 거절하는 것이다."

* 학부과정 입시에서 소수계층 학생에게 일괄적으로 동일한 가산점을 부여해 백인 지원자에 대한 역차별이라는 주장이 제기됐다.

** 같은 대학 로스쿨 입시와 관련해 비슷한 내용을 다투었던 그루터 대 볼린저 사건 재판에선 대학 측이 승소했다. 지원자별로 가산점에 차등을 두었다는 사실이 두 사건의 차이점이다.

*** 일명 오바마케어.

**** 대법원은 합헌 판결을 유지하되, 대학이 인종 분류를 결정하기 이전에 인종중립적 대안을 마련할 수는 없었는지 엄격하게 재심리하라고 주문했다.

9

그냥 너의 그 요란한
방식이 마음에 들어

I JUST LOVE YOUR
FLASHY WAYS

아이린: 팔굽혀펴기를 스무 번씩이나 하신다고 들었습니다.

RBG: 맞아요. 먼저 열 번을 쉬지 않고 합니다. [웃음]
그리고 한숨을 돌린 뒤 나머지 열 번을 마저 채우지요.[1]
_2015년, MSNBC 인터뷰에서

RBG를 가리켜 못 말리는 사람이라고들 한다. 이건 단지 별명에 불과한 말이 아니다. RBG는 정말 아무도 말릴 수 없다. 대법관은 갈비뼈에 금이 간 상태에서도 매주 두 차례 받는 개인 트레이닝을 쉬지 않았다.

브라이언트 존슨은 20년 가까이 RBG의 개인 트레이너로 일해왔다.[2] 그는 2014년 당시 RBG의 갈비뼈가 완전히 붙기 전까지 운동을 시키지 않겠다고 작정하고는 그 뜻을 집무실에 전했다.

워싱턴 D.C.에 있는 자신의 사무실에 앉아 당시 이야기를 들려주는 존슨은 여전히 그때 일을 탐탁지 않아 했다. 그는 RBG의 비서가 자신에게 들려준 답변을 아직도 기억한다. "대법관님께서 그런 소리는 듣고 싶지 않다고 하십니다."

존슨은 상대방의 거친 태도에 익숙한 사람이었다. 예비역 육군 중사로 왕년에 헬리콥터와 비행기에서 수없이 뛰어내려본 베테랑 군인이었고, 쿠웨이트 전장에 배치된 적도 있었다. 그는 '파워 블레이저' 같은 게임 속 인물처럼 투지가 넘치는 사람으로, 유명한 전문직 여성들을 고객으로 삼았다. 그중에서도 RBG는 존슨이 대못처럼 단단하다 tough as nails 고 탠 TAN 이라 부르는 중요한 손님이다.

"그분 근육이 우락부락하고 단단하다는 뜻이 아닙니다. 강골이라는 뜻이죠. 대법관석에서 일하실 때처럼 체육관에서도 운동을 정말 열심히 하신답니다."

RBG는 원래도 날씬했지만 직장암을 앓은 뒤로는 마티에게 아우슈비츠 생존자 같다는 말을 들을 정도로 비썩 말랐다. 1999년 RBG에게 개인 트레이닝을 받아봐야겠다고 권한 사람도 마티였다. 샌드라 데이 오코너 역시 암을 치료하는 동안 활동적으로 지내는 것이 좋다면서 같은 충고를 건넸다. (올빼미형 인간인 RBG는 오코너가 다니는 아침 8시 에어로빅 프로그램을 들을 수 없었다. 오코너는 여성 재판연구원들에게도 이 프로그램을 신청하라고 추천하곤 했다.) RBG는 29살 때 마티와 함께 어느 세금 관련 콘퍼런스에 참석했다가 캐나다 공군 체조를 배운 뒤로 거의 매일 이 체조를 해왔다. 1950년대에 고안된 체조인데, 발끝에 손을 대고 무릎을 들고 두 팔을 빙빙 돌리고 다리를 올리는 동작을 부지런히 반복하는 식이었다.

RBG는 일평생 주변에 딱딱하고 차가운 사람이라는 느낌을 심어주며 살아왔다. 그러나 어떤 면에서는 분명 소탈한 면모도 가지고 있었고, 그런 점은 승마나 수상스키를 즐길 때 확연히 드러났다. 어느 해 여름, 콜로라도주 애스펀에서 강의할 때, 버트 뉴본과 RBG를 비롯한 몇몇 친구는 급류 래프팅을 하러 콜로라도강에 놀러갔다. 당시 RBG는 60대에 가까운 조그만 체구의 여성이었다. 뉴본이 말했다. "루스더러 배 뒤쪽에 앉아야 한다고 말했습니다. 몸이 너무 가벼워서 배가 바위에 부닥치기라도 하면 날아가버릴 것 같았거든요. 하지만 RBG가 '나는 뒤에 앉지 않는 사람'이라고 응수하더군요."[3] 몇 년 뒤, 제럴드 코언이 말했다. 마티가 RBG의 대법관 지명을 위해 로비 통로로 포섭한 친구였다. "클린턴 대통령이 원래는 어느 젊은 법학자

1990년 콜로라도 계곡에서 급류 래프팅을 즐기고 있는 RBG.

를 눈여겨보고 있었습니다. 그래서 RBG가 무척 건강하다는 점을 강조했지요."[4] 1998년 대법관 신분으로 하와이대에서 한 주 동안 머물 때, RBG는 서핑 보드를 타고 물장구를 신나게 치면서 놀았다.

미국 올림픽 여자 농구 대표팀이 대법원으로 견학을 와서 위층에 있는 "미국 최고의 농구코트"를 찾았을 때, RBG는 투지를 불태우며 슛을 던지기도 했다. 선수들과 가벼운 시합도 벌였는데,[5] 이때 RBG의 포지션은 포인트 가드였다.

RBG의 75세 생일 파티는 자신이 관할하는 제2순회재판부 항소법원에서 열렸다. 파티를 준비하던 사람들은 축하 동영상을 만들고 싶어서 주인공에게 어떤 사람이 좋겠냐고 물었다. 그러자 RBG는 메이저리그 뉴욕 양키스의 전설적인 감독 조 토리를 지목해 모두를 놀라게 했다.[6]

RBG는 수술과 화학요법, 방사선 치료까지 ─"모든 과정을"─ 받아들였고,[7] 이제는 다시 기운을 차릴 차례였다. 존슨이 말했다. "대법관님은 스스로 마음을 다스렸습니다. 저는 대법관님이 몸을 다스릴 수 있도록 도와드렸죠." 존슨은 바르게 선 자세에서 벽을 짚고 팔굽혀펴기를 하는 것부터 시작하자고 했다. RBG가 미심쩍은 표정으로 물었다. "팔굽혀펴기 맞소?" 존슨이 대답했다. "네, 팔굽혀펴기 맞습니다."

운동을 시작하고 처음 몇 달 동안, 존슨은 RBG로부터 아무런 피드백을 받지 못해 걱정스러웠다. 하지만 RBG의 비서 한 사람이 말했다. "대법관님이 마음에 들어 하지 않으셨다면, 지금까지 코치님을 찾지도 않으셨을 겁니다." 그는 비로소 걱정을 마음속에서 완전히 지울 수 있었다.

존슨은 여전히 떡 벌어진 어깨에 군인다운 반듯한 자세를 자랑하지만, 푸른빛이 감도는 안경을 쓰고 이메일 말미를 "좋아, 해보는 거야" 같은 문구로 장식할 줄도 아는 사람이다. 특히 몸을 움직이는 것을 영 어색해하는 지적인 사람들이 편하게 운동하도록 유도할 줄 아는, 말하자면 그런 사람들을 편하게 대할 줄 아는 사람이다. 그는 RBG에게 놀림을 당하는 때도 있다고 웃으면서 말한다. 자녀들을 포함해 누구에게도 유머 감각을 발휘하지 않는다는 오랜 평판과는 전혀 다른 모습이다.

존슨의 사무실 바닥은 온갖 서류 상자들, 운동기구를 넣은 더플백들로 어수선하기 짝이 없다. 구석에 자리한 선반에는 '노터리어스 RBG' 티셔츠와 'I ♥ RBG' 모자도 보인다. 자신이 트레이닝하는 가장 유명한 고객으로부터 받은 선물이다. 책상 밑에 놓아둔 반쯤 열린 검은 가방에는 복싱 글러브 한 짝이 들었다. 두 번째로 유명한 고객이자 RBG의 추천으로 존슨을 찾아온 엘리나 케이건 대법관이 운동할 때 끼는 글러브다.

그는 높은 곳에 오르기 위해 겁 없이 달려온 ─ 그러나 정말 지독한 고생은 맛본 적이 없는—여성들이 세상을 당당하게 헤쳐나가도록 기운을 북돋는다. "이 도시에서 여성으로 살아가려면, 작은 것을 참고 견딤으로써 더 많은 것을 차지하는 법을 배워야 합니다. 여러분은 긴즈버그 대법관, 케슬러 판사를 보고 있습니다. '변호사가 되고 싶다고? 사무장은 될 수 있어도 변호사는 될 수 없어'라며 조롱을 당하던 시절을 이겨낸 분들입니다."

존슨은 본업 외에도 성학대 예방과 피해자 지원을 위한 자원활동에 꾸준히 참여하고 있다. 성폭력 피해를 입고 소송을 진행하는 군인들에게 충분한 정보를 제공해 올바른 판단을 내릴 수 있도록 지속적으로 돕는 일이다. 그는 스스로를 페미니스트라고 생각할까? "어릴 적 제 주변에는 강인한 여성이 많았습니다. 저는 그런 여성들과 더불어 자랐습니다. 덕분에 저는 여성과 남성을 동등하게 바라볼 줄 압니다." (그는 이 말을 하곤 할머니께서 언제나 여성들을 향해 마음의 문을 활짝 열고 살라는 가르침을 주셨다고 황급히 덧붙였다.)

벽 잡고 팔굽혀펴기를 마스터한 뒤에는 바닥에 무릎을 대고 하는 팔굽혀펴기로 넘어갔다. 그리고 마침내 완벽한 팔굽혀펴기에 들어갔다. 존슨은 뿌듯했다. "그분의 두 눈이 반짝반짝 빛나더군요." RBG는 이따금 스무 번을 넘기기도 했다. 그럴 때면 존슨이 그만하시라고 말려야 했다.

존슨은 새처럼 가냘픈 체구나 암 수술로 인해 창백해진 겉모습만 보고, 그것이 전부라고 생각하는 사람이 결코 아니다. 몇 년 전, 대법원에 관한 책에서 RBG를 "연약하다"고 묘사한 『뉴요커』의 제프리 투빈은 대단히 직접적인 방식으로 자신의 잘못을 깨달아야 했다. 마티가 면전에서 투빈에게 "당신은 팔굽혀펴기를 몇 개나 하느냐"[8]고 물었기 때문이다.

투빈이 몇 번이나 하는지 속으로 헤아리는 동안, 마티가 쏘아붙였다. "아내는 무려 스물다섯 번이나 합니다. 그래도 '연약하다'는 소리를 또 할 겁니까?"

브라이언트 존슨은 긴즈버그 대법관이 실제로는 무릎을 바닥에 대고 "소녀들의 팔굽혀펴기"를 하는 것 아니냐고 묻는 사람이 아직도 있다고 말한다. 존슨은 이런 용어 자체를 용납하지 않는다. (그리고 어찌됐든 RBG는 팔굽혀펴기를 제대로 할 줄 안다.) "팔굽혀펴기는 팔굽혀펴기이고, 팔굽혀펴기입니다. 여성은 할 수 있는 일을 제한당할 때 비로소 여성이 된다는 말이 있는데, 저는 그렇게 생각하지 않습니다."

그렇다고 존슨이 체육관에서 남성과 여성의 차이를 조금도 고려하지 않는다는 뜻은 아니다. 실제로 그는 대법관들만 출입할 수 있는 특별한 체육관에서 세심하게 주의를 기울이며 RBG를 운동시킨다. "저는 거기서 대법원장님도 뵙고, 브라이어 대법관님도 만났습니다."

존슨이 눈을 크게 뜨면서 말했다. "우리 남자들은 그런 에고 같은 게 있습니다. '그래, 나 그거 할 줄 알아. 역기를 번쩍 들어 올릴 줄도 알고, 자동차 고치는 법도 알아.' 그러면 여성들은 이해해줍니다. '그래, 나는 역기 드는 법 몰라' 하고 말입니다. 긴즈버그 대법관님은 법에 대해서 잘 아십니다. 하지만 개인 트레이닝만큼은 제가 설명해드린답니다."

RBG가 존슨에게 설명하려고 애쓰는 주제가 한 가지 있다. 바로 오페라다. 존슨은 고백했다. "가끔은 무슨 말씀인지 이해가 갑니다. 하지만 어떨 땐 도무지 (…) 그래요, 오페라 이야기가 나오면 대법관님을 누가 당해내겠습니까." 대법관용 체육관에 텔레비전이 놓이기 전, RBG는 클래식 음악에 맞춰 운동을 했다. (RBG는 1990년대 초 재즈 에어로빅 수업을 들었는데, "늘 시끄러운 음악을 틀어놓는 바람에 귀가 찢어지는 줄 알았다"고 『뉴 리퍼블릭』 인터뷰에서 말했다.)

요즘 두 사람이 트레이닝을 하면서 주로 시청하는 프로그램은 PBS의 「뉴스아워」다. 존슨은 말했다. "저는 심지어 「뉴스아워」 팬이 되었습니다." 물론 열성 팬은 아니었던 모양이다. 그는 케이건이 체육관에서 혼자 운동할 때 ESPN의 「스포츠센터」로 채널을 돌리자고 하자 무척 홀가분한 표정을 지었다.

케이건에게 복싱을 가르칠 때는 짜릿한 표정마저 피어올랐다. "주먹을 휘두를 줄 아는 여성이 얼마나 될까요? 그건 숙녀다운 행동이 아니라고들 하니까요. 하지만 가죽이 가죽을 때리는 그 소리에 비할 것은 아무 것도 없습니다. 퍽퍽 꽂히는 그 소리를 들으면 정말이지, (이때 그는 주먹을 내뻗으며 입으로 쉭쉭 소리를 냈다) 여성들은 이 기분을 잘 모를 겁니다." 그는 여러 가지 동작으로 이루어진 연타법을 창안하고 '케이건 콤비네이션'이라는 이름을 붙이기도 했다.

어느 날 밤—보통 저녁 7시부터 트레이닝을 시작하는—RBG는 운동을 막 끝내고 나오는 케이건과 마주치자 복싱 글러브에 관심을 보였다. 존슨은 긴즈버그 대법관에게 글러브를 끼고 한번 세게 쳐보시라고 했다. "하지만 그분은 '아니, 그건 케이건 몫으로 남겨둡시다' 하시더군요."

RBG가 마침내 자신의 한계를 깨달았다는 뜻일까?

존슨의 생각은 달랐다. "이미 알아서 하십니다."

그는 RBG가 여든을 넘긴 나이에도 남들이 주눅들 만큼 풍부한 업무 성과를 내면서 눈코 뜰 새 없는 사회생활을 이어간다는 게 자기 덕분이라고 얼마든지 말할 수 있었다. 하지만 그는 트레이닝을 시작한 뒤로 RBG의 골밀도가 떨어지지 않았다면서, 이렇게 나이의 한계를 극복한 것만으로 자신은 행복하다고 말했다. "한번은 RBG가 집무실에서 엉덩방아를 찧은 적이 있습니다. 연로한 여성이 넘어지면 어떻게 될까요?" 존슨은 이럴 경우 뼈가 부러지기 쉽다는 사실을 강조했다. "그분은 의사를 만나고 와서 말했습니다. '부러진 데는 없다더군.' 이 말씀을 듣고 저는 우수한 성적을 거둔 학생처럼 기뻤습니다."

두 사람은 트레이닝을 하던 중에 아찔한 일도 겪었다. 하루는 RBG가 가벼운 어지럼증을 호소하더니 가슴이 조이는 느낌이 든다면서 식은땀을 줄줄 흘렸다. RBG는 전날 밤 판결문을 쓰느라 밤을 새운 탓일 거라며 무시해도 좋은 증상이라고 우겼다. "제가 고집을 심하게 피웠지요." 존슨은 아무래도 안 되겠다며 비서를 불렀고, 비서는 병원에 가야 한다며 RBG를 "부드럽게 설득했다."

존슨은 구급차에 오르는 RBG를 보면서 "그래도 제 감시를 벗어나지 못하신다"고 약속했다. 그러고는 한마디 덧붙였다. "제가 말씀드렸지요. '대법관님, 이제 팔굽혀펴기 안 해도 된다고 안심하시면 안 됩니다. 명심하세요.' 하고요." 이 말에 RBG는 미소를 지었다.

심전도 검사 결과 RBG의 오른쪽 관상동맥이 막힌 것으로 밝혀졌다. 의사는 스텐트를 삽입했다. RBG는 웃으면서 내게 말했다. "나는 괜찮았어요. 가슴이 조이는 느낌도 전혀 없었고, 그냥 집에 가고 싶었습니다." 하지만 의사는 RBG에게 이틀은 병원에 있어야 한다고 잘라 말했다.

RBG가 입원했다는 소식은 삽시간에 퍼졌다. 오하이오 역시 RBG 뉴스로 시끌벅적했다. 거기서 일하는 트레이너 친구까지 존슨에게 문자메시지를 보낼 정도였다. 피트니스 컨벤션에서 사귄 친구였다. "어이, B! 대법관님한테 무슨 운동을 어떻게 시킨 거야?" "그러기에 '어떻게 알았어?' 하고 물었더니 이러더군요. '우리는 내셔널 퍼블릭 라디오[NPR]를 늘 켜두거든!'"

RBG는 수요일에 심장 스텐트 삽입 수술을 받았다. 그러고는 돌아오는 월요일에 트레이닝을 받고 싶다고 했다. 존슨은 스트레칭만 해야지 생각하며 일단 그러자고 했다. 하지만 트레이닝 시간에 나타난 RBG는 스트레칭으로 끝낼 생각이 전혀 없었다. RBG 몸속의 수많은 뼈와 관절도 그런 상황이 생길 줄은 미처 몰랐을 것이다. RBG는 대통령과 만찬까지 즐긴 뒤에야 그날 일과를 마쳤다.

RBG는 버락 오바마를 향해 거리낌 없이 애정을 표현한다. 그는 대통령을 가리켜 "생파티크[sympathique]"라는 단어를 쓴다. 프랑스어로 '마음에 꼭 든다'는 뜻인데, RBG가 사용하는 최고의 찬사 가운데 하나다. 하지만 어느 날 저녁, RBG는 백악관 만찬 자리에서 중간에 슬그머니 빠져나왔다. 체육관에서 만날 사람이 있었기 때문이다. 존슨은 이렇게 회상했다.

"제가 말했습니다. '대통령님을 버리고 저한테 오셨다고요? 아이고, 대법관님, 오늘은 팔굽혀펴기를 몇 개 더 하셔야겠습니다.'"

노터리어스
RBG의
운동법

대법관은 먼저 일립티컬에 올라가서 5분 동안 워밍업을 하고, 스트레칭과 비틀기로 몸을 푼다.
최근에는—존슨의 손을 잡고—한쪽 다리로 하는 스쿼트와 팔꿈치를 땅에 짚고 하는 플랭크를
배웠다. 대법관은 체구가 작지만 이 정도 운동만으로는 여간 해서 지치지 않는다. 존슨은 자신이
처방한 운동법에 대해 "하루 24시간 일주일 내내 간호사 없이 지내도록 도와주는" 방식으로,
"변기에 앉았다가 혼자서 일어설 수 없는 상태"에 이르지 않도록 예방해준다고 설명한다.

1. 12파운드짜리 공을 들고 벤치에 앉는다.
   (RBG는 2파운드 공으로 시작해서 무게를 점차 늘려갔다.
   "처음에 12파운드 공을 드렸는데, 공이 대법관님을
   던져버릴 것 같더군요." 존슨이 말했다.)

2. 두 손으로 공을 잡고 가슴팍에 붙인 채로
   벤치에서 일어선다.

3. 존슨을 향해 공을 던진다. 존슨이 공을 받고
   RBG에게 조심스레 돌려준다. ("자칫 대법관님이
   공을 떨어뜨려서 다치기라도 하면 큰일 아닙니까.
   경위서를 몇 장이나 써야할지, 생각만 해도
   아찔하네요.")

4. 공을 받으면 다시 벤치에 앉는다.

5. 같은 동작을 10번 반복한다.

RBG의 스왜그

시커먼 법복 행렬 속에서도, 엄격한 관습의 전당에서도, RBG는 자신의 미감을 한껏 드러냈다. RBG는 다른 모든 면에서와 마찬가지로 꼼꼼하고 우아하며 때로는 예상을 뛰어넘는 도도한 스타일의 소유자다. 세세한 부분 하나까지도 신경을 쓴다. 완벽주의자라서 그렇기도 하지만, 그것이 전부는 아니다. 하나하나에 사연이 깃들어 있기 때문이다.

보통 자보라고 부르는, 앞섶에 턱받이처럼 두르는 칼라야말로 RBG를 상징하는 대표적 요소다. 집무실 옷장을 열면 줄줄이 걸어둔 자보가 한눈에 보아도 열 개는 넘는다. 중요한 점은 RBG가 고른 자보를 보면, 대법관석에서 어떤 정치적 발언을 하려는지 짐작할 수 있다는 사실이다. RBG가 말했다. "알다시피, 일반적인 법복은 남성을 기준으로 삼고 있어 셔츠와 넥타이가 겉으로 보인다. 그래서 샌드라 데이 오코너와 나는 법복에 여성 고유의 요소를 반영하면 좋겠다고 생각했다. 덕분에 나는 칼라가 많고도 많다."[9] RBG와 오코너는 누구도 다른 세상을 상상하지 못하던 시절의 산물을, 여성을 고려한 적이 단 한 번도 없는 물건을 자신들의 것으로 만든 셈이다.

남성 대법관들 역시 멋지게 차려 입었다. 렌퀴스트는 금빛 줄무늬를 넣어 길버트와 설

리번의 〈이올란테〉를 향한 자신의 애정을 드러
냈다. (RBG 역시 길버트와 설리번의 열성 팬으
로서, 과거 영국 법관이 썼을 법한 새하얀 가발
을 렌퀴스트에게 선물하기도 했다.) 존 폴 스티
븐스는 보타이를 트레이드마크로 삼았다.

그러나 RBG의 자보는 하나하나가 특정한 의
미를 지니고 있다. 글쓰기에서는 장식적 요소를
극도로 꺼리는 대법관이지만, 자신의 목에 두르
는 소품에는 웅변적인 메시지를 다채롭게 담아
낸다. 유리구슬로 장식한 벨벳 자보는 소수의견
을 뜻하는 것으로 바나나리퍼블릭 제품이다. 『글
래머』 선정 2012년 올해의 여성 가운데 한 사람
으로 뽑히면서 부상으로 받은 기프트백 안에 들
어 있었다. 그는 간단하게 말했다. "소수의견에
어울려 보입니다."[10]

RBG의 다수의견용 자보는—불행히도 요즘 자주 착용하지는 못하지
만—금빛 테두리에 장식이 달린 것으로, 재판연구원들에게 선물로 받았다.
RBG가 특별히 아끼는 자보는 코바늘로 정갈하게 뜬 새하얀 레이스로, 남
아프리카 케이프타운의 어느 박물관에서 처음 발견한 것이었다. 두 갈래로
내려오는 모양의 자보도 있다. 메트로폴리탄 오페라극장 기념품점에서 샀
는데, RBG가 사랑하는 테너 플라시도 도밍고가 베르디의 〈스티펠리오〉에
서 착용했던 칼라를 본뜬 제품이다. RBG는 이 자보를 볼 때마다 인생 최
고의 순간을 떠올린다. 도밍고와 나란히 하버드대에서 명예학위를 받던 날,
그가 자신을 위해 세레나데를 불러주어 깜짝 놀랐던 그 순간을. 그날은 자
신이 가장 좋아하는 테너와 특별한 인연을 맺은 날이자, 반세기 전 학위 수
여를 거부한 학교가 뒤늦게나마 자신들의 과오를 바로잡은 날이었다. 그는

"영예로웠다"[11]고 말했다.

하지만 RBG는 더 이상 젊은 세대에게 이런 습관을 물려주려고 애쓰지 않는다. 대법원에서 판사들은 두 차례 선서를 하는데, 두 번째 선서는 임관식으로 알려진 공식 절차 도중에 공개적으로 이루어진다. 소토마요르는 2009년 신임 대법관 임관식에서 새하얗게 풀을 먹인 앞가리개와 꽃망울 장식이 두 개 달린 레이스로 목을 감싸는 자보를 착용했다. 기자들은 이 자보가 긴즈버그 대법관의 선물이라고 썼다. 그러나 법정 스케치나 공식 인물사진에서는 그 자보를 더 이상 볼 수 없었다. 소토마요르는 보통 아무런 장식 없는 법복에 달랑거리는 귀고리만 트레이드마크처럼 착용하고 나타난다.

케이건도 대법원에 합류하기 전부터 RBG와 좋은 친구 사이였지만 복장 문제에 있어서는 처음부터 확고하게 선을 그었다. 그는 취임하고 얼마 지나지 않아 이렇게 말했다. "언제나 편안한 기분으로 행동할 수 있어야 한다고 생각합니다. 나는 실생활에서 주름이나 레이스 같은 장식을 그다지 좋아하는 사람이 아닙니다. 사람들이 걸치는 몇 가지를 보면서 저걸 내가 걸치면 마음이 편치 않겠구나 싶을 때가 종종 있습니다."[12] 물론 이 말 때문에 RBG가 케이건을 원망하지는 않았다.

RBG에게 자보가 개성을 표현하는 수단이라면, 대법관들에게 법복은 일종의 통일성을 나타내는 도구다. RBG는 검은 법복을 가리켜 이렇게 말했다. "내 생각에, 법복은 '우리 모두가 한마음으로 불편부당한 판결을 지향한다'는 표징과도 같습니다. 우리 미국에 이런 전통을 심은 인물은 저 위대한 존 마셜 대법원장이었습니다. 그는 미국의 판사들이 임금님 같은 법복을 입어선 안 된다고 말했습니다. 판사들은 붉은색이나 갈색 법복을 입어도 안 됩니다. 짙은 검정 법복을 입어야 합니다."[13]

하지만 당시 마셜은 남성만으로 채워진 대법관석을 상정했다. 여성 최초 대법관이라는 부담을 짊어진 오코너는 말했다. "여성 대법관을 위해 법복을 만드는 사람을 찾을 수가 없었습니다. 내가 법복으로 입을 만한 옷은 합창단 가운 또는 학위수여식 가운 같은 것이 전부였지요."[14] RBG는 주로 영국에서 건너온 법복을 입는다. 런던 시장이 예복으로 입는 옷이다. 대법관석 바깥에서, 예컨대 모의 재판에 나설 때면, 조금 더 화려한 복장을 입기도 한다. 1990년대 중국을 방문했을 때, 현지 판사들의 법복이 마음에 들어서 결국 한 벌을 선물로 얻었다. 검은색 바탕에 빨간색이 가미된 디자인이었다.

RBG는 카네기홀에서 열린 『글래머』 선정 올해의 여성 시상식 무대에서 선언했다. "사법부는 화려하게 갖추어 입는 사람들 가운데 매우 높은 순위에 올라 있는 직종입니다."[15] 그러나 RBG 자신은 예외였다. 그는 오랫동안 인기 패션잡지의 구애를 받아온 인물이었다. 인준청문회에서 보여준 차림새는 당시 『보그』와 『하퍼스 바자』를 거쳐 『뉴욕 타임스 매거진』에 몸담고 있던 전설적인 패션 에디터 캐리 도너번의 찬사를 받고도 남았다. "지난여름, 하늘거리는 주름치마에 긴 줄무늬 상의를 입고, 목걸이를 걸치고 상원에 모습을 드러냈을 때, 그는 재키 케네디 오나시스 이후로 워싱턴을 누빈 어떤 여성보다 더 많은 사람의 이목을 사로잡았다."[16]

제프리 로슨은 1997년 같은 잡지에서 RBG의 집무실을 방문했을 때, 그 침착함이 재키 여사가 백악관을 안내하던 모습과 비슷하다고 언급하고는 열광에 가득 찬 문장을 쏟아냈다. "그 예상치 못한 화려함에 압도당하지 않을 수 없었다. 5피트 남짓한 키에, 청록색 중국 실크 재킷과 넉넉한 바지를 입고, 검은 머리를 단정하게 하나로 묶고 있는 모습이, 흡사 정교한 조각상 같았다."[17] 마티의 뉴욕 로펌에서 비서로 일하던 사람은 RBG의 변론취지서를 대신 타이핑해준 뒤로 페미니스트가 되었는데, 여성 변호사가 서부 아프리카 스타일의 화려한 초록빛 티셔츠 차림이라는 상상도 못 할 패션 감각을 자랑하며 나타나는 바람에 깜짝 놀란 기억이 있다고 말하기도 했다.[18]

요즘 RBG는 엄숙하고 넉넉한 실크 법복에 진주 목걸이 또는 수십 년 동안 애용해온 붉은색 목걸이, 커다란 펜던트 같은 강렬하고 대담한 장신구로 포인트를 주는 스타일을 선호한다.

1993년 당시 상원의원이던 조 바이든과 함께.

RBG는 귀를 뚫지는 않았지만 종종 빛깔이 선명한 스터드 귀고리나 길쭉하게 늘어뜨리는 귀고리를 고른다. 그는 여행 중에도 눈썰미를 발휘하곤 한다. 데이비드 샤이저가 기억하기로, RBG가 쇼핑을 별로 좋아하지 않는 마티 대신 니노, 즉 앤터닌 스캘리아를 데리고 다녀야 했다고 농담 섞인 불만을 털어놓은 적이 있다.[19]

캐주얼 차림은 매우 드물다. 제프리 투빈이 지은 『더 나인』에 따르면, 구두 변론이 있던 어느 눈보라 치는 날, 대법원이 RBG를 비롯한 대법관들을 지프차로 실어 나른 적이 있었다. 투빈은 이렇게 썼다. "긴즈버그는 폭이 좁은 스커트에 하이힐 차림으로 집을 나섰다. 재판연구원 사무실에서 일하던 운전기사는 땅바닥에 쌓인 눈과 긴즈버그의 옷차림 때문에 그 조그만 대법관을 반짝 안아서 차에 태워야 했다. (훗날 긴즈버그는 그 친구를 위해 로스쿨 추천서을 써주었다.)"[20]

복장은 RBG가 보수적인 태도를 보인 지점 가운데 하나다. 맏손녀 클래라의 말에 따르면, RBG는 클래라의 셔츠 길이가 너무 짧다고 여기면 에둘러 말하는 법 없이 숄을 걸치는 게 좋겠다고 제안한단다. 대학교 신입생 때는, 귀에 피어싱을 13군데나 하고서 코까지 뚫었더니 RBG가 잔뜩 겁을 먹고 말았다. 클래라는 재미있다는 표정으로 말했다. "할머니는 제 피어싱을 가리켜 '네 얼굴에 있는 그것'이라고 하셨어요."[21] 내가 코에 뚫린 구멍만큼은 문신과 달리 쉽게 사라진다고 설명하자 RBG는 안도의 한숨을 내쉬었다.

RBG는 공개 행사에 참석할 때 보통 검은색 또는 하얀색 망사장갑을 낀다. 미시건에서 엄동설한을 보낼 때는, 무릎까지 올라오는 과감한 디자인

의 가죽 부츠를 신었다. 핸드백에는 평소 헌법전을 넣고 다녔는데, 『글래머』
의 기프트백에서 MZ 월리스 토트백을 꺼내보고는 마음에 쏙 든 나머지 똑
같은 제품을 하나 더 구입했다. (클래라에게도 하나를 사주었다.) 그는 페라

And then I meet Ruth Bader Ginsburg. She is PETITE and Elegant. I think, move over Jane Austen as my imaginary Best Friend forever. Make Room for Ruth Bader Ginsburg, who would have gone to my high school for MUSIC, if her parents had let her. whose favorite artist is MATISSE. (I rest my case.) Who went on to study the LAW because she wanted to combat the forces of injustice (McCarthyism) and graduated tied for FIRST in her CLASS at COLUMBIA Law School, but could not get HIRED as a LAWYER.

그러고 나서 루스 베이더 긴즈버그를 만났어. 아담하고 우아한 여성이야. 어쩌면, 내 영원한 상상 속 친구 제인 오스틴보다 더. 루스 베이더 긴즈버그를 위한 자리도 마련해야겠어. 그가 나랑 같은 예술고등학교에 다녔다면 어땠을까. 물론 부모님이 허락했을까 싶지만, 그래도 가장 좋아하는 예술가가 마티스라던데.(딱 보면 알겠지.)
그는 불의(매카시즘)에 맞서 싸우려고 법을 공부한 사람이야. 하지만 컬럼비아대 로스쿨을 공동 수석으로 졸업하고도 변호사 일자리를 못 구했지.

가모 신발의 열혈팬이기도 하다. RBG의 한결같은 헤어스타일은 머리카락을 빠짐없이 뒤로 넘겨서 올록볼록한 밴드로 질끈 묶는 것이다. 그는 가끔씩 터번을 두르고 집무실에 나타나기도 하는데, 그때마다 비서들은 재판연구원들에게 오늘이 터번의 날이라고 경고하곤 했다. 한 재판연구원이 고백했다. "대법관님을 볼 때 웃음을 참기 위해 노력해야 하는 날입니다."

RBG의 집무실을 둘러보면 그의 취향이 어떤지 확연히 드러난다. 충분히 예상할 만한 엘리너 루스벨트의 흉상도 있지만, 대법관들에게 똑같이 지급된 책상은 표면을 검은색 화강암으로 덮었다. 가장 사랑하는 미술가로는 마티스를 꼽았지만, (모든 대법관이 그러듯이) 워싱턴박물관 컬렉션에서 RBG가 고른 그림을 보면, 일관된 흐름을 찾기 어렵다. 그는 20세기 중반에 활동한 미국 미술가 벤 커닝엄을 좋아한다. 그가 그린 추상화는 "우리가 경험한 사회적 갈등과 저항에 새로운 지평을 제시하는 상상력과 논리의 결합"이라는 평가를 받았다.[22] RBG는 기하학적 색면 조합을 보여주는 미술가 가운데 독일 태생의 요제프 알베르스도 좋아한다. (2011년, RBG는 알베르스 작품이 순회전시를 마치고 자신에게 돌아오기 전까지는 은퇴하지 않을 것이라고 수줍게 말했다.[23] 이어서 그 시점을 2012년 정도로 예상했다. 마침내 그날은 왔고, 또 그렇게 지나갔다.) 그는 마크 로스코와 맥스 웨버의 그림도 빌리곤 했다.

꿈에서는 참새가 아니야

RBG는 오페라를 보며 눈물을 흘린다.[24] 제인은 "어머니가 영화를 보시다가도 센티멘털해지곤 한다"고 말한다.[25] 하지만 오페라는 오페라만의 감동이 분명히 있다. RBG는 자신이 피리 부는 재능이라도 타고났다면 어떻게 되었을까 하고 종종 아쉬워한다. "만약 신이 소원을 들어주셨다면, 위대한 디바가 되었을 겁니다. 하지만 제 목소리는 단조롭기 짝이 없습니다. 학교 다닐 때 선생님들도 제 노래를 듣고 점수를 박하게 주셨지요. 꾀꼬리가 아닌 참새 같다면서 말입니다."[26] 그는 어쨌든 노래한다. "샤워할 때만, 그리고 꿈속에서."

이 모든 꿈이 싹튼 건 열한 살의 키키가 브루

클린의 어느 고등학교 강당에 앉아 딘 딕슨이라는 지휘자가 〈라 조콘다〉를 지휘하는 모습을 보고 충격을 받았던 바로 그날이었다. RBG는 딕슨이 아프리카계 미국인으로 유럽에서 훌륭한 커리어를 쌓은 사람이었고, 자기 재능과는 무관한 이유로 인해 일선에서 잠시 물러난 상태였던 것까지 기억했다. 그는 브루클린의 여름 오페라 페스티벌을 여러 차례 찾았는데 한번은 『샌타페이 뉴 멕시칸』과의 인터뷰에서 이렇게 말했다. "딕슨은 미국에서 지휘하는 내내 마에스트로라고 불린 적이 한 번도 없었다."[27] 마에스트로는 지휘사를 높여 부르는 말이다.

1961년 어느 날, RBG와 마티는 청중석에 앉아 있었다. 전설적인 소프라노 리언타인 프라이스가 메트로폴리탄 오페라극장에서 〈일 트로바토레〉로 데뷔하는 순간이었다. 그는 아프리카계 미국인으로 무대 안팎에서 인종주의와 싸운 사람이다. 스포트라이트가 프라이스의 부모를 비추던 장면은 아직도 RBG의 눈에 선하다. 부부는 미시시피 방직공장의 노동자와 산파였다. 수십 년 뒤, RBG는 대법원에서 프라이스를 만나 손을 붙들고 외쳤다. "아아, 이 위대한 여성!"[28] (프라이스가 오찬장에서 예정에 없던 노래를 불렀을 때, 역시 오페라 애호가인 케네디 대법관도 눈물을 흘렸다. 어느 취재기자가 똑똑히 목격한 장면이다.)

마티 집안도 오페라 사랑이 내력이었다.[29] 제인은 할머니, 바로 RBG를 친딸처럼 아낀 시어머니 에벌린이 매주 토요일마다 메트로폴리탄 오페라 방송을 청취했다고 기억한다. 에벌린의 아버지도 오데사에 있는 오페라하우스에서 기술자로 일하던 사람이었다. 오클라호마에서 살던 시절, RBG와 마티 부부는 메트로폴리탄 오페라 순회공연을 관람하러 댈러스까지 자동차로 네 시간을 달려간 적이 있다. 기지 내 도서관에서 오페라 음반을 빌리기도 했다. 시간이 흘러 뉴욕에 정착한 뒤로는 메트로폴리탄 오페라하우스의 특별석을 빌려놓고 금요일마다 찾아가 일상의 피로를 풀었다.

워싱턴에서는 워터게이트 아파트에 살았다. 길 하나를 사이에 두고 워싱턴 국립오페라단의 본거지 케네디센터가 자리하고 있었기 때문이다. 오페라 스타들은 막이 내려간 뒤 RBG가 무대 뒤편을 찾아 해박한 지식이 돋보이는 온갖 찬사로 출연진을 격려했다고 증언한다. 오페라단장은 말했다. "우리는 RBG를 가족으로 여깁니다."[30] 긴즈버그 대법관은 연극 무대도 수시로 찾는다. 셰익스피어 시어터 컴퍼니의 예술감독이자 RBG를 결혼식 주례로 모셨던 마이클 칸은 "탁월한 식견으로 연극의 묘미를 즐기는 분"이라고 말한다.[31]

스캘리아와 함께 오페라 무대에 선 RBG.

긴즈버그는 미국 최고 법원에서 일하는 오페라 팬으로서 특전을 누리기도 했다. 세 차례 이상 엑스트라로 무대에 설 수 있었기 때문이다.[32] 그중 한 번은 〈낙소스 섬의 아리아드네〉가 흐르는 장면에서 스캘리아와 함께였는데, 이때 RBG는 부채를 들고 하얀 가발을 썼다. 어떤 가수가 폴짝 뛰어 스캘리아의 무릎에 앉기도 했다. 2003년 〈박쥐〉에서는 연습 시간에 케네디, 브라이어와 함께 "고귀한 법원에서 오신 고귀한 손님 세 분"으로 소개되며, 무대 위에 있던 모두를 깜짝 놀라게 했다.[33] 최고의 순간은? RBG가 말했다. "도밍고가 내 앞에, 약 60센티미터 떨어진 곳에 서 있었습니다. 온몸에 전기가 통하는 것 같은 전율을 느꼈습니다."

RBG는 요즘 1년에 두 차례씩 대법원에서 펼쳐지는 오페라 무대와 클래식 연주회를 감독한다.[34] 그가 한 강연에서 밝힌 대로, "대법원 업무의 중압감에서 잠시 벗어날 수 있는 가장 즐거운 시간"이다.

10

하지만 아무래도
그만둘 수가 없어

BUT I JUST CAN'T QUIT

아이린: 그래서 그때가 온다면,
대법관께서는 어떤 분으로 사람들 기억에 남고 싶으십니까?

RBG: 재능을 아낌없이 활용하고 능력을 최대한 발휘해서 맡은 일을 해낸 사람입니다. 우리 사회의 빈틈을 메우기 위해, 더 나은 세상을 만들기 위해 최선을 다한 사람입니다.[1]
_RBG, 2015년 MSNBC 인터뷰에서

RBG는 천천히 하라는 말을 듣기 싫어했다. 2009년 초, 그는 사람들이 자신을 따돌리는 데 맞서 어디에서든 모습을 드러내기 시작했다. 그렇다. 그는 췌장암 진단을 받았다. 하지만 종양은 크기가 작았고, 조기에 발견된 편이었다. 맞다. 민주당 대통령과 민주당 상원이 탄생하면서, RBG가 고개를 끄덕일 만한 후임자가 나타날 수 있는 기반이 마련되었다. 그러나 RBG에게는 해야 할 일이 있었고, 따라서 아직은 끝마칠 때가 아니었다.

2월 23일, RBG는 대법관석에 앉아 환하게 웃었다. 수술을 받은 지 3주도 안 된 때였지만, 구두변론에서 그는 날카로운 질문을 던졌다. 2월 24일에도 RBG는 다른 대법관들과 함께했다. 최초의 흑인 대통령이 취임 후 처음으로 상하원 합동연설을 하는 자리였다. 데이비드 샤이저가 말했다. "우리 가운데 몇몇은 RBG에게 화가 날 지경이었습니다. 하지만 우리가 틀렸어요. 우리는 RBG에게 천천히 하시자고, 서둘지 마시라고 계속해서 말씀드렸습니다."[2] 심지어 소설책을 권하기도 했다. "하지만 아랑곳하지 않으셨습니다."

2009년 버락 오바마 대통령의 첫 번째 의회연설에서.

예전에도 늘 그랬듯이 RBG의 의도는 분명했다. 그는 말했다. "우선, 사람들이 대법원에는 남성 대법관만 있다고 생각하는 것이 싫었습니다."[3] 그러고는 자신을 두고 오늘내일할 것이라고 예상한 켄터키 주 상원의원 짐 버닝을 언급하며 담담하게 덧붙였다. "내가 아홉 달 안에 죽을 것이라는 상원의원의 말과 달리 여전히 팔팔하게 살아 있는 모습을 사람들에게 보여주고 싶었습니다." 그날 밤, RBG는 신임 대통령과 포옹했다. 훗날 오바마 대통령은 "당시 긴즈버그 대법관을 보면서 남다른 애정을 느꼈다"[4]고 했다.

피차 같은 감정이었을 것이다. RBG 역시 "처음부터 우리 두 사람 사이에는 통하는 것이 있었다"[5]고 말했다.

10년 전 이번보다 더 진행된 직장암을 발견했을 때, RBG는 새로운 인생관을 얻을 수 있었다. 당시 RBG는 수술에서 회복한 뒤 이렇게 말했다. "특별한, 풍요로운 향취가 내 업무와 일상에 깃들었습니다. 무슨 일을 할 때마다 일할 수 있음에 대한 고마움을 한껏 느낄 수 있었지요."[6] 이런 깨달음은 두 번째 암이 발병하면서 한층 깊어졌다. 그해 봄, 대법관 RBG의 열다섯 번째 회기를 기념해서 존 로버츠 대법원장은 "반환점에 도착한 것을 진심으로 축하"한다면서 RBG가 "근면성실, 엄정한 지성, 칼 같은 언어 구사, 유사 이래 그 누구도 넘볼 수 없을 만큼 밤낮을 가리지 않는 업무 의욕으로 칭송받는 분"[7]이라고 덧붙였다. 이때가 정말로 임기의 반환점이 맞다면, RBG는 존 폴 스티븐스보다 1년 더, 다시 말해 91세까지 대법관으로 봉직해야 한다.

사람들에게 아무리 활력을 내보여도 은퇴를 요구하는 북소리는 점점 커질 뿐이었다. 오바마가 재선을 위해서 선거운동을 벌일 때, 하버드대 로스쿨 랜들 케네디 교수는 내부자들이 귓엣말로 무슨 말을 속삭이는지 엿들었다. 케네디 대법관이 재판연구원으로 모셨던 서굿 마셜이 건강 악화로 은퇴하자 부시가 극우 인사 클래런스 토머스를 기다렸다는 듯이 빈자리에 앉혔으므로, "이제 공화당 대통령이—2012년 선거를 통해— 백악관을 차지한 상태에서 긴즈버그 대법관이 대법원을 떠난다고 가정하면, 서굿 마셜 같은 여성을 클래런스 토머스 같은 여성이 대신할 가능성이 높다"[8]는 이야기였다. 엄밀히 말하면, 케네디의 충고는 다섯 살 어린 브라이어 대법관에게도 적용될 수 있었다. 그는 이렇게 썼다. "나처럼 그들의 기여에 대해 고맙게 여기는 사람들은 그들이 조만간 대법원을 떠나리라고 기대하기는 어렵겠구나 싶을 것이다. 그러나 기여하는 방법은 여러 가지다. 다른 사람들을 위해서 길을 열어주는 것도 한 가지 방법이다." 하지만 기자들이 언제쯤 그만둘 거냐고 물으며 마이크를 들이대는 사람은 기본적으로 브라이어가 아닌 RBG였다.

버락 오바마가 재선에 성공한 뒤에도 쑥덕거림은 잦아들지 않았다. 무엇보다, 민주당은 2014년 상원 중간선거에서 사실상 완패했고, 그 결과 오바마 대통령이 진보 성향을 가진 대법관을 추가로 임명할 여력도 얼마 남아있지 않았다. (민주당은 쫄딱 망한 신세나 마찬가지였다.) 그동안 선배 여성들이 밀려나거나 스스로 물러나는 과정을 안타깝게 목도해온 여성들은 RBG에 대한 압력에 분통을 터뜨렸다. 오랫동안 대법원의 역사를 기록해온 린다 그린하우스는 명백한 성차별이라며 펄펄 뛰었다. 1970년대에 RBG와 함께 일했던 법학 교수 실비아 로도 거들었다. "나는 RBG더러 은퇴를 하라고 촉구하는 내 동료들, 즉 진보 성향의 법학 교수들 때문에 화가 머리끝까지 치밀었다. 그는 법정에서 아무도 대신할 수 없는 보배 같은 사람이다. 수많은 사건, 특히 전문성을 요하는 사건의 다수의견을 읽어보라. 그렇게 나쁜 줄 모를 것이다. 그리고 나서 루스의 소수의견을 읽어보라. 다수의견이 얼마나 형편없는지 확실히 깨달을 수 있다."[9]

대법관들은 나머지 모든 사람이 아는 사실, 즉 자신을 임명한 대통령과 그가 많은 부분에서 가치관을 공유하는 경향이 있다는 지적을 인정하지 않으려 든다. RBG는 은퇴에 대한 질문을 받을 때마다 조심스러운 답변으로 일관했다. "이번 대통령이 임기를 마치면 다음 대통령이 취임하겠지요. 저는 새로운 대통령이 훌륭한 분이기를 염원합니다."[10] 그런데 니나 토텐버그와 인터뷰할 때는, 한 걸음 더 나아가서 이렇게 말했다. "글쎄요. 저는 2016년에 거는 기대가 매우 큽니다."[11] 한 기자는, 누군가 차기 대선에서 처음으로 여성 대통령이 뽑힐 것 같으냐고 큰 소리로 묻자 RBG가 고개를 끄덕이면서 이렇게 말했다고 한다. "맞습니다. 그렇게 된다면 얼마나 근사한 일이겠습니까."[12] 힐러리 클린턴이 대통령에 당선되면 RBG가 물러나기에 최적의 시점이 마련될지 모른다. 그러나 지금 RBG는 대법관직에서 물러날 생각이 없다. 대법관이라는 직업을 사랑하기 때문이다.

RBG는 지금이 물러날 때라고 스스로 판단할 수 있는 자기만의 기준을 마련해두었다. "언제든지 기억해서 척척 인용하던 사건명들이 생각나지 않는 날, 그날이 물러날 때라고 생각합니다."[13] RBG에게는 아직 그런 날이 오지 않았다.

살아 숨 쉬는 기쁨을 만끽하라

RBG는 얼마 전 워터게이트 아파트로 자신을 찾아온 친구 애니타 파이얼에게 이렇게 물었다. "마티의 부엌을 구경하고 싶어요?" 당시에는 제인이 뉴욕에서 넘어와 어머니 집에 몇 주 머물며 요리를 도맡고 있었지만, 그 집 부엌은 여전히 마티의 부엌이었다.[14] 냉장고에는 제인이 "닭고기" 또는 "생선"이라고 써 붙인 재료들이 들어 있었다.

"어떤 날은 제가 잠에서 깰 때 잠자리에 드세요. 신문이 집 안에 들어와 있는 날도 있는데, 이건 엄마가 아침 일찍 일어나셨다는 의미가 아닙니다."[15] 제인의 어머니는 여전히 주중에 부족했던 수면 시간을 주말에 보충하면서 지낸다.

마티와 함께 살 때는 생활에 리듬이 있었다. 그 시절 RBG는 모든 문제를 해결한 뒤에야 눈을 붙이는 스타일이었다. 그럴 때마다 마티는 일단 자라고, 아침이면 해답이 저절로 떠오른다고 타이르곤 했다. 마티가 세상을 떠난 뒤 RBG는 말했다. "그가 옳았습니다. 종종 미로 속에 빠진 느낌이 들 때가 있어요. 그러면 해법을 궁리하면서 잠자리에 들었지요. 그렇게 자고 나서 아침에 눈을 뜨면 길이 보이곤 했습니다. 그런데 지금은 저에게 이제 잘 시간이라고 말해주는 사람이 아무도 없군요."[16]

대법원 회기 중에는 연방보안관이 아침마다 RBG가 잠에서 깼는지 확인한다. 여름방학마다 RBG와 함께 지내는 손녀 클래라는 "할머니는 커피로 하루를 시작하는 분"이라면서 커피를 마시지 않고는 "전투에 나설 생각이 안 드실 것"이라고 말했다.[17]

나이가 들면서 가장 놀라운 변화가 무엇이냐는 질문에, RBG는 특유의 성격대로 다부지게 대답했다. "놀라운 것은 전혀 없습니다. 하지만 배운 것이 두 가지 있습니다. 하나는 살아 숨 쉬는 기쁨을 만끽하려고 더 많이 노력하자는 것입니다. 여생이 얼마나 남았는지 누가 알겠습니까? 내 나이 정도 먹으면 하루하루 즐겁게 살아야 합니다."[18] 그러고는 말을 이었다. "나는 남편을 떠나보내고 힘겨운 나날을 보냈습니다. 우리는 알고 지내기를 60년, 부부로 56년을 함께 살았답니다. 이제 4년 뒤에는 남편이 원할 법한 일을 해볼 작정입니다."

RBG의 손자 폴은 최근에 벌어진 어떤 사건을 할아버지 마티가 직접 보았다면 통쾌하게 웃었을 것이라며 아쉬워한다. 2년 전이었다. 연극배우인 폴은 워싱턴으로 할머니를 찾아갔다. RBG는 괜찮아 보이는 연극이 있으면 손자에게 종종 추천을 해주었다. 하루는 두 사람이 차를 타고 어디를 다녀오는 길이었다. 늘 그렇듯이 연방보안관 두 사람과 함께였다. 한 사람은 운전석, 또 한 사람은 조수석을 지켰는데 흡사 "금욕주의자들처럼 보였다."

폴이 말했다. "할머니가 조수석에 앉은 여성 보안관에게 부탁하셨습니다. 극장에 전화해서 티켓 두 장을 예약하고 대법관 일행이 가니까 보안 점검을 해야 한다고 미리 일러두라는 말씀이었죠. 그러자 보안관이 묻더군요. '연극 제목이 어떻게 됩니까?'"[19] RBG가 선택한 작품은 마이크 바틀릿의 「수탉 Cock」이었다. RBG는 연방보안관에게 대답했다. "「수탉」*이라고 하오." 폴은 "할머니가 '공작의 붉은 말' 같은 비유로 에둘러서 말할 수도 있었다"고 생각했다. 충직한 보안관은 전화기를 들고 긴즈버그 대법관 이름으로 「수탉」을 예매했다. 이 모든 과정 내내 RBG는 뒷좌석에서 꼿꼿한 자세를 잃지 않았다. 할머니는 오래전부터 연극을 보러 다니던 사람이었다.

나답게 살아갈 자유

2015년 4월 28일, 37세 댄 캐넌 변호사는 대법원의 규칙에 따라 복장을 제대로 갖추어 입었다. 대법원으로 사건을 가져가는 것은 이번이 처음이었다. 현시대에 가장 중요한 시민권 관련 사건 가운데 하나인 오버게펠 대 호지스 사건도 아니었는데, 그의 다리는 후들거렸다. 빡빡머리 뮤지션에서 시민권 변호사로 거듭난 그는 동성 커플이라는 이유로 켄터키 주로부터 결혼을 인정받지 못한 사람들을 변호하기 위해 그 자리에 섰다. 댄은 변호사석에 앉아 있다가 대법관석으로 다가가 새뮤얼 얼리토 대법관과 악수를 나눌 수도 있었다. 하지만 그러지 않았다.

법정 바깥에는 동성애를 혐오하는 포스터들이 보였고 무지개 깃발과 '정의로운 조부모들' 팻말도 있었다. '나랑 결혼해주오, 스캘리아'라는 플래카

* cock이 남성의 성기를 일컫는 비속어이므로.

드도 있었다. RBG는 이제 그만 재판에서 손을 떼라는 압력을 몇 달 동안 받고 있었다. 대법원이 결혼보호법^{Defense of Marriage Act}에 대해 위헌 판결을 내린 직후에 동성 결혼식 주례를 두 차례나 맡았기 때문이다. RBG는 그런 요구를 무시했다. 법정에서는 구두변론이 한창 진행 중이었다. 이 자리에서 RBG는 결혼이란 수천 년의 유구한 전통이므로 동성 간 결합을 결혼으로 인정할 수 없다는 주장에 대해 다음과 같이 논박했다. 그는 상대방의 말을 자르면서 이렇게 지적했다. "결혼 제도는 변했고, 평등주의 시대가 도래한 지 오래입니다. 동성 결합은 지난날의 협소한 결혼 개념을 뛰어넘는 형태입니다."[20] RBG는 남성과 여성의 역할에 선을 긋는 법률로부터 자유로운 방향으로 결혼 개념을 새롭게 정의하는 과정에 기여해온 사람이었다. 여성을 소유물로 여기는 전통에 입각해서는 RBG 자신의 결혼생활도 인정받기 어려웠다.

그날 정부를 대변한 도널드 베릴리 법무차관은 전통적인 모닝코트 차림이었다. 대법원에서는 캐넌 같은 변호인들도 복장 규정을 지켜야 했다. 대법원에 출두하는 변호사를 위한 공식 안내서에는 이렇게 적혀 있다. "변호인에게 적합한 복장은 (남색이나 진회색처럼) 어두운 계열의 보수적인 정장이다." 캐넌은 규칙에 따라 남색 재킷과 하늘색 와이셔츠를 입었다. 그가 워싱턴에 도착하기 전, 로스쿨 친구 부부에게 선물 받은 것이었다. 친구는 여성이었고, 교사인 그의 아내도 여성이었다. 둘은 뉴욕에서 결혼했다. 하지만 아들의 출생증명서에는 한 사람의 이름만 올랐다. 켄터키 유권자들이 로리와 크리스털의 결혼을 인정하지 않기로 결정한 탓이다. 캐넌의 와이셔츠 속에는 또 한 가지 이야깃거리가 숨어 있었다. 그는 친구가 선물한 노터리어스 RBG 티셔츠를 안에 받쳐 입은 상태였다.[21]

케네디 대법관 역시 동성 결혼을 금지하는 법률이 위헌이라는 판결을 내놓았다.[22] 그러나 축하 물결을 뒤덮은 것은 RBG의 얼굴이었다. RBG는 모터사이클을 타고 무지개 깃발 사이를 헤치며 대법원 계단을 가로지르는 애니메이션 주인공으로 변신하기도 했다.[23] 해당 회기에 RBG는 적정부담보험법,[24] 공정주택법,[25] 임신부차별금지법[26] 등 진보적인 법률을 온전히 지켜내고 나아가 찬성 비율을 확대함으로써 진보 진영에 놀라운 기쁨을 선사한 판결문을 직접 집필하지 않았다. 그러나 보수적인 대법관들의 견해가 엇갈리는 상황에서, RBG는 진보파를 집결시켰고, 그 결과 다섯 표, 심지어 여섯 표까지 끌어모으는 괴력을 발휘했다.[27] 날카로운 소수의견도 한동안 자제했다. 무엇보다 승리가 절실한 시점이었기 때문이다. RBG는 괜한 잡음을 일으키기보다 실질적으로 성취하기를 원했다.

RBG가 법정에서 예의를 갖추는 것이 오랫동안 이어질 것 같지는 않다. 대법원 전체가 진보 쪽으로 선회해서가 아니라, 보수파의 과욕으로 현 상황을 초래했기 때문이다. 로버츠 대법원장 취임 이후 10년 동안, 재생산의 자유부터 시작해서 RBG가 애써 쌓아올린 성취의 상당 부분이 위태로운 처지에 놓였다. 법원은 임신중절 클리닉을 규제하는 방향으로 움직이고 있으며, 그 결과는 수많은 여성의 삶에 악영향을 미치게 될 것이다. RBG는 "미국에서 중산층 여성이 임신중절 수술을 받다가 위험에 처할 가능성은 극히 희박하다"면서 임신중절 규제는 결국 "부적절한 곳을 찾을 수밖에 없는 가난한 여성만 해치는 꼴"[28]이라고 말했다. 법원은 공공 부문 노동조합과 차별 시정 조치에 대해서도 조만간 십자포화를 퍼부을 태세다.

RBG는 자기만의 방식으로 제 목소리를 꾸준히 내고 있다. 그가 동지들과 힘을 합하여 쟁취한 진보적 성과물은 도처에 널려 있다. 2012년, RBG는 한때 자신이 유일한 여성 종신교수로서 여성을 위한 싸움을 이끌었던 컬럼비아대 로스쿨을 방문해 건물 곳곳을 둘러보다가 잠시 제자리에 서서 이렇게 말했다. "이 좋은 아침에 이곳에 와서 복도를 걷다 보니 '모유 수유실'이라고 써 붙인 방도 있더군요. 세상이 참 많이 변했습니다."[29] RBG야말로 그런 변화를 위해 그 누구보다 많은 일을 한 사람이다.

RBG의 유산, 이 문제는 그가 자주 거론하는 이야기가 아니다. 모든 것이 끝남을 의미하기 때문이다. 그렇다고 외면하는 문제도 아니다. "내 인생에서 가장 만족스러운 점은 더 나은 삶을 위한 운동에 참여했다는 사실입니다. 나는 성차별이 모두에게 해롭다고 생각합니다. 남성에게도 나쁘고, 아이들에게도 나쁩니다. 그런 변화에 동참할 수 있는 기회를 누려서 한없이 행복합니다. 헌법 첫 줄에 뭐라고 적혔는지 생각해봅시다. '우리 합중국 인민은 보다 완벽한 연합을 형성한다'고 명시되어 있습니다. 우리는 여전히 헌법이 말하는 더 완벽한 연합을 만들기 위해서 분투해야 합니다. 그 완벽함의 형태 가운데 하나는 '우리 합중국 인민'의 개념이 훨씬 더 광범위한 집단을 포용하는 것입니다."[30] 포용이야말로 RBG가 평생을 바쳐서 이루고자 했던 목표다. 하지만 아직도 갈 길이 멀다.

부록
APPENDIX

HOW TO BE LIKE RBG

RBG처럼 사는 법

신념을 위해 일하라

RBG는 세상의 부조리를 포착하고, 거기에 자신의 능력을 집중함으로써 더 나은 세상을 만들기 위해 노력했다. 비록 "무관심, 이기주의, 불안"[1]은 "극복하기 어렵지만" RBG는 우리에게 "[우리] 공동체, 국가, 세계의 갈라진 틈을, 그리고 가난한 사람들, 소외된 사람들, 좌절한 사람들, 다시 말해 권리를 빼앗기고 불신당하는 소수자들의 삶에서 갈라진 틈을 찾아 메우라"고 촉구한다.

그러나 골라가며 싸워라

RBG가 페미니스트로 살기 전에 온갖 수모를 극복할 수 있었던 것은, 분노란 역효과를 낳을 뿐이라는 조언 덕분이었다. "내가 집무실에 흉상을 모셔둔 저 위대한 여성 엘리너 루스벨트는 '분노, 앙심, 질투 같은 감정은 스스로의 에너지만 갉아먹을 뿐'이라고 말했다. 그런 감정은 생산적이지도 않고, 아무런 변화도 일으키지 못하므로 극복해야 한다."[2] 소수의견을 내놓을 때의 RBG처럼, 중차대한 문제가 걸려 있거나 최선의 노력을 다한 뒤라면 공공연히 분노를 표출하지 말아야 한다.

끝장을 보겠다는 생각은 금물이다

RBG는 젊은 여성들에게 충고했다. "여러분이 원하는 것을 얻기 위해 싸워라. 그러나 다른 사람들도 여러분 편에 설 수 있도록 하는 방식으로 싸워야 한다."[3] RBG는 늘 재판연구원들에게 상대편 주장을 가장 보기 좋은 그림으로 그리라고, 개인을 모욕하면 안 된다고 가르친다. 그는 진실이 최고의 무기이므로, 사실을 제시하는 일에 최선의 노력을 기울이라고 말한다.

책임지는 것을 두려워하지 마라

RBG는 "무언가 결정하는 자리라면 여성도 반드시 그 자리에 있어야 한다"[4]고 믿는다. 앞서 수많은 페미니스트가 여성은 남성과 다른 목소리로 발언해야 한다고 주장했다. 반면, RBG는 여성이 태생적으로 남성보다 훨씬 순수한 존재라고 생각하는 것은 오류라고 보았다. "그런 주장에 따르면, 여성은 더럽혀지지 않은 상태로 머물기 위해 '사회지배층'의 가치를 내면화하지 말아야 하고, 부조리한 사회 구조에서 성공의 기회를 노려서도 안 된다."[5] RBG는 지배층이라는 지위를 활용해서 사회의 구조를 변화시키기 위해 싸우고, 억압받는 사람들 편에 섰다. 요즘은 대법원에서 진보 진영을 이끄는 수장으로 든든하게 자리를 지키고 있다.

원하는 바를 정하고, 과감하게 밀어붙여라

아이를 키우면서 로스쿨에 들어가 학업을 이어가야 했던 젊은 시절, RBG의 시아버지는 이렇게 말했다. "네가 법학 공부를 간절히 원한다면, 길이 생길 것이고 결국 해낼 것이다."[6] RBG는 말한다. "그날 이후 지금까지 모든 일에 그런 식으로 접근하며 살아왔다. 어떤 것을 앞에 두고 내가 그것을 원하는지 아닌지 자문한 다음, 원한다는 생각이 들면 그대로 밀어붙였다."

그런 뒤에는 좋아하는 것을 즐겨라

RBG는 밖으로 쏘다니길 좋아했다—그것도 아주 많이.

함께하라

"RBG는 외톨이로 지내는 법이 없었고, 누구도 마주하기 어려워하는 슈퍼스타로 살지도 않았다."[7] 동료 페미니스트 변호사 마샤 그린버거의 말이다. RBG는 수많은 페미니스트 변호사의 멘토였고, 소토마요르와 케이건의 대법원 입성을 누구보다 반긴 사람이었다.

유머 감각을 잃지 마라

조금만 있어도 큰 도움이 된다.

RBG가 가장 좋아하는
마티 긴즈버그 레시피

『연방대셰프』에서

우유를 넣고 푹 끓인 돼지고기

재료

버터 1큰술

식물성 기름(올리브 오일은 안 됨) 2큰술

오븐에 구운 폭립 2½파운드

코셔 소금과 신선한 후춧가루 약간

우유 2½컵(그 이상 넣어도 됨)

요리법

정육점에 가서 돼지갈비에서 등심을 떼어내 두세 등분해달라고 한다. 등심과 갈비를 모두 사용한다. 등심에 붙은 지방은 제거하지 않아도 된다.

등심과 갈비가 푹 잠기도록 담으려면 바닥이 두툼하고 넙적한 냄비가 필요하다. 먼저 냄비에 버터와 기름을 두르고 중불로 가열한다. 버터의 거품이 가라앉으면, 지방 부위가 아래쪽을 향하도록 등심을 넣는다. 노릇하게 구워지면 뒤집어서 반대편도 마찬가지로 익힌다. 등심을 접시에 꺼내놓고, 이번에는 갈비를 노릇하게 익힌 다음, 다시 등심을 냄비에 넣는다.

분량의 소금과 후추를 뿌리고 우유를 한 컵 붓는다. 우유는 약한 불에서 천천히 부어야 한다. 자칫 우유가 끓어 넘치면 위험할 수 있다. 우유가 끓기 시작하면 30초 정도 기다렸다가 불을 최대한 줄이고 뚜껑을 덮는다. 이때 뚜껑은 살짝 열어두어야 한다. 우유가 (수분이 증발하면서) 걸쭉해지고 밤색을 띨 때까지 약한 불로 한 시간가량 끓이면서 고기를 가끔 뒤집어준다. 이 과정은 한 시간을 훌쩍 넘길 수도 있다.

우유가 걸쭉해지고 밤색으로 변했다면(그 전에는 안 된다) 천천히 조심스럽게 우유를 한 컵 더 붓는다. 그렇게 10분 정도 끓인 뒤 뚜껑을 덮는다.(이번에는 제대로 덮는다.) 그리고 약한 불로 30분 더 끓인다.

30분이 지난 뒤 뚜껑을 살짝 열고 중불로 계속 끓이면서 이따금 등심을 뒤집어준다. 우유가 다 굳었다 싶으면, 마지막으로 우유 반 컵을 조심해서 붓는다. 등심을 포크로 찔렀을 때 부드러운 느낌이 들고 우유가 밤색 덩어리로 완전히 굳을 때까지 약한 불로 계속 끓이면서 고기를 뒤집는다. 요리가 완성되기까지 총 3시간 정도 걸린다고 봐야 한다. 등심이 제대로 익기 전에 냄비 속 수분이 모두 날아가버리게 되면 우유 반 컵을 더 붓는다.

육질이 연해지고 우유가 어느 정도 어두운 빛깔의 덩어리로 엉기면, 도마에 등심을 꺼내놓고 잠시 굳혔다가 0.6~1.2센티미터 두께로 썬다.

냄비를 살짝 기울여서 숟가락으로 대부분의 기름을 걷어낸다. 기름이 상당히 많이 뜰 텐데, 그렇다고 남김없이 제거할 필요는 없다. 밤색으로 굳은 우유 덩어리까지 버리지 않도록 주의한다. 이제 물을 세 큰술 넣고 강한 불로 끓이면서 냄비 바닥과 옆면에 눌어붙은 것을 나무 스푼으로 살살 긁어서 떼어낸다. 끓은 국물을 등심에 흠뻑 끼얹은 다음 곧바로 식탁에 올린다.

주의: 등심과 갈비 대신 어깨살을 쓴다면 실로 잘 묶어야 한다. 갈비가 없으면 요리가 한결 쉽다. 사실, 어깨살이 등심보다 육즙도 많이 나온다. 단, 깔끔하게 썰기가 어렵다.

FROM "R. B. JUICY"

"R. B. JUICY"*

By 켈리 코스비 × 베스 개빈

*노터리어스 B.I.G.의 〈Juicy〉를 개사했다.

[Intro]
yeah — 내 젠더 때문에 아무 것도 이루지 못할 거라고 말한 그 모든 판사에게, 그들만의 고고한
세상을 누리면서 수전 앤서니의 얼굴을 지폐에 그려 넣는 정도로 나를 매수하려 했던 그 모든
작자에게, 끝으로 투쟁하는 모든 여성에게 이 노래를 바친다. **You know what I'm sayin'?**

[Verse]
모든 것이 꿈이었어
내가 리드 대 리드 사건에서 변론할 때만 해도
그런데 그들이 샌디 D*를 D.C.로 데려왔지
재닛 리노**가 전화를 걸었어
뺀질이 윌리***가 나를 앉히기로 했다고
이제 내가 임명된 이상
나는 신나게 검은 법복을 걸치고 자보를 목에 두를 거야
변호사들의 고생담을 읽고, 찻잔을 홀짝거리면서
오래전, 나는 엄청난 비난을 받고 뒷전으로 밀렸지
이제 내가 어디에 있는지 보라고
프랑크푸르터가 뭐라고 했었지, 내 원 참
그는 여성이 이런 자리에 오를 거라곤 꿈도 못 꿨어
이제 나는 세상의 주목을 받는 사람, 올바른 판단 덕분이지
법원은 오른쪽으로 기울었지만, 사람들은 내 소수의견을 인용해
날 때부터 죄 지은 자, 그러나 명백한 승리자
그들과 달리 나는 "여성"으로 살아왔기에, 여성의 권리를 수호해
윌리, 지미 C****에게 평화를! 그리고 또 누가 없나?
어윈 그리스올드, **ACLU**
나는 유리천장을 영영 날려버렸지
집무실로 전화해, 같은 번호 같은 주소야
아무 문제없어
어…… 몰랐다고? 이제는 알겠지, 니노

[Chorus]
넌 평등한 권리를 위해서 지금껏 싸워왔지
키키 시절부터 **RBG**가 되기까지, 그래서 이렇게 높이 올라온 거야
너는 항상 싸워, 평등의 정의를 위해서
우리 눈에 너는 디바, 오리지널리스트*****들은 얼씬도 못 하지

* 샌드라 오코너.
** 연방 법무부장관 겸 검찰
총장.
*** 빌 클린턴의 별명.
**** 지미 카터.
***** 헌법을 문자 그대로
만 해석하는 원문주의자.

FROM "SCALIA/GINSBURG: A (GENTLE) PARODY OF OPERATIC PROPORTIONS"

오페라 〈스캘리아/긴즈버그〉에서

By 데릭 왕

스캘리아:

이 법원은 정말이지 변화무쌍해—

마치 법이란 것을 전혀, 조금도 모르는 것 같아!

대법관들은 눈이 멀었어!

어떻게 이런 말을 지껄일 수 있지—?

헌법을 눈 씻고 뒤져봐도 그런 말은 단 한 마디도 안 나와

그들이 애지중지하는 이 권리—

헌법을 기록한 문서에 없던 싹이 새로 돋기라도 했나?

애당초 입안자들이 기록하고 서명한 법조문에는 그런 말이 없었어

헌법을 눈 씻고 뒤져봐도 그런 말은 단 한 마디도 안 나와!

(…)

긴즈버그:

당신에게 몇 번이나 더 말해야 알겠어

친애하는 스캘리아 대법관 씨

당신이 이런 생각을 그저 즐겼더라면

우리가 이토록 고생하지는 않았을 거야

(그러면 당신도 그 굳은 표정을 풀고 편히 쉴 수 있을 텐데)

당신은 난제를 단번에 풀어줄 또렷한 해법을 헛되이 찾아 헤매고 있어—

하지만 헌법이 아름다운 까닭은 진화할 수 있다는 사실에 있어

우리 사회처럼 말이야

물론 우리의 건국자들은 위대한 시각을 지닌 위대한 사람들이지만

문화적인 한계를 넘어설 수는 없었어

그래서 우리에게 판단의 여지를 남겨주었다고 나는 믿어

어떤 의미가 피어나고 성장하면, 그러도록 내버려두라고

TRIBUTES TO THE NOTORIOUS RBG

노터리어스 **RBG**에게 바침

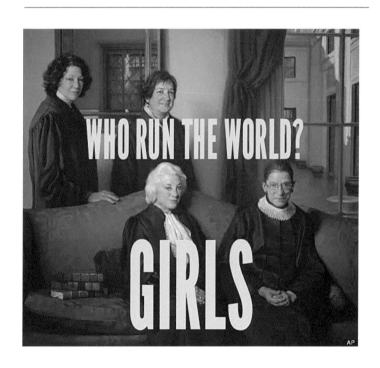

ALL THEM FIVES NEED TO LISTEN
WHEN A TEN IS TALKING

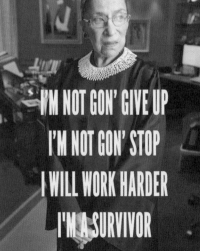

I'M NOT GON' GIVE UP
I'M NOT GON' STOP
I WILL WORK HARDER
I'M A SURVIVOR

감사의 말

이 책은 데이 스트리트 북스의 담당 편집자 줄리아 치페츠의 영웅적인 노력 덕분에 빛을 볼 수 있었다. 우리는 줄리아의 지혜와 끈기, 인내심에 크게 빚졌다. 아울러 줄리아와 함께 일하는 숀 뉴콧, 조지프 파파, 데일 로보, 수엣 쫑, 타니아 리트, 루시 올버니스, 섀넌 플렁킷, 케이티 리글, 린 그레이디, 애덤 존슨, 오언 코리건, 마이클 바스, 니야메카이 왈리야야, 자키야 자말에게 감사를 표한다. 이들은 지치는 법을 모르는 사람들이다.

긴즈버그 대법관의 가족 제인 긴즈버그와 제임스 긴즈버그, 클래라 스퍼라와 폴 스퍼라는 넓은 마음으로 집안 이야기를 우리에게 들려주었다. 그들에게도 고마움을 전한다. 긴즈버그 대법관의 친구들, 동료들, 전임 재판연구원들에게도 귀한 도움을 받았다. 우리의 법률 드림팀 새뮤얼 베이건스토스, 데이비드 코언, 재나이 넬슨, 마고 슐랭어, 레바 시글과 닐 시글 덕분에 엉뚱한 소리를 하지 않을 수 있었다. 은혜를 어떻게 갚아야 할지 모르겠다. 일라나 위원회는 고틀립의 조너선 맬키, 랙먼앤라이스먼 P.C.와 함께 지식재산권에 관한 풍부한 조언을 해주었다.

긴즈버그 대법관 집무실의 킴벌리 매켄지, 공보실의 캐시 아버그, 퍼트리샤 매케이브 에스트라다, 애니 스톤, 타일러 로페즈, 세라 워스너, 큐레이터실의 스티브 페트웨이, 대니얼 슬론, 캐서린 피츠, 리자 리버먼 그리고 대법원역사연구회의 클레어 쿠시먼 등 수많은 직원이 소중한 자료와 지원을 아끼지 않았다. 마감 시한이 촉박했지만, 이들이 흔쾌히 도와준 덕분에 제때 마칠 수 있었다.

컬럼비아대 로스쿨의 리베카 바이어, 럿거스대 로스쿨의 재닛 도너휴, 코넬대의 아이샤 닐리, 하버드대 로스쿨의 레슬리 쇼언펠드, 뉴저지 ACLU의 데버러 하울릿, 제임스매디슨고등학교의 로레인 이조, 브리얼리스쿨의 리사 밀러 등 여러 활동가와 단체 관계자가 줄곧 우리를 도왔다. ACLU의 레노라 래피더스와 에린 화이트, 럿거스대의 캐스린 매해니와 주디스 와이스, 작가 존 레일리는 자료 조사에 도움을 주었다. 윌리엄 블레이크와 한스 해커는 구두로 발표한 소수의견에 대한 연구 성과를 우리와 나누어주었다. 의회도서관 기록물관리실을 찾아갈 때면 루이스 와이먼과 제프리 플래너리가 앞장섰고, 노터리어스 B.I.G.의 저작권 문제는 소니 뮤직의 브라이언 레이놀즈와 레이시 켐사크가 해결해주었다. 마이카 피처먼블루와 프랭크 윌리엄 밀러 주니어 역시 대단히 중요한 조언을 해주었다.

온갖 SNS에서 #notoriousrbg로 활동하는 동지들에게 외친다. 당신들은 정말이지 끝내주게 멋진 사람들이다.

아이린으로부터

데이비드 블랙 에이전시에서 내 에이전트로 일하는 린다 로언솔은 시종일관 용감하게 내 편을 들어주었다. 애나 홈스와 리베카 트레이스터는 똑똑

그렇다, 셀피 맞다.

한 친구이자 멘토, 사랑스러운 페미니스트로서 자신들만의 방식으로 이 책의 탄생에 (아울러 내 커리어에) 기여했다. 언제나 따뜻하고 통찰력이 넘치는 레이철 드라이는 초고를 읽어주는 수고로움까지 도맡았다.

MSNBC의 베스 파우히, 대프너 린저, 리처드 울프, 이벳 마일리, 필 그리핀은 이 책을 쓰는 내내 애정 어린 응원을 보내는 동시에 다양한 포맷으로 여성 문제를 다룰 수 있도록 이끌어주었다. 내가 RBG를 인터뷰할 수 있도록 힘을 실어준 레이철 매도에게, 인터뷰를 실제로 성사시킬 수 있게 도와준 실비 할러에게도 고마움을 전한다. 나를 받아주고 가르쳐준 예일대 로스쿨 선생님들, 특히 프리실라 스미스, 레바 시글, 잭 밸킨, 마고 카민스키에게 감사하다. 개인적으로나 사회적으로 린다 그린하우스, 제프리 투빈, 달리아 리스위크, 라일 데니스턴, 조앤 비스큐피크, 피트 윌리엄스, 아트 리엔처럼 통찰력이 번득이는 대법원의 역사 기록자로부터 정말 많은 것을 배웠다. 샌드라 바크와 엘리자베스 그린은 그들이 경험으로부터 힘겹게 얻은 교훈을 따스한 우정까지 얹어 선뜻 나누어주었다. 나는 몰리 첸, 크리스틴 가르시아, 스테프 헤럴드, 어밀리아 레스터, 케이자리나 로메로, 스텔라 세이포, 애덤 서워, 아미나투 소, 세라 터커, 베스 위클러를 친구이자 스승으로 여기며 고마움을 느낀다.

카먼 집안 아이들 이타이, 엘라, 다리아, 야헬, 데니는 내 전부나 다름없다. 나는 큰 축복을 받은 사람임이 분명하다. 아낌없이 사랑을 베푸는 해가이와 레이크피트 카먼의 딸이기 때문이다. RBG는 내게 "힘을 주는 남성"을 만나는 것이 중요하다고 말했다. 그런데 나는 힘 이상을 주는 사람을 만나는 특권을 얻었다. 그래서 아리 릭터에게 감사하다. 그는 배려와 기쁨, 사랑으로 내가 이 모든 것을 해내는 과정을 지켜봐주었다.

집무실에서.

셔나로부터

먼저 레빈/그린버그/로스턴 출판 에이전시의 내 담당자 린지 에지컴과 대니얼 그린버그에게 고맙다는 말을 전하고 싶다. 생소하기만 한 길을 걷는 내내 매 단계마다 내 편에 서서 이끌어 주었다. 나는 앙쿠르 만다니아의 저 악명 높은notorious 페이스북 게시글에 큰 빚을 졌다. 그는 나에게 일어난 이 모든 상황의 도화선에 불을 붙인 사람이다. 아울러 내 친구이자 동료 프랭크 치에게도 고맙다. 그는 워싱턴 D.C.를 수없이 오가는 동안 소중한 동반자로 나와 동행했다.

로스쿨 3학년 동안, 부원장이신 랜디 허츠 뉴욕대 교수와 법률구조협회 산하 브롱크스 청소년보호실 주디스 해리스 변호사는 법률적인 문제를 비롯한 여러 분야에서 귀한 멘토이자 버팀목이 되어주었다. 힘에 부칠 때마다 응원단장처럼 내게 기운을 북돋워주신 분들이다.

뉴욕대에서는 디어드리 폰 도넘, 노르만 도르센, 실비아 로, 아서 밀러, 트레버 모리슨, 버트 뉴본이 이번 프로젝트에 기꺼이 동참했다. 나에게 시시때때로 도움이 되는 정보, 반짝이는 아이디어는 물론 놀러가자는 꼬드김까지 아낌없이 선사한 청소년보호클리닉, 『로 리뷰^{Law Review}』 및 『로 리뷰^{Law Revue}』, CoLR, 아웃로^{OUTLaw}, 서브스탠셜 퍼포먼스, 디펜더 컬렉티브에도 고마움을 표한다.

내 오랜 멘토이자 친구 미아 아이스너그린버그에게도 고맙다고 말하고 싶다. 그는 컬럼비아 모의 재판을 함께 진행하는 학생들, 동료 코치들과 더불어 내가 변호사이자 온전한 인간으로, 오늘의 나로 살 수 있도록 만들어준 사람이다.

필라델피아와 뉴욕에 있는 친구들에게는 덕분에 제 정신으로 이번 일을 치러낼 수 있었고, 너희가 내 친구여서 정말 다행이라고 말하고 싶다.

부모님 루다와 유리 크니즈닉, 동생 에드 크니즈닉의 격려야말로 내 삶의 원동력이었다. 가족의 응원이 없었다면 이번 일을 해낼 수 없었을 것이다. 마지막으로 힐렐라 심프슨. 잠 못 이루는 나를 묵묵히 지켜보며 살갑게 돌봐주고, 이번 일을 하는 동안 처음부터 끝까지 사랑스런 눈길로 나를 지켜봐준 그에게 깊은 감사의 뜻을 전한다.

옮긴이의 말

2016년 2월, 미국 연방대법원 내 보수파 수장 격이던 스캘리아 대법관이 사냥 여행 도중에 텍사스 서부 어느 숙소에서 숨진 채 발견되었다. 그는 긴즈버그 대법관과 이념적으로 대척점에 있었지만, 사적으로는 둘도 없는 '절친' 사이였다. 긴즈버그는 스캘리아의 장례식에서 다음과 같이 애도했다.(이 장면을 포함해 본문에 나오는 대부분의 공식 행사는 유튜브에서 찾아볼 수 있다.)

"오페라 〈스캘리아/긴즈버그〉의 막바지에 테너 스캘리아와 소프라노 긴즈버그는 〈서로 다르지만, 우리는 하나랍니다〉라는 곡을 함께 부릅니다. 그렇습니다. 우리의 법 해석은 서로 달랐습니다. 그러나 헌법과 대법원을 향한 경외심은 다르지 않았습니다. D.C. 연방항소법원 시절부터 우리는 단짝친구였습니다. 때로는 의견이 갈리기도 했습니다. 그러나 스캘리아의 반대 의견을 참고하면 훨씬 더 좋은 판결문을 쓸 수 있었습니다. (…) 동료로, 귀한 친구로 그 사람을 알고 지낸 것이 제게는 얼마나 커다란 행운인지 모릅니다."

　보수와 진보의 차이를 뛰어넘어 동료이자, 한 사람의 인간에게 고하는 아름다운 작별 인사다. 그러나 스캘리아를 급작스럽게 떠나보낸 미국의 현 상황은 그다지 아름답지 못하다. 트럼프로 대변되는 극우파의 민낯이 흉측하게 드러나고, 힐러리를 겨냥한 성차별적 공세 또한 여전하며, 인종차별로 빚어진 총격 살인 등 흑백 간 충돌도 잇따르고 있다. 그러나 이런 상황에서도 차별에 반대하며 세상을 바꾸고자 하는 이들에게 한 가지 위안이 있다면, 그것은 연방대법관 루스 베이더 긴즈버그의 존재일 것이다.

　루스 베이더 긴즈버그는 최초의 여성 대법관은 아니지만 페미니스트이자 진보주의자로서 반세기 가까이 분투하며 미국 내에서 자행되는 차별을 철폐함에 있어 강력한 영향력을 발휘해온 사람이다. 한마디로 미국 진보 이념의 법률적 수호자다. 시민단체 활동가, 로스쿨 교수, 변호사 시절과 연방항소법원 판사 및 대법관 시절 맡아온 수많은 사건과 일궈낸 성과에 힘입어, 그는 최근 미국의 진보적 청년층 사이에서 '노터리어스 RBG'라 불리며 아이돌에 준하는 대접을 받고 있다. 밀레니얼 세대인 저자들이 사랑스러운 할머니를 바라보듯, 또 위인의 흉상을 조각하듯 사랑과 존경을 담아 이 책을 쓴 것만 보아도 RBG를 향해 청년 페미니스트들이 품은 애정의 크기를 짐작할 수 있다.

　RBG는 여성이 개인적/사회적 삶에서 맞닥뜨리는 온갖 차별, 그러기 위해 남성에게 덧씌워지는 억압, 결과적으로 다음 세대에게 전가될 수많은 부조리와 맞서 싸우는 데 평생을 헌신했다. 교육 기회, 입학, 채용, 임금 및 승진 등 사회생활에서 무수한 여성이 일상적으로 겪는 차별을 그 또한 겪었다. 임신과 재생산에 있어 여성이 스스로 자신의 삶을 결정하고 통제할 권리, 동성 결혼을 포함해 결혼생활에 대해 당사자 스스로 그 형태와 방식을 결정할 권리 등을 앞장서서 옹호해오기도 했다. 철저한 남성 중심 사회였던 로스쿨과 법조계에서 '이상한 존재' 취급을 받으며 대법관 자리에 올랐고,

그러면서도 단지 남성의 세계에서 살아남은 성공한 여성 개인으로서가 아닌, 사회적 가능성으로서 자신의 자리를 고민해왔다. 그 과정에서 온정적 성차별주의, 숱한 맨스플레인에 맞서 "나는 반대한다" "하지만 여성들은 그렇지 않다"고 말해온, 악명 높은 이름이 바로 RBG다.

그는 2015년 4박 5일 일정으로 한국을 다녀가기도 했다. 짧은 일정이었지만, 법조계 주요 인사는 물론 김조광수 부부 등 성소수자들과도 만났다. RBG의 방문이 제대로 조명되었더라면 여러모로 한국 사회에도 시사하는 바가 컸으리라. 그러나 아쉽게도 (단 한 군데 신문사의 짤막한 인터뷰 기사를 제외하면) RBG의 육성을 채록한 기사는 찾기 어렵다. 그의 짧은 방한이 못내 서운했던 독자들에게 이 책이 반갑게 읽힌다면 좋겠다.

한편 루스 베이더 긴즈버그의 일대기는 할리우드에서 배우 내털리 포트먼을 앞세워 조만간 영화로 만들어진다고 한다. 그 전에 RBG와 그의 최고의 친구이자 동반자였던 남편 마틴 긴즈버그, 또 폴리 머리를 비롯해 수많은 페미니스트 활동가와 인권운동가, 샌드라 데이 오코너를 비롯한 개성 넘치는 대법관들의 면면을 책으로 먼저 접한 독자라면 영화 또한 더 깊이 즐길 수 있을 것이다.

아울러 이 책을 통해 확인할 수 있는 최고의 사법기관과 대중 사이의 교감, 진보를 지탱하는 거대하고 굳건한 버팀목의 존재, 창조적인 저항의 도구로서 SNS가 지닌 힘 같은 동시대 미국 이야기가 자본, 생존, 경쟁의 논리 앞에 갈수록 힘을 잃어가는 우리의 평등, 진보, 공존의 가치와 그를 수호하는 이들에게 조금이나마 격려와 영감이 될 수 있기를 기대한다.

주

▌노터리어스

1 아이린이 루스 베이더 긴즈버그와 만나 사실을 확인함. 매사추세츠 주 보스턴에서. 2015년 5월 29일.

2 같은 날 확인.

3 *Koontz v. St. Johns River Water Mgmt. Dist.*, 133 S. Ct. 2586(2013).

4 *Adoptive Couple v. Baby Girl*, 133 S. Ct. 2552(2013).

5 133 S. Ct. 2612 (2013).

6 Opinion Announcement Part 1 at 7:25, *Shelby Cnty. v. Holder*, 133 S. Ct. 2612(2013). (판결문 전문은 oyez.org에서 조회할 수 있다.)

7 *Shelby Cnty. v. Holder*, 133 S. Ct. 2612, 2626(2013).

8 같은 글.

9 같은 글.

10 *Fisher v. Univ. of Tex.*, 133 S. Ct. 2411(2013).

11 *Vance v. Ball State Univ.*, 133 S. Ct. 2434(2013); *Univ. of Tex. Sw. Med. Ctr. v. Nassar*, 133 S. Ct. 2517(2013).

12 Opinion Announcement Part 2 at 4:19, *Univ. of Tex. Sw. Med. Ctr. v. Nassar*, 133 S. Ct. 2517(2013).

13 Dana Milbank, *"Alito Is On a Roll: An Eye Roll,"* Washington Post, June 25, 2013.

14 Mark Walsh, *A "View" from the Court: June 25, 2013*, SCOTUSblog(June 25, 2013).

15 Opinion Announcement Part 1 at 8:15, *Shelby Cnty. v. Holder*, 133 S. Ct. 2612(2013).

16 *Shelby Cnty. v. Holder*, 133 S. Ct. 2612, 2648(2013)(Ginsburg, J., dissenting).

17 같은 글, at 2650.

18 Opinion Announcement Part 2 at 1:22, *Shelby Cnty. v. Holder*, 133 S. Ct. 2612(2013).

19 예를 들어, Jeffrey Rosen, *The New Look of Liberalism on the Court*, New York Times. Oct. 5. 1997[이하 Rosen, The New Look of Liberalism].

20 예를 들어, Association of American Law Schools, *Engendering Equality: A Conversation with Justice Ginsburg*, YouTube.com(Feb. 20, 2015)[이하 AALS, *Engendering Equality*].

21 Richard Wolf, *Ginsburg's Dedication Undimmed After 20 Years on Court*, USA Today, Aug. 1, 2013.

22 Opinion Announcement Part 2 at 9:59, *Shelby Cnty. v. Holder*, 133 S. Ct. 2612(2013).

23 아미나투 소, 셔나 크니즈닉과의 인터뷰에서; 프랭크 치, 아이린 카먼과의 인터뷰에서.

24 Alan Dershowitz, *And the Winner Is......*, Washington Times, June 16, 1993; David Von Drehle, *Conventional Roles: Hid a Revolutionary Intellect*, Washington Post, Jul. 18, 1993[이하 Von Drehle, *Conventional Roles*].

25 Jeffrey Rosen, *The Book of Ruth*, New Republic, Aug. 2, 1993 참조.

26 Margaret Carlson, *The Law According to Ruth*, Time, June 24, 2001.

27 버트 뉴본, 셔나 크니즈닉과의 인터뷰에서.

28 (2002년 5월 3일 PBS 텔레비전 프로그램) 「나우」에 출연한 빌 모이어스의 말을 녹취.

29 Jennifer Konerman, *Amy Schumer's Marketing Ploy for Season 3*, Brief: a promaxbda publication(Mar. 31, 2015).

30 (2015년 3월 19일 ABC 텔레비전 프로그램) 「스캔들」 'It's Good to Be Kink' 편.

31 (2015년 4월 26일 CBS 텔레비전 프로그램) 「굿 와이프」 'The Deconstruction' 편.

32 (2015년 2월 2일 NBC 텔레비전 프로그램) 「새터데이 나이트 라이브」 다코타 존슨/앨라배마 셰이크스 편; 스칼릿 조핸슨/위즈 할리파 편.

33 아미나투 소, 셔나 크니즈닉과의 인터뷰에서.

34 데이비드 샤이저, 아이린 카먼과의 인터뷰에서.

35 제임스 긴즈버그, 아이린 카먼과의 인터뷰에서.

36 Rebecca Traister, *How Ruth Bader Ginsburg Became the Most Popular Woman on the Internet*, New Republic, Jul. 10, 2014.

37 글로리아 스타이넘, 아이린 카먼과의 인터뷰에서.

38 버트 뉴본, 셔나 크니즈닉과의 인터뷰에서.

39 Jeffrey Rosen, *Ruth Bader Ginsburg Is an American Hero*, New Republic, Sept. 28, 2014.

40 Rosen, *The New Look of Liberalism*.

41 Pam Lambert, *Determined Judge*, Cornell Alumni News, November 1980, at 67.

42 Von Drehle, *Conventional Roles*.

43 신시아 푹스 엡스타인, 셔나 크니즈닉과의 인터뷰에서.

44 버트 뉴본, 셔나 크니즈닉과의 인터뷰에서.

45 *Conversation with Justice Ruth Bader Ginsburg and Theodore "Ted" B. Olson*, C-SPAN(Dec. 17, 2013).

46 예컨대, Jess Bravin, *Justice Ginsburg Undergoes Heart Procedure to Treat Coronary Blockage*, Wall Street Journal, Nov. 27, 2014.

47 루스 베이더 긴즈버그가 셔나 크니즈닉, 아미나투 소, 그리고 프랭크 치에게 보낸 편지, 2014년 10월 8일. 저자가 보관해둔 문서.

2 이 바닥에서 오래 굴렀지

1 Ruth Bader Ginsburg, *The Supreme Court: A Place for Women*, Vital Speeches of the Day, May 1, 2001, at 420–424.

2 세라 위틀스에게 보낸 세라 그림케의 편지, 1853년 12월 23일.(Weld-

Grimke Papers, William L. Clements Library, University of Michigan).

3   *Bradwell v. Illinois*, 83 U.S. 130(1873).

4   Brief for the Petitioner, *Struck v. Sec'y of Def.*, 409 U.S. 1071(1972)(No. 72–178), 1972 WL 135840, at 39.

5   164 U.S. 644(1897).

6   David L. Weiden and Artemus Ward, *Sorcerers' Apprentices: 100 Years of Law Clerks at the United States Supreme Court 88*(2006).

7   347 U.S. 483(1954).

8   Sandra Pullman, *Tribute: The Legacy of Ruth Bader Ginsburg and WRP Staff*, ACLU(Feb. 19, 2006).

9   Ruth Bader Ginsburg, *Remarks on Women's Progress in the Legal Profession in the United States*, 33 Tulsa Law Review 13, 15(1997).

10   Adam Liptak, *Kagan Says Path to Supreme Court Was Made Smoother Because of Ginsburg's*, New York Times, Feb. 10, 2014.

11   Oral Argument at 75:51, *Phillips v. Martin-Marietta Corp.*, 400 U.S. 542(1971).

12   Brief for Appellant, *Reed v. Reed*, 404 U.S. 71(1971)(No. 70–4), 1971 WL 133596.

13   410 U.S. 113(1973).

14   410 U.S. 179(1973).

15   *Roe*, 410 U.S. at 153.

16   Kenneth M. Davidson, Ruth Bader Ginsburg, and Herma Hill Kay, *Sex-Based Discrimination: Text, Cases and Materials*(1974).

17   531 U.S. 98(2000).

18   David G. Savage, *Ginsburg Rebukes Justices for Intervening in Fla. Vote*, Los Angeles Times, Feb. 3, 2001.

19   Darragh Johnson, *Sandra Day O'Connor, Well Judged Women's Group Honors Pioneering High Court Justice*, Washington Post, Mar. 7, 2006.

20   550 U.S. 124(2007).

21   Opinion Announcement at 7:27, *Gonzales v. Carhart*, 550 U.S. 124(2007).

22   *Ledbetter v. Goodyear Tire and Rubber Co.*, 550 U.S. 618(2007).

23   Jeffrey Toobin, *The Oath: The Obama White House and the Supreme Court 118*(2012).

24   Joan Biskupic, *Ginsburg Back with Grit, Grace*, USA Today, Mar. 6, 2009.

25   Joan Biskupic, *Justice Ginsburg Reflects on Term, Leadership Role*, USA Today, June 30, 2011.

26   Oral Argument at 70:51, *United States v. Windsor*, 133 S. Ct. 2675(2013).

27   Robert Barnes, *Ginsburg to Officiate Same-Sex Wedding*, Washington Post, Aug. 30, 2013.

28   134 S. Ct. 2751(2014).

29   Ariane de Vogue, *Ginsburg and Scalia on Parasailing, Elephants and Not Being "100% Sober,"* CNN(Feb. 13, 2015).

30   134 S. Ct. 2805(Ginsburg, J., dissenting).

---

3 들려줄 이야기가 있어

1   Bruce Weber, *Latest Chapter in a Photographer's Worldwide Project*, New York Times, Sept. 19, 1996.

2   Von Drehle, *Conventional Roles*.

3   헤시 캐플런, 아이린 카먼과의 인터뷰에서.

4   David Von Drehle, *Redefining Fair with a Simple Careful Assault: Step-by-Step Strategy Produced Strides for Equal Protection*, Washington Post, Jul. 19, 1993[이하 Von Drehle, *Redefining Fair*].

5   *Ruth Bader Ginsburg Interview, Acad. of Achievement: A Museum of Living History*(Aug. 17, 2010)[이하 Acad. of Achievement].

6   AALS, *Engendering Equality*.

7   헤시 캐플런, 아이린 카먼과의 인터뷰에서.

8   Von Drehle, *Conventional Roles*.

9   아이린 카먼이 2015년 5월 29일 보스턴에서 루스 베이더 긴즈버그와 만나 사실을 확인함.

10   Fred Strebeigh, *Equal: Women Reshape American Law 11*(2009).

11   같은 글.

12   Abigail Pogrebin, *Stars of David: Prominent Jews Talk About Being Jewish 19–20*(2007).

13   Larry Josephson, *A Conversation with Justice Ruth Bader Ginsburg: Her Life as a Woman, a Jew and a Judge*, Only in America(Sept. 2, 2004)[이하 Only in America].

14   Strebeigh, *Equal*, at 12; Von Drehle, *Conventional Roles*; Only in America.

15   *Supreme Court Justices Kennedy, Ginsburg, Scalia, and O'Connor*, C-SPAN(Oct. 8, 2009)[이하 C-SPAN, *Supreme Court Justices*].

16   AALS, *Engendering Equality*.

17   Scott Rosenthal, *Students in D.C. Meet Justice Ginsburg '54*, Cornell Daily Sun, Apr. 16, 2007.

18   애니타 파이얼, 셔나 크니즈닉과의 인터뷰에서.

19   Von Drehle, *Conventional Roles*.

20   Acad. of Achievement.

21   Only in America.

22   *Ruth Bader Ginsburg: From Brooklyn to the Bench*, Cornell University(Sept. 22, 2014)[이하 Cornell, *From Brooklyn to the Bench*].

23   같은 글.

24 같은 글.

25 *Cornell Relieves Marcus Singer of Teaching Duties*,
    Harvard Crimson, Nov. 24, 1954; Von Drehle,
    Conventional Roles.

26 *Justice Ruth Bader Ginsburg Remarks at Georgetown
    University Law Center*, C-SPAN(Feb. 4, 2015)[이하
    Georgetown Remarks].

27 Cornell, *From Brooklyn to the Bench*.

28 Beth Saulnier, *Justice Prevails: A Conversation with Ruth
    Bader Ginsburg '54*, Cornell Alumni Magazine, Nov./Dec.
    2013[이하 Saulnier, *Justice Prevails*]

29 *Georgetown Remarks*.

30 Jay Mathews, *The Spouse of Ruth: Marty Ginsburg, the
    Pre-Feminism Feminist*, Washington Post, June 19,
    1993[이하 Mathews, *The Spouse of Ruth*].

31 Claudia MacLachlan, *Mr. Ginsburg's Campaign for
    Nominee*, National Law Journal, June 27, 1993, at 33.

32 제인 긴즈버그, 아이린 카먼과의 인터뷰에서.

33 아이린 카먼이 루스 베이더 긴즈버그와 만나 사실을 확인함.
    매사추세츠 주 보스턴에서, 2015년 5월 29일.

34 Mathews, *The Spouse of Ruth*.

35 AALS, *Engendering Equality*.

36 Mathews, *The Spouse of Ruth*.

37 Ruth Bader Ginsburg, *The Honorable Ruth Bader
    Ginsburg: Associate Justice of the Supreme Court of the
    United States*, in The Right Words at The Right Time
    116(Marlo Thomas, ed. 2004)[이하 The Right Words at the
    Right Time].

38 같은 글.

39 AALS, *Engendering Equality*.

40 The Right Words at the Right Time.

41 AALS, *Engendering Equality*.

42 Von Drehle, *Conventional Roles*. 아이린 카먼이 루스 베이더
    긴즈버그와 만나 사실을 확인함. 매사추세츠 주 보스턴에서, 2015년
    5월 29일.

43 Saulnier, *Justice Prevails*.

44 Tamar Lewin, *Herbert Wechsler, Legal Giant, Is Dead at
    90*, New York Times, Apr. 28, 2000.

45 예컨대, Judith Richards Hope, *Pinstripes and Pearls: The
    Women of the Harvard Law Class of '64 Who Forged an Old
    Girl Network and Paved the Way for Future Generations*
    105(2003).

46 Lynn Gilbert, *Particular Passions: Ruth Bader
    Ginsburg*(1988).

47 Ruth Bader Ginsburg, Keynote Speech at Harvard Law
    School Celebration 25(Apr. 15, 1978)(미국 의회도서관 원사료
    보관실 파일에서).

48 Acad. of Achievement.

49 *Nomination of Ruth Bader Ginsburg to Be an Associate
    Justice of the Supreme Court of the United States:
    Hearings Before the S. Comm. on the Judiciary*, 103rd
    Cong. 134(1993)[이하 Senate Judiciary Hearings].

50 Jill Abramson, *Class of Distinction: Women Find Success
    After Harvard Law '59, Despite the Difficulties—Judge
    Ginsburg's Classmates Balanced Lives, Careers, Helped
    Shape Profession—"Ecstatic" Over Appointment*, Wall
    Street Journal, Jul. 20, 1993, at A1[이하
    Abramson, *Class of Distinction*].

51 Only in America.

52 Robert Barnes, *The Question Facing
    Ruth Bader Ginsburg: Stay or Go?*, Washington
    Post, Oct. 4, 2013 [이하 Barnes, *The
    Question Facing Ruth Bader Ginsburg*].

53 Only in America.

54 *Georgetown Remarks*.

55 데이비드 샤이저, 아이린 카먼과의 인터뷰에서에서.

56 David Margolick, *Trial by Adversity Shapes Jurist's
    Outlook*, New York Times, June 25, 1993.

57 Martin D. Ginsburg, *Spousal Transfers: In '58, It Was
    Different*, Harvard Law Review, May 6, 1977, at 11.

58 Ruth Bader Ginsburg, *The Changing Complexion of
    Harvard Law School*, 27 Harvard Women's Law Journal
    303, 305(2004).

59 Neil A. Lewis, *Rejected as a Clerk, Chosen as a Justice*,
    New York Times, June 15, 1993.

60 Todd C. Peppers and Artemus Ward, *In Chambers: Stories
    of Supreme Court Law Clerks and Their Justices*(2012).

61 Strebeigh, *Equal*, at 37.

62 Only in America.

63 AALS, *Engendering Equality*.

64 같은 글.

65 Saulnier, *Justice Prevails*.

66 *Georgetown Remarks; Professor Hans Smit Remembered
    as an "Odysseus" at Memorial Service*, Columbia Law
    School(Feb. 20, 2012).

67 Daniel Friedland, *Scandinavian Trip This Summer*, The
    Transcript, Apr. 11, 1966, at 6.

68 Linda Haas, *Equal Parenthood and Social Policy: A Study
    of Parental Leave in Sweden* 55(1992).

69 *Symposium Honoring the 40th Anniversary of Justice
    Ruth Bader Ginsburg Joining the Columbia Law Faculty:
    A Conversation with Justice Ginsburg*, Columbia Law
    School(Feb. 10, 2012)[이하 *Columbia Symposium*].

70 아이린 카먼이 루스 베이더 긴즈버그와 만나 사실을 확인함.
    매사추세츠 주 보스턴에서, 2015년 5월 29일.

71 Adam Liptak, *Kagan Says Path to Supreme Court Was
    Made Smoother Because of Ginsburg's*, New York Times,
    Feb. 10, 2014.

4 스테레오타입

1 Acad. of Achievement.

2 예를 들어, Jay Boyar, *Supreme Sightseeing*, Orlando Sentinel, Nov. 13, 2005.

3 Elinor Porter Swiger, *Women Lawyers at Work* 56(1978).

4 Oral Argument at 17:19, *Frontiero v. Richardson*, 411 U.S. 677(1973)[이하 Frontiero Oral Argument].

5 *Frontiero v. Richardson*, 411 U.S. 677(1973).

6 404 U.S. 71(1971).

7 Frontiero Oral Argument, 17:32.

8 Seth Stern/Stephen Wermiel, *Justice Brennan: Liberal Champion* 394(2010).

9 Frontiero Oral Argument, 25:22.

10 브렌다 페이건, 아이린 카먼과의 인터뷰에서.

11 Frontiero Oral Argument, 20:52.

12 Frontiero Oral Argument, 27:33.

13 Fred Strebeigh, *Equal: Women Reshape American Law* 55(2009)[이하 Strebeigh, *Equal*].

14 Von Drehle, *Conventional Roles*.

15 *Georgetown Remarks*.

16 Sue Weinstock, *Robes for Two Ladies*, Newark Star-Ledger, June 4, 1970.

17 Pam Lambert, *Ginsburg and Rabb: Setting Precedents*, Columbia, Summer 1980, at 10.

18 아이린 카먼이 루스 베이더 긴즈버그와 만나 사실을 확인함. 매사추세츠 주 보스턴에서, 2015년 5월 29일.

19 Ruth Bader Ginsburg, Remarks at Hawaii Women Lawyers' Tea(Oct. 30, 1986)(미국 의회도서관 원사료 보관실 파일에서)[이하 Hawaii Remarks].

20 Ruth Bader Ginsburg, Remarks for Rutgers School of Law - Newark(Apr. 11, 1995)(미국 의회도서관 원사료 보관실 파일에서)[이하 Rutgers remarks].

21 Strebeigh, *Equal*, at 113.

22 Rutgers Remarks.

23 같은 글.

24 Von Drehle, *Conventional Roles*.

25 Ruth Bader Ginsburg, *Remarks on Women's Progress in the Legal Profession in the United States*, 33 Tulsa Law Review 13, 15(1997).

26 레이니 캐플런이 ACLU로 보내온 편지, 1971년 8월 20일(미국 의회도서관 원사료 보관실 파일에서 조회).

27 루스 베이더 긴즈버그가 우정장관 윌리엄 블런트에게 보낸 서한, 1971년 9월 17일(미국 의회도서관 원사료 보관실 파일에서).

28 예컨대 *Conversation with Justice Ruth Bader Ginsburg and Goodwin Liu*, C-SPAN and American Constitution Society for Law and Policy(June 13, 2015).

29 Strebeigh, *Equal*, at 25.

30 같은 글.

31 Brief for Petitioner-Appellant, *Moritz v. Commissioner of Internal Revenue*, 469 F.2d 466(10th Cir. 1972)(No.71-1127))(미국 의회도서관 원사료 보관실 파일에서).

32 루스 베이더 긴즈버그가 멜 울프에게 보낸 서한, 1971년 4월 6일)(미국 의회도서관 원사료 보관실 파일에서).

33 Strebeigh, *Equal*, at 27.

34 *Hoyt v. Florida*, 368 U.S. 57(1961).

35 같은 글, at 62.

36 *Goesaert v. Cleary*, 335 U.S. 464, 466(1948).

37 *A Conversation with Justice Ruth Bader Ginsburg: Her Life as a Woman, a Jew and a Judge*, Only in America(Sept. 2, 2004).

38 Linda K. Kerber, *No Constitutional Right to Be Ladies* 202(1998).

39 *White v. Crook*, 251 F. Supp. 401(Ala. 1966).

40 상고인에게 보낸 서한, *Reed v. Reed*, 404 U.S. 71(1971)(No. 70-74), 1971 WL 133596.

41 *Georgetown Remarks*.

42 버트 뉴본, 셔나 크니즈닉과의 인터뷰에서에서.

43 *Georgetown Remarks*.

44 Brief for Appellant, *Reed v. Reed*, 404 U.S. 71(1971)(No. 70-74), 1971 WL 133596, at 5-21.

45 *High Court Outlaws Sex Discrimination*, New York Post, Nov. 22, 1971.

46 Von Drehle, *Redefining Fair*.

47 예컨대 Ruth Bader Ginsburg, *Advocating the Elimination of Gender-Based Discrimination: The 1970s New Look at the Equality Principle at University of Cape Town, South Africa*(Feb. 10, 2006).

48 Ruth Bader Ginsburg, *Prospectus for the Women's Rights Project of the American Civil Liberties Union*(1972)(미국 의회도서관 원사료 보관실 파일에서).

49 411 U.S. 677, 684(1973).

50 같은 글, at 684.

51 Marlene Cimons, *Family Ruling on Rehnquist*, Los Angeles Times, Dec. 14, 1973, at F7.

52 *Senate Judiciary Hearings*, at 122.

53 Rosen, *The New Look of Liberalism*.

54 Mitchel Ostrer, *Columbia's Gem of the Motion: A Profile of Ruth Bader Ginsburg*, Juris Doctor, Oct. 1977, at 35[이하 Ostrer, *Columbia's Gem of the Motion*].

55 Columbia Law School Course Evaluations, Conflict of Laws(미국 의회도서관 원사료 보관실 파일에서).

56 Lesley Oelsner, *Columbia Law Snares a Prize in the Quest for Women Professors*, New York Times, Jan. 26, 1972, at 36[이하 Oelsner, *Columbia Law Snares a Prize*].

57 루스 베이더 긴즈버그가 레슬리 윌스너에게 보낸 편지, 1972년 1월 26일(미국 의회도서관 원사료 보관실 파일에서).

58 Oelsner, *Columbia Law Snares a Prize*.

59 Ruth Bader Ginsburg, Remarks at Columbia Law School, May 1980(미국 의회도서관 원사료 보관실 파일에서).

60 여성차별철폐연합Women's Affirmative Action Coalition에서 루스 베이더 긴즈버그에게 보낸 편지, 1972년 2월 16일(미국 의회도서관 원사료 보관실 파일에서).

61 루스 베이더 긴즈버그가 윌리엄 맥길 컬럼비아대 총장에게 보낸 편지, 1972년 8월 22일(미국 의회도서관 원사료 보관실 파일에서).

62 월터 겔혼이 ACLU 본부와 뉴욕 지부에 보낸 편지, 1972년 8월 28일(미국 의회도서관 원사료 보관실 파일에서).

63 다이앤 지머먼, 셔나 크니즈닉과의 인터뷰에서.

64 Ruth Bader Ginsburg, *Introduction*, 1 Columbia Journal Gender and Law 1(1991).

65 Brenda Feigen, *Not One of the Boys: Living Life as a Feminist*(2000).

66 *Struck v. Sec'y of Def.*, 460 F.2d 1372 (9th Cir. 1971), vacated as moot, 409 U.S. 1071(1972); Ian Shapiro, *Still Speaking in a Judicial Voice: Ruth Bader Ginsburg Two Decades Later*, 122 Yale Law Journal Online 257(2013).

67 Ruth Bader Ginsburg, *Speaking in a Judicial Voice*, 67 New York University Law Review 1185(1992).

68 *Roe v. Wade*, 410 U.S. 113, 153(1973).

69 Emily Bazelon, *The Place of Women on the Court*, New York Times, Jul. 7, 2009 [이하 Bazelon, *The Place of Women on the Court*].

70 *Harris v. McRae*, 448 U.S. 297(1980).

71 Brief for the American Civil Liberties Union and Equal Rights Advocates, Inc. as Amicus Curiae, *General Electric Co. v. Gilbert*, 519 F.2d 661(4th Cir. 1975)(No.74-1557)(미국 의회도서관 원사료 보관실 파일에서).

72 Ostrer, *Columbia's Gem of the Motion*.

73 루스 베이더 긴즈버그가 메리 저스트 스키너에게 보낸 편지, Re: *Crawford v. Cushman*, 1973년 2월 13일(미국 의회도서관 원사료 보관실 파일에서).

74 417 U.S. 484 (1974).

75 *Gen. Elec. Co. v. Gilbert*, 429 U.S. 125(1976).

76 Strebeigh, *Equal*, at 121.

77 *Gen. Elec. Co. v. Gilbert*, 429 U.S. 125, 136(1976).

78 같은 글, at 151(Brennan, J., dissenting).

79 주디스 릭트먼, 셔나 크니즈닉과의 인터뷰에서.

80 42 U.S.C. § 2000(e) et seq.

81 Stephen Wiesenfeld, *Letter to the Editor*, New Brunswick Home News, Nov. 27, 1972.

82 Brief for Appellee, *Wiesenfeld v. Wiesenfeld*, 420 U.S. 636(1975)(No.73-1892), 1974 WL 186057.

83 같은 글.

84 Mildred Hamilton, *Ruth Wins One for ERA*, New Jersey Examiner, Mar. 24, 1975, at 21.

85 *Weinberger v. Wiesenfeld*, 420 U.S. 636, 651(1975).

86 Ruth Bader Ginsburg, *The Supreme Court Back on Track: Weinberger v. Wiesenfeld*(미국 의회도서관 원사료 보관실 파일에서).

87 Cary C. Franklin, *The Anti-Stereotyping Principle in Constitutional Sex Discrimination Law*, 85 New York University Law Review 83(2010).

88 Margolick, *Trial by Adversity*.

89 Ruth Bader Ginsburg, Keynote Speech at Harvard Law School Celebration 25(Apr. 15, 1978)(미국 의회도서관 원사료 보관실 파일에서)[이하 Harvard Law School Celebration 25 Keynote].

90 어윈 그리스올드가 루스 베이더 긴즈버그에게 보낸 편지, 1978년 10월 17일(미국 의회도서관 원사료 보관실 파일에서).

91 루스 베이더 긴즈버그가 어윈 그리스올드에게 보낸 편지, 1978년 10월 19일(미국 의회도서관 원사료 보관실 파일에서).

92 Harvard Law School Celebration 25 Keynote.

93 같은 글.

5 억압하는 자들에 맞서라, 별을 향해 손을 뻗어라

1 Acad. of Achievement.

2 *Makers Profile: Ruth Bader Ginsburg: U.S. Supreme Court Justice*, MAKERS(Feb. 26, 2013).

3 Acad. of Achievement.

4 *The Supreme Court, Transcript of President's Announcements and Judge Ginsburg's Remarks*, New York Times, June 15, 1993.

5 같은 글.

6 Claudia MacLachlan, *Mr. Ginsburg's Campaign for Nominee*, National Law Journal, June 27, 1993, at 33.

7 같은 글.

8 Jan Crawford Greenburg, *Supreme Conflict: The Inside Story of the Struggle for Control of the United States Supreme Court*(2007).

9 같은 글.

10 George Stephanopoulos, *All Too Human: A Political Education* 292(2008).

11 Acad. of Achievement.

12 같은 글.

13 같은 글.

14 같은 글.

15 같은 글.

16 Nina Totenberg, *Notes on a Life*, in The Legacy of Ruth Bader Ginsburg 3(Scott Dodson, ed. 2015).

17 린 헥트 섀프런, 셔나 크니즈닉과의 전화 인터뷰에서.

18 루스 베이더 긴즈버그의 수기 노트, 제2순회재판부 면접 관련(미국

의회도서관 원사료 보관실 파일에서).

19 루스 베이더 긴즈버그가 다이앤 블랭크에게 보낸 편지, 1979년 3월 19일(미국 의회도서관 원사료 보관실 파일에서).

20 바버라 배브콕이 법무장관에게 보낸 서한, 1979년 3월 12일(미국 의회도서관 원사료 보관실 파일에서).

21 126 Congressional Record E39(daily ed. Jan. 22, 1980)(statement of Rep. John M. Ashbrook).

22 루스 베이더 긴즈버그, 허버트 웩슬러 교수에게 보낸 편지, 1980년 1월 28일(미국 의회도서관 원사료 보관실 파일에서).

23 Nina Totenberg, *Ginsburg: Will "She" Sail as Smoothly as "He" Would?*, Legal Times of Washington, May 26, 1980.

24 *Senate Judiciary Hearings*, at 664.

25 126 Congressional Record 15238(daily ed. June 18, 1980).

26 다이앤 지머먼, 셔나 크니즈닉과의 인터뷰에서.

27 Gerald Gunther, *Ruth Bader Ginsburg: A Personal, Very Fond Tribute*, 20 University of Hawai'i Law Review 583, 586(1998).

28 같은 글.

29 같은 글.

30 Abramson, *Class of Distinction*.

31 *Conversation with Justice Ginsburg and Joan C. Williams at UC Hastings*, C-SPAN (Sept. 15, 2011)[이하 UC Hastings Conversation].

32 Susan H. Williams and David C. Williams, *Sense and Sensibility: Justice Ruth Bader Ginsburg's Mentoring Style as a Blend of Rigor and Compassion*, 20 University of Hawai'i Law Review 589, 590(1998).

33 *On Becoming a Judge: Socialization to the Judicial Role*, 69 Judicature 139, 145(1985).

34 Ruth Bader Ginsburg, *Speaking in a Judicial Voice*, 67 New York University Law Review 1185(1992).

35 같은 글, at 1208.

36 버트 뉴본, 셔나 크니즈닉과의 인터뷰에서.

37 Daniel Patrick Moynihan and Steven R. Weisman, *Daniel Patrick Moynihan: A Portrait in Letters of an American Visionary* 605-606(2012).

38 Stephen Labaton, *Senators See Easy Approval for Nominee*, New York Times, June 16, 1993.

39 Clarence Page, *President Clinton's "Stealth" Justice*, Chicago Tribune, June 20, 1993[이하 Page, *President Clinton's "Stealth" Justice*].

40 133 Cong. Rec. S9188(daily ed. Jul. 1, 1987)(statement of Sen. Edward Kennedy).

41 *Ruth Bader Ginsburg: "So Principled, She's Unpredictable,"* BusinessWeek, June 27, 1993.

42 Page, *President Clinton's "Stealth" Justice*.

43 같은 글.

44 Alan Dershowitz, *And the Winner Is……*, Washington Times, June 16, 1993, at G1.

45 같은 글.

46 같은 글.

47 Stephen Wermiel, *Justice Brennan: Liberal Champion*(2010).

48 Robert Barnes, *Clinton Library Release of Papers on Ginsburg, Breyer Nominations Offer Insight, Some Fun*, Washington Post, June 8, 2014.

49 *UC Hastings Conversation*.

50 *Senate Judiciary Hearings*, at 46.

51 같은 글, at 146.

52 같은 글.

53 같은 글.

54 앨리사 클라인, 아이린 카먼과의 인터뷰에서.

55 *Senate Judiciary Hearings*, at 506(statement of Nellie J. Gray, President of March for Life Education and Defense Fund).

56 같은 글, at 207.

57 C-SPAN, *Supreme Court Justices*.

58 같은 글.

59 *United States v. Virginia*, 518 U.S. 515(1996).

60 Oral Argument at 8:15, *United States v. Virginia*, 518 U.S. 515(1996).

61 같은 글, at 23:56.

62 *United States v. Virginia*, 518 U.S. 515, 532-557(1996).

63 *United States v. Virginia*, 518 U.S. 515, 567-568(1996)(Scalia, J., dissenting).

64 Ruth Bader Ginsburg, *Advocating the Elimination of Gender-Based Discrimination: The 1970s New Look at the Equality Principle at University of Cape Town, South Africa*(Feb. 10, 2006).

65 Stephen Wermiel, *Justice Brennan: Liberal Champion*, at 408.

66 데이비드 토스카노, 아이린 카먼과의 인터뷰에서.

67 Ruth Bader Ginsburg, *A Conversation with Associate Justice Ruth Bader Ginsburg*, 84 University Columbia Law Review 909, 929(2013).

---

6 진짜 사랑

1 Stephen Labaton, *The Man Behind the High Court Nominee*, New York Times, June 17, 1993.

2 *Women's Law and Public Policy Fellowship Annual Conference on Women and the Law*, C-SPAN(Sept. 25, 2003)[이하 *Women's Law and Public Policy Remarks*].

3 데이비드 토스카노, 아이린 카먼과의 인터뷰에서.

4 Joan Biskupic, *Martin Ginsburg, Justice's Husband, Dies*, USA Today, June 28, 2010.

5 마고 슐랭어, 아이린 카먼과의 인터뷰에서.

6 Jessica Weisberg, *Supreme Court Justice Ruth Bader Ginsburg: I'm Not Going Anywhere*, Elle, Sept. 23, 2014.

7 Nina Totenberg, *Notes on a Life*, in The Legacy of Ruth Bader Ginsburg 6 (Scott Dodson, ed. 2015).

8 Senate Judiciary Hearings, at 46.

9 같은 글, at 561(statement of Stephen Wiesenfeld).

10 Jeffrey Toobin, *Heavyweight*, New Yorker, Mar. 11, 2013[이하 Toobin, *Heavyweight*].

11 Elizabeth Vrato, *The Counselors: Conversations with 18 Courageous Women Who Have Changed the World* 176 (2002).

12 버트 뉴본, 서나 크니즈닉과의 인터뷰에서.

13 Labaton, *The Man Behind the High Court Nominee*.

14 Irin Carmon, *Ruth Bader Ginsburg on Marriage, Sexism, and Pushups*, MSNBC(Feb. 17, 2015).

15 Bill Hewitt, *Feeling Supreme*, People, June 27, 1993.

16 Maria Simon, *Reflections*, 20 University of Hawai'i Law Review 599, 600(1998).

17 *Balancing Public and Private Life*, C-SPAN(May 17, 1997).

18 같은 글.

19 Totenberg, *Notes on a Life*.

20 *Women's Law and Public Policy Remarks*.

21 Jay Mathews, *The Spouse of Ruth: Marty Ginsburg, the Pre-Feminism Feminist*, Washington Post, June 19, 1993.

22 같은 글; 아이린 카먼이 루스 베이더 긴즈버그와 만나 사실을 확인함. 매사추세츠 주 보스턴에서, 2015년 5월 29일.

23 *UC Hastings Conversation*.

24 Carmon, *Ruth Bader Ginsburg on Marriage*.

25 James Ginsburg, *Thoughts on Marty*, in Chef Supreme: Martin Ginsburg 91(Clare Cushman, ed. 2011).

26 제임스 긴즈버그, 아이린 카먼과의 인터뷰에서.

27 Jessica Gresko, *New Cookbook: Eating Like a Supreme Court Justice*, Boston.com(Dec. 20, 2011).

28 Rosen, *The New Look of Liberalism*.

29 Barnes, *The Question Facing Ruth Bader Ginsburg*.

30 Acad. of Achievement.

31 Von Drehle, *Conventional Roles*.

32 제인 긴즈버그, 아이린 카먼과의 인터뷰에서.

33 *Symposium Honoring the 40th Anniversary of Justice Ruth Bader Ginsburg Joining the Columbia Law Faculty: A Conversation with Justice Ginsburg*, Columbia Law School(Feb. 10, 2012).

34 Von Drehle, *Conventional Roles*.

35 *Balancing Public and Private Life*.

36 Ruth Bader Ginsburg, *Remarks for George Mason University School of Law Graduation May 22, 1993*, 2 George Mason Independent Law Review 1, 2-5(1993).

37 제임스 긴즈버그, 아이린 카먼과의 인터뷰에서.

38 Elinor Porter Swiger, *Women Lawyers at Work* 59-61(1978).

39 Rosen, *The New Look of Liberalism*.

40 제인 긴즈버그, 아이린 카먼과의 인터뷰에서.

41 제인 긴즈버그, 아이린 카먼과의 인터뷰에서.

42 *UC Hastings Conversation*.

43 Ruth Bader Ginsburg, *Foreword*, in Malvina Shanklin Harlan, Some Memories of a Long Life, 1854-1911, at xvi(2003).

44 *Balancing Public and Private Life*.

45 Cathleen Douglas Stone, *Lunch with Marty*, in Chef Supreme, at 75.

46 트레버 모리스, 서나 크니즈닉과의 인터뷰에서.

47 케이트 안드리아스, 아이린 카먼과의 인터뷰에서.

48 Todd C. Peppers and Artemus Ward, *In Chambers: Stories of Supreme Court Law Clerks and Their Justices*(2012).

49 *Full Interview with Supreme Court Justice Ruth Bader Ginsburg*, MSNBC(Feb. 17, 2015)[이하 *MSNBC Interview*].

50 Ginsburg, *Thoughts on Marty*, at 125.

51 *Christian Legal Society v. Martinez*, 561 U.S. 661(2010).

52 제인 긴즈버그, 아이린 카먼과의 인터뷰에서.

53 Jeffrey Toobin, *Without a Paddle: Can Stephen Breyer Save the Obama Agenda in the Supreme Court*, New Yorker, Sept. 27, 2010.

54 Mark Sherman, *Ginsburg Anticipates Being 1 of 3 Female Justices*, Seattle Times, Aug. 4, 2010.

7 끝내주는 동료들

1 Rosen, *The New Look of Liberalism*.

2 C-SPAN, *Supreme Court Justices*.

3 Bazelon, *The Place of Women on the Court*.

4 Adam Liptak, *From Justice Thomas, a Little Talk About Race, Faith, and the Court*, New York Times, Sept. 17, 2012.

5 Rosen, *The New Look of Liberalism*.

6 Joan Biskupic, *Ginsburg, Scalia Strike a Balance*, USA Today, Dec. 25, 2007.

7 Barnes, *The Question Facing Ruth Bader Ginsburg*.

8 Toobin, *Heavyweight*.

9 *MSNBC Interview*.

10 Adam Liptak, *Court Is "One of the Most Activist," Ginsburg Says, Vowing to Stay*, New York Times, Aug. 24, 2013.

11 Toobin, *Heavyweight*.

12 Roxanne Roberts, *Opera's Supreme Moment*, Washington Post, Sept. 8, 2003.

13　Linda Greenhouse, *Justices Back Ban on Abortion Method*, New York Times, Apr. 19, 2007.

14　Adam Liptak, *Kagan Says Path to Supreme Court Was Made Smoother Because of Ginsburg's*, New York Times, Feb. 10, 2014.

15　*Conversation with Justice Ruth Bader Ginsburg and Theodore "Ted" B. Olson*, C-SPAN(Dec. 17, 2013)[이하 Conversation with Ted Olson].

16　Ruth Bader Ginsburg, *A Woman's Voice May Do Some Good*, Politico(Sept. 25, 2013).

17　Rosen, *The New Look of Liberalism*.

18　Bazelon, *The Place of Women on the Court*.

19　Dennis Abrams, *Sandra Day O'Connor: U.S. Supreme Court Justice 100* (2009).

20　Ginsburg, *A Woman's Voice*.

21　Joan Biskupic, *Sandra Day O'Connor*(2009).

22　Jeffrey Rosen, *The Woman's Seat*, New York Times Magazine, Oct. 16, 2005.

23　*Feels Isolated on Court*, Washington Post, Jan. 28, 2007.

24　505 U.S. 833(1992).

25　*Ginsburg on Same-Sex Marriage, Women's Rights, Health*, Bloomberg(Feb. 12, 2015).

26　Biskupic, *Sandra Day O'Connor*.

27　*UC Hastings Conversation*.

28　538 U.S. 721, 736 (2003).

29　Bazelon, *The Place of Women on the Court*.

30　Joan Biskupic, *American Original: The Life and Constitution of Supreme Court Justice Antonin Scalia* 89(2010).

31　Margaret Carlson, *The Law According to Ruth*, Time, June 24, 2001.

32　C-SPAN, *Supreme Court Justices: Biskupic, Ginsburg, Scalia Strike a Balance*.

33　Biskupic, Ginsburg, Scalia Strike a Balance.

34　폴 스퍼라, 서나 크니즈닉과의 전화 인터뷰에서.

35　*UC Hastings Conversation*.

36　Biskupic, *American Original*, at 277.

37　Charlie Campbell, *Shakespeare in Court: Justices Hold Mock Trial Based on Bard's Tragedy*, Time(May 15, 2013).

38　Dale Russakoff, *Alito Disavows Controversial Group*, Washington Post, Jan. 12, 2006.

39　*MSNBC Interview*.

40　같은 인터뷰.

41　Charlie Savage, *A Judge's View of Judging Is on the Record*, New York Times, May 14, 2009.

42　Bazelon, *The Place of Women on the Court*.

43　Joan Biskupic, *Breaking In: The Rise of Sonia Sotomayor and the Politics of Justice*(2014).

44　*The Justice Ruth Bader Ginsburg Distinguished Lecture on Women and the Law*, C-SPAN(Feb. 3, 2014)(긴즈버그의 머리말에서).

45　같은 글.(루스 베이더 긴즈버그에 대한 케이건의 연설)

46　*Conversation with Ted Olson*.

47　*Georgetown Remarks*.

48　Tom Goldstein, Oral Argument as a Bridge Between the Briefs and the Court's Opinion, in The Legacy of Ruth Bader Ginsburg 221(Scott Dodson, ed. 2015).

49　C-SPAN, *Supreme Court Justices*.

50　같은 글.

51　Jeffrey Rosen, *Ruth Bader Ginsburg Is an American Hero*, New Republic, Sept. 28, 2014.

52　Ruth Bader Ginsburg, *Lecture: The Role of Dissenting Opinions*, 95 Minnesota Law Review 1(2010).

53　Barnes, *The Question Facing Ruth Bader Ginsburg*.

54　*MSNBC Interview*.

55　리처드 프리머스, 서나 크니즈닉과의 전화 인터뷰에서.

56　새뮤얼 베이건스토스, 아이린 카먼과의 전화 인터뷰에서.

57　대니얼 루벤스, 서나 크니즈닉과의 전화 인터뷰에서.

58　*Interview with Bryan Garner*, LawProse(2006).

59　Maria Simon, *Reflections*, 20 University of Hawai'i Law Review 599, 599(1998).

60　*Interview with Bryan Garner*.

61　같은 글.

62　데이비드 샤이저, 아이린 카먼과의 전화 인터뷰에서.

63　데이비드 샤이저, 아이린 카먼과의 전화 인터뷰에서.

64　*Symposium Honoring the 40th Anniversary of Justice Ruth Bader Ginsburg Joining the Columbia Law Faculty: A Conversation with Justice Ginsburg*, Columbia Law School(Feb. 10, 2012).

65　앨리사 클라인, 아이린 카먼과의 인터뷰에서.

66　Barnes, *The Question Facing Ruth Bader Ginsburg*.

67　리처드 프리머스, 서나 크니즈닉과의 전화 인터뷰에서.

68　같은 인터뷰.

69　폴 버먼, 서나 크니즈닉과의 전화 인터뷰에서.

70　데이비드 포스트, 아이린 카먼과의 전화 인터뷰에서.

71　Rosen, *The New Look of Liberalism*.

72　Linda Greenhouse, *Word for Word: A Talk with Ginsburg on Life and the Court*, New York Times, Jan. 7, 1994.

73　데이비드 포스트, 아이린 카먼과의 전화 인터뷰에서.

74　Susan H. Williams and David C. Williams, *Sense and Sensibility: Justice Ruth Bader Ginsburg's Mentoring Style as a Blend of Rigor and compassion*, 20 University of Hawai'i Law Review 589(1998).

75　Todd C. Peppers, *In Chambers: Stories of Law Clerks and Their Justices*(2012).

76　폴 버먼, 서나 크니즈닉과의 전화 인터뷰에서.

77　같은 인터뷰.

78　스콧 허쇼비츠, 아이린 카먼과의 전화 인터뷰에서.

79 같은 인터뷰.

8 당신의 말이 나를 홀리네

1   *Columbia Symposium*.
2   Nina Totenberg, *Justice Scalia, the Great Dissenter, Opens Up*, NPR(Apr. 28, 2008).
3   Dred Scott v. Sandford, 60 U.S. (19 How.) 393(1857).
4   163 U.S. 537(1896).
5   531 U.S. 98(2000).
6   Op-Ed, *My Florida Recount Memory*, New York Times, Nov. 20, 2010.
7   *Bush v. Gore*, 531 U.S. at 104–105.
8   *Bush v. Gore*, 531 U.S. at 143(Ginsburg, J., dissenting).
9   Jeffrey Toobin, *Too Close to Call: The Thirty-Six-Day Battle to Decide the 2000 Election* 266-267(2002).
10 *Ginsburg Recalls Florida Recount Case*, New York Times, Feb. 4, 2001.
11 (2002년 5월 3일 PBS 텔레비전 프로그램) 「나우」에 출연한 빌 모이어스의 말을 녹취.
12 Ruth Bader Ginsburg, *Constitutional Adjudication in the United States as a Means of Advancing the Equal Stature of Men and Women Under the Law*, 26 Hofstra Law Review 263, 267-270(1997)("my now Chief"); *A Conversation Between Justice Ruth Bader Ginsburg and Professor Robert A. Stein*, 99 Minnesota Law Review 1, 11(2014)("later became my chief").
13 Scott Conroy, *Madame Justice*, CBS(Oct. 1, 2006).
14 같은 방송.
15 Linda Greenhouse, *Women Suddenly Scarce Among Justices' Clerks*, New York Times, Aug. 30, 2006.
16 Joan Biskupic, *Ginsburg "Lonely" Without O'Connor: The Remaining Female Justice Fears Message Sent by Court Composition*, USA Today, Jan. 25, 2007.
17 같은 글.
18 505 U.S. 833(1992).
19 같은 글, 856.
20 Stephanie B. Goldberg, *The Second Woman Justice*, ABA Journal, Oct. 1993, at 42.
21 *Casey*, 505 U.S. 874(1992).("국가의 규제가 이러한 결정을 내리는 데 있어 여성의 권리에 부당한 부담을 지우는 경우에 한하여, 적법 절차 조항이 보장하는 자유의 본질을 침해한 것으로 본다.")
22 *Bill Clinton on Vetoing the Partial Birth Abortion Ban*, PBS NewsHour(Apr. 10, 1996).
23 예컨대 *Stenberg v. Carhart*, 530 U.S. 914(2000).
24 Opinion announcement at 24:46, *Stenberg v. Carhart*, 530 U.S. 914(2000).
25 *Stenberg*, 530 U.S. at 931.
26 *Stenberg*, 530 U.S. at 951-952(Ginsburg, J., concurring).
27 *Stenberg*, 530 U.S. at 957-959(Kennedy, J., dissenting).
28 *The Partial-Birth Abortion Ban Act of 2003*, Public Law 108–5, 117 Stat. 1201.
29 *Planned Parenthood v. Casey*, 947 F.2d 682, 719(3d Cir. 1991) aff'd in part, rev'd in part, 505 U.S. 833(1992).
30 550 U.S. 124, 159(2007).
31 같은 글, at 159-160.
32 Dahlia Lithwick, *Father Knows Best*, Slate (Apr. 18, 2007).
33 Bazelon, *The Place of Women on the Court*.
34 *Gonzales v. Carhart*, 550 U.S. 124, 182(2007)(Ginsburg, J., dissenting)(*Planned Parenthood v. Casey*, 505 U.S. 833, 850[1992]에서 인용).
35 Opinion Announcement at 15:35, *Gonzales v. Carhart* 550 U.S. 124(2007).
36 *Gonzales v. Carhart*, 550 U.S. 124, 171–191(2007)(Ginsburg, J., dissenting).
37 Lilly Ledbetter, *Grace and Grit: My Fight for Equal Pay and Fairness at Goodyear and Beyond*(2013).
38 *Ledbetter v. Goodyear Tire and Rubber Co.*, 421 F.3d 1169, 1182–1183(11th Cir. 2005).
39 Ledbetter, *Grace and Grit*.
40 *Ledbetter v. Goodyear Tire and Rubber Co.*, 550 U.S. 618, 619(2007).
41 Toobin, *Heavyweight*.
42 Opinion Announcement at 4:00–10:57, *Ledbetter v. Goodyear Tire and Rubber Co.*, 550 U.S. 618(2014).
43 *Federal Election Commission v. Wisconsin Right to Life, Inc.*, 551 U.S. 449(2007).
44 Parents involved in *Cmty. Sch. v. Seattle Sch. Dist. No. 1*, 551 U.S. 701, 748(2007).
45 Linda Greenhouse, *Oral Dissents Give Ginsburg a New Voice*, New York Times, May 31, 2007.
46 *The Nation in Brief: No Turning the Clock Back on Abortion, Justice Ginsburg Says*, Washington Post(Oct. 22, 2007).
47 Sheryl Gay Stolberg, *Obama Signs Equal-Pay Legislation*, New York Times, Jan. 29, 2009.
48 *Safford Unified Sch. Dist. v. Redding*, 557 U.S. 364(2009).
49 Oral Argument at 43:40, *Safford Unified Sch. Dist. v. Redding*, 557 U.S. 364(2009).
50 Oral Argument at 44:12, *Safford Unified Sch. Dist. v. Redding*, 557 U.S. 364(2009).
51 Joan Biskupic, *Ginsburg: Court Needs Another Woman*, USA Today(Oct. 5, 2009).
52 같은 글.
53 *Redding*, 557 U.S. at 368(2009).
54 *MSNBC Interview*.

55 Richard L. Hasen, *Roberts' Iffy Support for Voting Rights*, Los Angeles Times(Aug. 3, 2005).

56 Oral Argument at 51:48, *Shelby Cnty. v. Holder*, 133 S. Ct. 2612(2013).

57 Richard Wolf, *Ginsburg's Dedication Undimmed After 20 Years on Court*, USA Today(Aug. 1, 2013).

58 Lani Guinier, *Justice Ginsburg: Demosprudence Through Dissent*, in The Legacy of Ruth Bader Ginsburg 214(Scott Dodson, ed. 2015).

59 *Shelby Cnty. v. Holder*, 133 S. Ct. 2612, 2633–2651(2013)(Ginsburg, J., dissenting).

60 *Bush v. Gore*, 531 U.S. 98, 144(2000)(Ginsburg, J., dissenting).

61 *Gratz v. Bollinger*, 539 U.S. 244, 304(2003)(Ginsburg, J., dissenting).

9 그냥 너의 그 요란한 방식이 마음에 들어

1 *MSNBC Interview*.
2 브라이언트 존슨, 아이린 카먼과의 인터뷰에서.
3 버트 뉴본, 셔나 크니즈닉과의 인터뷰에서.
4 Claudia MacLachlan, *Mr. Ginsburg's Campaign for Nominee*, National Law Journal, June 27, 1993, at 33.
5 Maria Simon, *Reflections*, 20 University of Hawai'i Law Review 599, 600(1998).
6 버트 뉴본, 셔나 크니즈닉과의 인터뷰에서.
7 *MSNBC Interview*.
8 제프리 투빈, 아이린 카먼과의 인터뷰에서.
9 Robert Barnes, *Justices Have Differing Views of Order in the Court*, Washington Post, Sept. 4, 2009.
10 *Exclusive: Ruth Bader Ginsburg on Hobby Lobby, Roe v. Wade, Retirement and Notorious R.B.G.*, Yahoo News Video(Jul. 31, 2014).
11 같은 글.
12 *Supreme Court Justice Elena Kagan Interview*, C-SPAN(Dec. 9, 2010).
13 Brian Lamb and Susan Swain, *The Supreme Court: A C-SPAN Book, Featuring the Justices in Their Own Words* 116(2013)
14 Adam Liptak, *The Newest Justice Takes Her Seat*, New York Times, Sept. 8, 2009.
15 *Stars and Storm Volunteers Mingle at Glamour Women of the Year Awards*, CBS News(Nov. 13, 2012).
16 Carrie Donovan, *Style: Security Blankets*, New York Times, Oct. 31, 1993.
17 Rosen, *The New Look of Liberalism*.
18 *Women's Law and Public Policy Remarks*.
19 데이비드 샤이저, 아이린 카먼과의 인터뷰에서.
20 Jeffrey Toobin, *The Nine: Inside the Secret World of the Supreme Court* 143(2007).
21 클래라 스퍼라, 셔나 크니즈닉과의 인터뷰에서.
22 Cindy Nemser, *Ben Cunningham: A Life with Color*(1989).
23 Toobin, *Heavyweight*.
24 Barnes, *The Question Facing Ruth Bader Ginsburg*.
25 Interview by Irin Carmon with Jane Ginsburg.
26 *Justice Ruth Bader Ginsburg Remarks at Georgetown University Law Center*, C-SPAN(Feb. 4, 2015).
27 Anne Constable, *Santa Fe a Favorite Summer Getaway for Justice Ginsburg*, Santa Fe New Mexican, Aug. 23, 2014.
28 Anthony Tommasini, *Justices Greet Diva: It's Ardor in the Court*, New York Times, Oct. 31, 2008, at C8.
29 제인 긴즈버그, 아이린 카먼과의 인터뷰에서.
30 Marisa M. Kashino, *Stage Presence: Ruth Bader Ginsburg's Love of the Arts*, Washingtonian(Oct. 10, 2012).
31 마이클 칸, 아이린 카먼과의 인터뷰에서.
32 Rosen, *The New Look of Liberalism*.
33 Roxanne Roberts, *Opera's Supreme Moment*, Washington Post, Sept. 8, 2003.
34 Ruth Bader Ginsburg, Remarks for Chautauqua Lawyers in Opera, Jul. 29, 2013.

10 하지만 아무래도 그만둘 수가 없어

1 *MSNBC Interview*.
2 *Justice Ginsburg's Cancer Surgery*, The Situation Room(2009년 2월 5일 CNN 텔레비전 방송).
3 Joan Biskupic, *Ginsburg Back with Grit, Grace*, USA Today, Mar. 6, 2009.
4 Toobin, *Heavyweight*.
5 Greg Stohr and Matthew Winkler, *Ruth Bader Ginsburg Thinks Americans Are Ready for Gay Marriage*, Bloomberg(Feb. 12, 2015).
6 Al Kamen, *Next Year, the Award for Humility*, Washington Post, May 9, 2001.
7 Robert Barnes, *Ginsburg Gives No Hint of Giving Up the Bench*, Washington Post, Apr. 12, 2009.
8 Randall Kennedy, *The Case for Early Retirement*, New Republic, Apr. 28, 2011.
9 실비아 로, 셔나 크니즈닉과의 인터뷰에서.
10 Adam Liptak, *Court Is "One of the Most Activist," Ginsburg Says, Vowing to Stay*, New York Times, Aug. 24, 2013.
11 92Y Plus, *Ruth Bader Ginsburg and Dorit Beinisch with Nina Totenberg*, YouTube.com(Oct. 22, 2014).

12 Richard Wolf, *Ginsburg's Dedication Undimmed After 20 Years on Court*, USA Today, Aug. 1, 2013.

13 *Justice Ginsburg Speaks: Women and the Law: Syria, Congress and the President and More*, The Takeaway with John Hockenberry(Sept. 16, 2013).

14 애니타 파이얼, 셔나 크니즈닉과의 인터뷰에서.

15 제인 긴즈버그, 아이린 카먼과의 인터뷰에서.

16 Beth Saulnier, *Justice Prevails: A Conversation with Ruth Bader Ginsburg '54*, Cornell Alumni Magazine, Nov./Dec. 2013.

17 클래라 스퍼라, 셔나 크니즈닉과의 인터뷰에서.

18 Lewis H. Lapham, *Old Masters at the Top of Their Game*, New York Times Magazine, Oct. 23, 2014.

19 폴 스퍼라, 셔나 크니즈닉과의 인터뷰에서.

20 Oral Argument at 07:58, *Obergefell v. Hodges* (No.14−556).

21 댄 캐넌, 아이린 카먼과의 인터뷰에서.

22 *Obergefell v. Hodges*, 576 U.S.(2015).

23 darth!™, Twitter (June 26, 2015, 8:41 AM), https://twitter.com/darth/status/614458561264021504.

24 *King v. Burwell*, 576 U.S.(2015).

25 *Texas Dep't of Hous. and Cmty. Affairs v. Inclusive Cmtys. Project, Inc.*, 576 U.S.(2015).

26 *Young v. United Parcel Service*, 575 U.S.(2015).

27 예를 들어, Adam Liptak, *Right Divided, a Disciplined Left Steered the Supreme Court*, New York Times, June 30, 2015.

28 *MSNBC Interview*.

29 *Symposium Honoring the 40th Anniversary of Justice Ruth Bader Ginsburg Joining the Columbia Law Faculty: A Conversation with Justice Ginsburg*, Columbia Law School(Feb. 10, 2012).

30 *Exclusive: Ruth Bader Ginsburg on Hobby Lobby*, Roe v. Wade, *Retirement and Notorious R.B.G.*, Yahoo News Video(Jul. 31, 2014).

부록 **RBG**처럼 사는 법

1 Ruth Bader Ginsburg, *Remarks for American Bar Association Initiative: Renaissance of Idealism in the Legal Profession*, May 2, 2006.

2 Nadine Epstein, *Ruth Bader Ginsburg: "The Notorious RBG,"* Moment Magazine, May 2015.

3 Stephanie Garlock, *Ginsburg Discusses Justice and Advocacy at Radcliffe Day Celebration*, Harvard Magazine, May 29, 2015.

4 Joan Biskupic, *Ginsburg: Court Needs Another Woman*, USA Today, Oct. 5, 2009.

5 Ruth Bader Ginsburg, *Women at the Bar: A Generation of Change*, 2 U. Puget Sound Law Review 1, 12(1978).

6 *Conversation with Justice Ruth Bader Ginsburg and Wendy Webster Williams*, C−SPAN(Apr. 10, 2009).

7 마샤 그린버거, 셔나 크니즈닉과의 인터뷰에서.

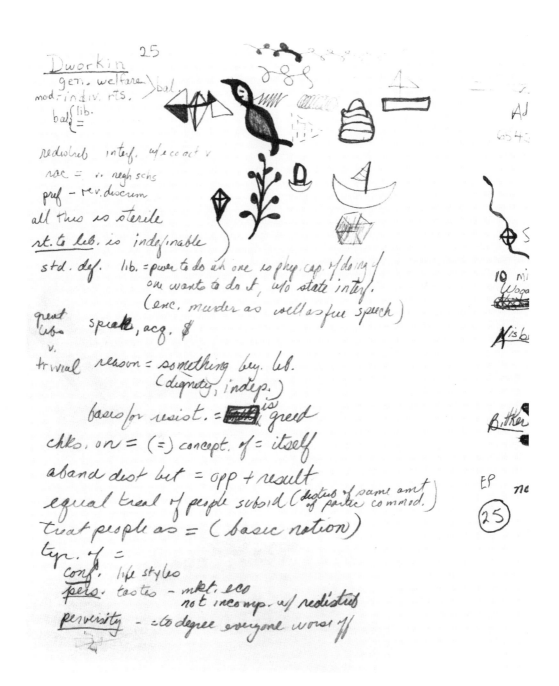

25

Dworkin
  gen. welfare)bal.
mod = indiv. rts.
  bal { lib.
        =

redistrib   interf. w/ econ act v
rac = v. negh schs
pref - rev. discrim
all this is sterile
rt. to lib. is indefinable
std. def.   lib. = pwer to do wh one is phys cap. of doing if
                   one wants to do it, w/o state interf.
                   (enc. murder as well as free speech)
great
libs   speak, acq. $
   v.
trivial   reason = something bey. lib.
                   (dignity, indep.)
          basis for resist. = ▨▨▨ is greed
chks. on = (=) concept. of = itself
aband dist but = opp + result
equal treal of people subsid (dist'n of same amt
                              of partic commod.)
treat people as = (basic notion)
typ. of =
conf. life styles
pers. tastes - mkt. eco
             not incomp. w/ redistrib
perversity - = to degree everyone wors if

1976년 제2순회재판부 콘퍼런스 때 RBG 가 끄적인 낙서.

이미지 출처

1

2

3

10

부록

감사의 말

주

· 이 책의 한국어판에 들어간 이미지에 대해 저작자로부터 사용 허락을 구하기 위한 연락을 취하였고, 대부분의 저작자가 흔쾌히 허락해주었습니다. 아직 확인되지 않은 일부 이미지에 대해서는 연락이 닿는 대로 필요한 게재 절차를 거치겠습니다.

찾아보기

인명

ㄱ

1판 1쇄	2016년 10월 21일
1판 3쇄	2020년 10월 5일

지은이	아이린 카먼, 셔나 크니즈닉
옮긴이	정태영
펴낸이	강성민
편집장	이은혜
책임편집	박은아
마케팅	정민호 김도윤
홍보	김희숙 김상만 지문희 김현지
독자모니터링	황치영

펴낸곳	(주)글항아리 | 출판등록 2009년 1월 19일 제406-2009-000002호
주소	10881 경기도 파주시 회동길 210
전자우편	bookpot@hanmail.net
문의전화	031-955-8891(마케팅) 031-955-2663(편집부)
팩스	031-955-2557

ISBN 978-89-6735-386-5 03300

글항아리는 (주)문학동네의 계열사입니다.

이 도서의 국립중앙도서관 출판예정도서목록(CIP)은 서지정보유통지원시스템 홈페이지(http://seoji.nl.go.kr)와
국가자료종합목록 구축시스템(http://kolis-net.nl.go.kr)에서 이용하실 수 있습니다.
(CIP제어번호: CIP2016023550)

잘못된 책은 구입하신 서점에서 교환해드립니다.
기타 교환 문의 031-955-2661, 3580

geulhangari.com